做做玩玩学科学

——幼儿园科学探究性游戏

董旭花 李芳 李静／著

中国轻工业出版社

图书在版编目（CIP）数据

做做玩玩学科学：幼儿园科学探究性游戏/董旭花，李芳，李静著．—北京：中国轻工业出版社，2022.2（2023.2重印）

ISBN 978-7-5184-3724-5

Ⅰ.①做⋯ Ⅱ.①董⋯ ②李⋯ ③李⋯ Ⅲ.①科学知识–学前教育–教学参考资料 Ⅳ.①G613.3

中国版本图书馆CIP数据核字（2021）第225398号

保留所有权利。非经中国轻工业出版社"万千教育"书面授权，任何人不得以任何方式（包括但不限于电子、机械、手工或其他尚未被发明或应用的技术手段）复印、拍照、扫描、录音、朗读、存储、发表本书中任何部分或本书全部内容。中国轻工业出版社"万千教育"未授权任何机构提供源自本书内容的电子文件阅览、收听或下载服务。如有此类非法行为，查实必究。

总 策 划：石　铁
策划编辑：高　君　　　责任编辑：张天怡
责任终审：张乃柬　　　责任校对：刘志颖　　　责任监印：吴维斌

出版发行：中国轻工业出版社（北京东长安街6号，邮编：100740）
印　　刷：中国电影出版社印刷厂
经　　销：各地新华书店
版　　次：2023年2月第1版第2次印刷
开　　本：787×1092　1/16　印张：15.25
字　　数：155千字
印　　数：5001—10000
书　　号：ISBN 978-7-5184-3724-5　　定价：72.00元
读者热线：010-65181109，65262933
发行电话：010-85119832　传真：010-85113293
网　　址：http://www.chlip.com.cn　http://www.wqedu.com
电子信箱：1012305542@qq.com
如发现图书残缺请拨打读者热线联系调换
210925Y1X101ZBW

前言

很多从事幼儿教育工作的朋友都知道我是研究幼儿园游戏的教师，这得益于我与我的团队在游戏领域持续多年的实践研究，以及取得的一些成果。其实，我在山东女子学院还教授《学前儿童科学教育》课程。我与幼儿科学教育结缘已经超过30年，有着极深的感情。不仅如此，教授《学前儿童科学教育》课程的经历也在不断改变我的思维和对万事万物的态度，塑造我的人生观、价值观和自然观。教学相长真的太有道理了，教师往往认为自己在塑造学生，其实很多时候却是在不断地进行自我塑造。比如，多年来我的《学前儿童科学教育》的第一课都是"科学教育与科学素养"，给学生分析国民科学素养低下带来的严峻危机，阐述提升科学素养的重要性和早期科学教育的关键意义，这也一直在提醒我自己需要反省、学习和不断进步，以科学的辩证唯物主义观思考问题，求真、求实，让研究落地，尊重实践。

2011年，我们团队与"万千教育"合作了《幼儿园科学区（室）：科学探索活动指导117例》一书，感恩中国教育科学研究院的刘占兰老师为这本书写了"推荐序"。这本书因为包含了很多实用而有趣的科学小游戏而被广大幼儿教师喜爱。时光荏苒，转眼距离这本书出版已经超过了10年。2020年，当"万千教育"的高君老师请我们重新修订时，我们团队反复讨论，并不满足于修订和补充一些科学游戏案例，而是期待把更多的对于科学教育的思考和实践探索呈现给大家，于是就有了本书。对6岁以下的儿童来说，提升科学素养的最适合途径是游戏，尤其是科学探究性游戏。

本书包含七个主题，这些主题非常具有典型意义，基本涵盖了幼儿生活中遇到的基本科学内容。

主题一　大自然的色彩
主题二　玩在自然中
主题三　我的地图
主题四　小小调查员
主题五　声音的乐章

主题六　光影大世界
主题七　玩具动起来

　　每一个主题都包含主题导引和核心活动介绍，主题导引主要说明该主题的独特意义和核心目标，尤其提示各位教师需要关注本主题实施时应该注意的问题。比如，在"主题二　玩在自然中"，主题导引提示教师"在实施本主题每一个科学探究活动时，都要给予幼儿充足的时间，调动其多种感官在自然中感知、体验、玩耍……"，这样的提示会避免教师陷入科学知识教授的误区，明晰亲历过程和运用感官观察、体验对幼儿科学学习的重要性。

　　每一个主题都包含多个核心活动，每个活动除了介绍适合的班级和活动准备外，还提供了活动建议、观察指导要点、拓展与替代、家庭延伸活动、相关经验、核心科学概念、探究过程与方法、教师困惑与对策、知识小百科。

活动建议

　　活动建议部分，主要围绕探究性游戏活动如何开展来给予幼儿教师一些操作性建议。有些活动是按照活动开展的前后脉络提供的建议，有些活动可能包含很多平行的小游戏，而每个小游戏都比较简单，不需要再写出开展的具体过程。此部分仅仅是"建议"，并非教学活动方案设计，所以写得简略一些，希望给教师提供更多发挥创造性的空间，在我们给出的枝脉上生长出自己的"枝叶花果"。有一些活动内容很丰富，在开展的过程中，教师可以追随幼儿的兴趣，生成更丰富的主题或项目活动。

观察指导要点

　　观察指导要点部分，主要针对探究性游戏活动开展过程中教师应该关注和观察什么，以及教师指导的重点和方法提出的建议。比如，"主题二　玩在自然中"的"我的树朋友"活动，其观察指导要点部分提示教师"和大树交朋友的过程正是幼儿调动各种感官观察、触摸、了解大树的过程，教师应引导幼儿细致观察每一棵树的树干、树枝、树叶，以及它们的颜色、形状和纹理。除此之外，还应进行对比观察，在对比的过程中发现每一棵树的与众不同之处。观察了解花花草草的过程也是如此，教师应给予幼儿充足的时间，支持幼儿的观察、比较和探索"。

拓展与替代

拓展与替代部分，是对探究性游戏开展的活动建议部分的补充，即这样的游戏还可以利用哪些资源，设置哪些场景，如何开展得更丰富，尤其是对于资源匮乏的幼儿园，开展此类活动时教师还可以怎么做。比如，"主题二 玩在自然中"的"泥巴乐"活动，其拓展与替代部分提示教师：

- 如果幼儿园里极少有裸露的泥土，大都是沥青地面和塑胶地面，教师不妨带幼儿到附近的社区或公园找找看；
- 寻找泥土的过程一定会涉及干净与脏的话题，教师可以在某些时候和幼儿一起讨论关于泥土脏不脏的问题，也可以拓展到有关泥土污染的问题，帮助幼儿初步形成环保意识；
- 和幼儿一起阅读绘本故事《小泥人》《泥将军》《会痛的泥娃娃》等。

家庭延伸活动

家庭是幼儿园教育的亲密伙伴，所以家庭延伸活动是幼儿园课程的延续。家庭延伸活动部分，就是提示家长可以在家庭与幼儿开展的有趣活动。这些活动既有助于幼儿科学探究经验的拓展与深化，又有助于亲子关系的建立，提升家庭中亲子陪伴的质量，当然也有助于家长科学素养的提升。比如，"主题二 玩在自然中"的"泥巴乐"活动，其家庭延伸活动就提示家长：

- 周末天气温暖、晴好的时候带幼儿外出到沙滩、田间地头走一走，若能赤足走，感觉会更好；
- 每到一个地方都和幼儿一起收集当地的泥土留作纪念，或带到幼儿园，注意贴上时间、地点、名称，最好用透明玻璃瓶；
- 在家里和幼儿一起种植花草，观察不同的花草对于土壤的不同要求。

相关经验

相关经验部分，旨在帮助教师分析幼儿通过此探究性游戏活动可以获得的发展经验。每一个活动都可能包含几个探究性游戏，所以幼儿可以通过不同的游戏获得不同的经验。比如，"主题二 玩在自然中"的"泥巴乐"活动，包含"不一样的泥土、泥土中有什么、泥土有什么用、和泥、泥画和泥塑、摔泥炮"等七个小活动，所以，幼儿可以获得的相关经验包含以下几方面：

- 观察和比较泥土的颜色、硬度、颗粒的粗细等外显特征，丰富对泥土多样性的了解；
- 感知发现泥土中有很多东西（如植物的根、小石子、小虫子或蚯蚓等），满足好奇心，萌发探究欲；
- 用水和（huó）泥，感知和体验其中独特的触感，以及水和泥不同比例带来的不同结果；
- 感受玩泥巴的无限乐趣和创意，用泥巴创作自己喜欢的作品；
- 欣赏泥塑作品，感受中国民间工艺品的无限魅力；
- 在挖泥、玩泥和泥塑的过程中学习选择和使用工具，感受工具的重要性。

核心科学概念

南京师范大学的张俊老师认为，核心科学概念是指学科中的关键概念，具有重要的课程、教学和评价的功能[1]。核心概念具有重要的学科意义，能够反映学科最基本的结构，在学科中具有代表性[2]。本书"核心科学概念"部分，旨在帮助教师分析此活动所涉及的核心科学概念有哪些。比如，"主题二　玩在自然中"的"泥巴乐"活动，其涉及的核心科学概念包括泥土的形成、泥土的种类、泥土对植物生长的影响、泥水的比例会影响和泥的结果等。这些核心科学概念不需要教师一一向幼儿讲解说明，更不需要让幼儿记住并表达出来，而是在一系列探究性游戏中让幼儿充分感知和体验，通过亲历探究过程进行了解。

探究过程与方法

幼儿的科学学习不是"听讲"和"记忆"，而是做科学，幼儿做科学具有突出的游戏特点，尽显其童心与童趣。尽管如此，教师仍需要把握幼儿科学素养提升的核心，让幼儿的探究性游戏蕴含丰富的科学探究元素。每一个活动包含的"探究过程与方法"部分就是帮助教师分析幼儿在活动中经历的探究过程，以及所学习的科学探究方法。比如，"主题二　玩在自然中"的"吹泡泡"活动，其探究过程与方法包含以下内容。

---

[1] 张俊，等. 幼儿园科学领域教育精要——关键经验与活动指导［M］. 北京：教育科学出版社，2015：79.

[2] 张俊，等. 幼儿园科学领域教育精要——关键经验与活动指导［M］. 北京：教育科学出版社，2015：79.

- 自制泡泡水的过程是幼儿发现、判断并找出问题所在的过程，比如，为什么吹不出那么多泡泡、泡泡为什么一会儿就破掉了，等等。多样的材料能引发幼儿更多的尝试和探究，并自然运用比较的方法积极解决问题，获得丰富的科学经验。
- 幼儿在探索吹泡泡的过程中，观察、比较吹泡泡工具的不同，分析、发现工具共有的特征，进而提高其收集信息、判断推理的能力。
- 根据幼儿的年龄特点和发展水平，吹泡泡活动不仅落实在"吹"上，还注重幼儿的探索方法和科学情感态度。幼儿通过亲自配制泡泡水，制作吹泡泡工具，玩吹泡泡游戏等，一步步尝试、质疑并开始在各种现象之间建立新的联系，逐渐认识到物体的多样性和共同性。

对于幼儿的科学探究过程和方法的分析，有助于教师清晰地把握幼儿园科学教育的独特性，真正实现科学教育理念的落地实施。

教师困惑与对策

在任何一个探究性游戏的实施过程中，教师都可能存在一些困惑，这些困惑可能来自资源的不足，也可能来自不知道该如何回应幼儿的某些脱离目标的行为，不知道如何推动幼儿持续、深入地探究，还可能来自不知道该如何与家长沟通，形成家园共育合力。比如，"家长反对幼儿玩土，觉得会把衣服弄脏，怎么办？""当幼儿制作的泡泡水吹不出泡泡，他们急躁放弃怎么办？""在运水游戏的过程中，孩子们沉浸在玩水的活动中，忽略了对运水工具适宜性的探究怎么办？"……针对教师的困惑给出的建议，希望可以帮助教师具有开阔的视野，从而更好地应对教育实践中形形色色的问题。

知识小百科

知识小百科部分，旨在解释活动涉及的一些基础性知识，帮助教师理解和丰富科学知识方面的储备。比如，泥土从哪里来？泥土里有什么？为什么要净化水？生活中的自来水是如何净化的？为什么蒙住眼睛后身体会失去平衡？……科学知识是科学素养的重要构成，教师只有储备更多的科学知识，才能更从容地应对幼儿的"十万个为什么"，也才能更敏感地把握科学教育的契机，引领幼儿科学素养的提升。

我们从 2020 年年初开始酝酿和撰写本书，其间，经历了新型冠状病毒肺炎疫情的重重障碍和磨砺。居家隔离期间，网络上关于新型冠状病毒的种种声音铺天盖地传来，令我们备受困扰和折磨……这个过程让我们不得不反思网络时代人们对信息的辨析和理性思考：网络上的哪些内容属于科学知识？每个人应该具备哪些基本的科学知识？应该以怎样的科学态度对待病毒、病毒传播、病毒预防与疫苗？如何辩证地思考和对待网络上的不同声音？……科学素养这个话题需要我们认真地对待，尤其是作为教师的我们。

感谢我的合作者李芳园长和李静园长，这不是我们的第一次合作。本书的写作过程一如既往地辛苦并快乐着。有一段时间，我们几乎每个周末都会在公园里聚会——一方桌、一壶茶、几本书，和着自然的鸟鸣与蛙叫，我们静静地推敲着活动设计，希望能给教师们提供尽可能实际而有效的建议。

对于本书的探究性游戏，我们并不满足于设计方案，而是尽可能落实到幼儿园的实践中，在不断实践的过程中修改和完善。

本书非常棒的一点在于，它不仅有文字和图片，还配有 23 个小视频，以帮助教师更直观地了解探究性游戏的开展。大家扫描书中二维码就可以看到这些小视频。这些小视频的录制和照片的拍摄并不容易，感谢山东省济南市七里山幼儿园、山东省济南市育贤第一幼儿园、山东省济南市市中区七贤实验幼儿园、山东科技大学幼儿园、空军济南蓝天幼儿园、山东省德州市跃华学校幼儿园的所有园长和老师们。

在撰写本书的过程中，我们还做了大量的调查与访谈，以了解幼儿园教师在科学教育实践中的真实问题。这些参与调查的教师来自：山东省济南市七里山幼儿园、山东省济南市育贤第一幼儿园、山东省济南市市中区七贤实验幼儿园、山东省商务厅幼儿园、山东科技大学幼儿园、山东省济南市市中区育晖幼儿园、山东省济南市槐荫区第二实验幼儿园御景园、山东省济南市槐荫区第二实验幼儿园翡翠华庭园、山东省济南市槐荫区锦绣城幼儿园及山东省潍坊市奎文区学前教育研究院……此外，为了保证"知识小百科"的内容科学准确，我们特地邀请了河北容城中学的陈美艳老师进行审校。在此，我们一并表示真诚的感谢。

感谢"万千教育"的高君编辑，从选题立意到成稿的每个环节，她都提出了很多细致而专业的建议，给予我们有力的支持。因学识有限，本书难免存在疏漏之处，敬请广大读者批评指正。

董旭花

2021 年 8 月于泉城济南

导言　关注师幼科学素养提升的探究性游戏

主题一　大自然的色彩 / 017
　　找颜色 / 018
　　多彩的叶子 / 021
　　提取植物的颜色 / 027
　　五彩石 / 032
　　捉迷藏 / 035

主题二　玩在自然中 / 039
　　我的树朋友 / 040
　　多变的沙子 / 044
　　泥巴乐 / 049
　　吹泡泡 / 055
　　帮水搬家 / 060
　　脏水变干净 / 064
　　蒙眼游戏 / 067

主题三　我的地图 / 073
　　寻宝·藏宝 / 074
　　各种各样的地图 / 078
　　我来画地图 / 083

　　家园路线图 / 088
　　会说话的标志 / 093

主题四　小小调查员 / 103
　　幼儿园里的树 / 104
　　幼儿园里的小动物 / 110
　　户外玩具有多少 / 116
　　好吃的食物 / 120
　　大朋友小朋友 / 127
　　我的四季服装 / 132
　　来来往往的车 / 138
　　生活中的垃圾 / 143

主题五　声音的乐章 / 149
　　声音宝盒 / 150
　　是谁在唱歌 / 155
　　声音的故事 / 159
　　给声音画像 / 163
　　传声筒 / 168

主题六　光影大世界 / 173
　　哪里有影子 / 174
　　会变的影子 / 178

百变魔镜 / *183*

光影追踪 / *188*

寻找彩虹 / *193*

主题七 玩具动起来 / *197*

旋转陀螺 / *198*

不倒翁 / *203*

跷跷板 / *208*

磁性玩具 / *213*

沉浮玩具 / *220*

斜坡上的车 / *226*

导言

关注师幼科学素养提升的探究性游戏

对成人来讲，科学意味着高深的知识，有点儿遥远，特别严谨，是科学家们研究的事儿。但是，对3—6岁充满好奇心的幼儿来讲，科学就是发现周围的小虫子、蛙鸣声和奔跑的车，科学就是一系列不断的刨根问底……一切都那么有趣，每时每刻都在发生。科学学习也是幼儿充满惊奇感的不断发现之旅，幼儿通过不断的发现来学习科学，并自主建构对这个世界的认知。

儿童天生就是科学家。从出生开始，他们就不断地运用自己的感官感知和了解这个世界，大到宇宙星空，小到树叶沙粒，他们无时无刻不在操作、探究和学习科学。在幼儿园所有的学习活动中，没有哪一种活动能像科学探究一样如此贴合幼儿好奇的天性和需求，贴合幼儿学习的特点，让幼儿在直接感知、亲身体验、实际操作中走进科学的殿堂。

幼儿园科学教育的核心目标是培养幼儿具备初步的科学素养。幼儿阶段的发展特点决定了他们的学习特点，也决定了其身边的人所起到的巨大作用，所以幼儿教师的科学素养的高低会直接决定幼儿园科学教育的品质，进而影响幼儿科学素养的形成。

对科学素养的理解与关注

"科学素养"一词最早由美国学者詹姆斯·B.科南特（James B. Conant）于1952年提出，1958年美国斯坦福大学教授P. D.赫德（P. D. Hurd）从科学教育和科学普及两个视域赋予其内涵，为之后科学素养的研究提供了借鉴。国际上普遍将了解科学知识、了解科学的研究过程和方法、了解科学技术对社会和个人所产生的影响这三个部分概括为科学素养。

《中国公民科学素质基准》（2016）指出，"公民具备基本科学素质一般指了解必要的科学技术知识，掌握基本的科学方法，树立科学思想，崇尚科学精神，并具有一定的应用它们处理实际问题、参与公共事务的能力"。

从上面两个定义不难看出，科学素养强调以下几方面的关键素养。

基本的科学知识

2020年的中国公民科学素质调查，首先强调公民对科学的理解。其中，在掌握科学知识方面包括内容性知识、程序性知识和认知性知识，简单的理解就是关于"是什么、怎么做和为什么"的知识。从内容范畴来讲，我们需要掌握的基本科学知识主要涵盖生命科学领域、物质科学领域、地球与宇宙科学领域、技术与工程领域。

基本的科学方法与技能

科学方法与技能是指从事科学活动所必需的一些方法与技能，包括观察、比较、分类、测量、计算、预测、推断、实验与建立模型、解释数据、表达与交流等，还包括发现问题、提出问题、形成假设、收集资料、检验假设、得出结论、迁移运用等基本的科学研究过程。科学学习应尽可能地让学习者亲历科学研究的基本过程。

《3~6岁儿童学习与发展指南》（以下简称《指南》）的科学领域目标也强调，"成人要善于发现和保护幼儿的好奇心，充分利用自然和实际生活机会，引导幼儿通过观察、比较、操作、实验等方法，学习发现问题、分析问题和解决问题；帮助幼儿不断积累经验，并运用于新的学习活动，形成受益终身的学习态度和能力"。只有在探究中掌握基本的科学方法和技能，才能不断拓展科学认知的深度和广度，提升应对问题的实践智慧。

科学精神与态度

科学精神与态度是指一个人在科学活动中所表现出来的态度、行为和人格特征，是各种科学价值观、科学品质以及行为准则的整合，它包含理性思维、批判质疑、勇于探究、开拓创新等要素。科学精神与态度还应该包括以下几点：

- 认为科学、科技人才对人类发展极为重要；
- 热爱科学，热爱自然，关心周围事物，对科学有浓厚的兴趣与好奇心；
- 以实事求是的唯物主义态度对待科学现象与问题等；
- 拥有独立思考、勇于实践的态度与品质。

美国学者罗莎琳德·查尔斯沃思（Rosalind Charlesworth）指出，"从学前班到大学阶段，科学都应该被视为一个动词，而不是名词……与其说它是一个知识体，还不如说它是一种思想和行为的方式。科学是发现事物本质的一种方法。几个世纪以来，推动科学向前发展的那些态度和思考技巧，也同样能够帮助个体解决他们在日常生活中遇到的种种问题"[1]。所以，科学知识与科学方法的获得，其最终目的应该指向在生活和工作中的运用，只有灵活地迁移、应用科学知识解决问题，知识和方法才有意义，才能真正变成一个人科学素养的一部分。

科学素养的高低是可以进行量化测验的，对于科学素养的评测主要包含上面所谈的三个方面。开始于1992年的中国公民科学素质调查结果表明，我国公民的科学素质水平持续快速提升，2020年具备科学素质的公民比例达到了10.56%，比2005年的1.60%提高了8.96个百分点，其中，上海（24.30%）和北京（24.07%）的公民科学素质水平超过24%，是我国公民科学素质发展的领头雁[2]。

尽管总体上我国公民科学素养水平逐渐提高，但与发达国家相比仍有一定的差距，而且城乡之间、东西部之间尚有较大差距。

一代人科学素养的高低直接影响一个民族、一个国家的发展，是一个国家国际竞争力的指标之一；一个人科学素养的高低也会影响他看问题的视角、处理问题的方式、发现问题和解决问题的水平，以及理性分析、评判和参与公共事务的能力，而这些都会影响一个人一生的发展，也包括他对这个社会所发挥的作用。

幼儿教师的科学素养亟待提升

科学技术的迅猛发展对每个公民科学素养的要求日益凸显。幼儿教师作为幼儿园科学教育的指导教师，是影响幼儿发展的重要他人，其自身科学素养的高低会直接影响幼儿园科学活动的质量，也影响幼儿科学素养的发展。幼儿教师的科学素养，既强调应具有科学的态度和应掌握必要的科学知识与科学方法，同时，由于幼儿教师的科学素养具有鲜明的职业特质，因此强调教师应具有孩童般的好奇心、对万事万物的热

---

[1] 查尔斯沃思. 幼儿数学与科学教育[M]. 北京师范大学学前教育研究所, 译. 北京：北京师范大学出版社, 2019：65.

[2] 何薇, 张超, 任磊, 等. 中国公民的科学素质及对科学技术的态度——2020年中国公民科学素质抽样调查报告[J]. 科普研究, 2021, 16（2）：11-19.

情、对周围环境变化的敏感，以及对学习的积极性与主动性。

尹晓翠等人的调查研究[1]发现，"幼儿教师科学素养存在科学知识储备不足、科学方法运用单一和科学态度不够积极等问题"。

科学知识储备

很多幼儿教师科学知识的储备较少，平时也较少关注最新科技进展，对某些科学知识甚至存在错误认知，尤其是有关物理、生物、天文等方面的知识。

在笔者的调查访谈中，很多幼儿教师反映自己组织幼儿园科学教育活动最大的难题来自科学知识的匮乏。

> 教师1：说实话，我有点怕科学教育领域，感觉自己懂得太少了。
> 教师2：科学教育活动最大的难题是老师对有些科学知识不是很熟悉，网上搜索又不一定都准确，怕跟幼儿说错了。
> 教师3：任何一个简单的科学现象背后都有着深奥的科学原理，如果科学知识储备少，教师就无法实现科学教育活动的发展目标，也不知道该如何给幼儿解释。

分析幼儿教师科学知识储备不足的原因，一是可能与幼儿教师大多文科出身有关。二是可能与学历层次有关，现阶段幼儿教师队伍中专科学历占比较高，还有相当一部分属于专科以下学历。有关调查研究也发现，学历高低直接影响一个人科学素养的高低，而且差异较大。在我国2020年公民科学素质调查中，李璐等人的调查[2]发现，大学本科及以上文化程度公民的科学素质水平处于高位，具备科学素质的比例达到38.89%；大学专科文化程度公民具备科学素质的比例为21.26%，高中（中专、技校）公民具备科学素质的比例为14.30%。在专门针对幼儿教师科学素养的调查中也发现同样的结果，即不同学历的幼儿教师，其科学素养得分存在显著差异，高学历教师的分数均显著高于低学历教师，体现出他们高学历的优势。三是可能与性别有关，幼儿教师中女性所占的比例极高，而2020年我国公民科学素质调查的结果显示，男性公民和女性公民具备科学素质的比例分别是13.12%和8.82%。在现实生活中，我们也不难发

---

[1] 尹晓翠，王洪，王冬岩. 幼儿教师科学素养内涵、现状分析及提升策略[J]. 教育观察，2020（24）：44-45.
[2] 李璐，蔡雪斌，甄瑞. 幼儿教师科学素养现状的调查研究——以安徽省为例[J]. 科普研究，2014，9（3）：41-44.

现，女性对于最新科技成果的关注度普遍低于男性。

尽管幼儿园阶段的科学教育并不强调科学知识的学习，但这并不意味着幼儿教师的科学素养不重要，相反，科学知识储备是否充足会直接影响教师对科学教育的态度和自身对科学教育的信心，很多教师会因为自身科学知识储备不足而畏惧科学教育方面的课程。教师科学知识储备不足，也可能导致他们捕捉不到幼儿生活和游戏中出现的教育契机。比如，在一次大班建构游戏中，有3个男孩兴奋地计划搭建"天问一号"[1]。教师对"天问一号"一无所知，所以在幼儿的游戏过程中不知道观察什么，游戏后的分享交流环节除了表扬幼儿很棒，也不知道该说些什么。

科学方法

幼儿教师对于科学方法的了解和运用也存在不少问题。

笔者曾对某个地级市声誉最好的幼儿园的教师随机做过一次简单的调查，请教师们写一写自己知道的科学方法有哪些。结果发现，被调查的37位教师中有3位能够写出5种方法，占比8%；能够写出2种方法的教师较多，占比32.4%；能够写出1种方法的教师，占比27%……幼儿教师了解得比较多的科学方法为：观察法和实验法。调查也发现，1种方法也写不出来或写不对的教师比例较高，为13.5%。其中，有相当多的教师所写的科学方法为：游戏法、谈话法、讨论法、反思法、自由探索法、综合法……也有一些老师所写的是实践法、行动研究法、问卷法、问题探索法、个案研究法、文献检索法、图表法……这些表述有些来自教学方法，有些来自教育研究方法，这说明幼儿教师队伍对于自然科学研究方法的关注度并不高，平时也很少应用，所以有些混乱。

幼儿教师自身如果缺乏对科学方法的正确了解，不仅会影响自己的科学思维以及理性处理生活和工作中遇到的问题，影响参与社会公共事务的意识和能力，还会影响自己在幼儿园科学教育中的方法选择和运用。尹晓翠等人的研究[2]设计了一种问题情境，请教师们选择最适合采用实验法的是哪一种，结果发现该题有40%的幼儿教师答错。这在一定程度上说明，现阶段幼儿园科学教育在实际教学中可能普遍存在教学方法方面的问题，主要是因为幼儿教师对科学方法认识不足。尽管很多教师能够说出《指南》的

---

[1] 火星探测器的名称，负责执行中国第一次自主火星探测任务。其名字来源于屈原的长诗《天问》，表达中华民族对真理的执着追求，体现了对自然和宇宙探索的文化传承。

[2] 尹晓翠，王洪，王冬岩. 幼儿教师科学素养内涵、现状分析及提升策略［J］. 教育观察，2020（24）：44-45.

科学领域强调"探究",让幼儿喜欢探究,并具有初步的科学探究能力很重要,但对于幼儿如何探究,即幼儿探究的具体方法和过程所知甚少,所以幼儿园科学教育中的"探究"只是停留在教师的"观念"层面,很难落实到幼儿园实际的教育教学过程中。

科学态度

幼儿教师相信科学,认为科学、科技人才对人类发展极为重要,崇尚真理,愿意接受经证实的科学结论,愿意不断更新自己对科学的认知和理解,但也存在一些问题,表现为很多幼儿教师对科学的兴趣不高,缺乏好奇心和主动探究欲,对科学活动缺乏热情,独立思考、批判质疑和开拓创新的精神不足。

从3—6岁幼儿科学教育的目标和特点看,科学态度和情感尤其重要,它是幼儿科学学习的动力机制。教师的科学态度会直接影响和带动幼儿,幼儿科学态度的形成也有赖于教师的引导,所以科学态度与科学精神必然是幼儿园教师科学素养的重要组成部分。

对幼儿园教师来讲,尤其应当对周围的世界和生活抱有热情、好奇、敏感的态度,以及求真、质疑、批判、探究的精神。在开展科学教育活动的过程中,幼儿园教师应善于将自身的科学态度和精神转化为推动幼儿科学活动开展的精神动力,支持幼儿自由、自主、投入地进行科学体验和科学探索,提升幼儿的科学素养。

此外,需要注意的一点是,有研究表明:准学前教师的科学素养整体得分优于在职学前教师,且幼儿园教师的科学素养在职后教师生涯中的发展呈"消耗型的发展轨迹"[1]。伴随教龄的增长,幼儿教师自身的科学素养不升反降的现象提醒我们反思以下几点。

1. 职后培训可能存在缺口

现阶段对于幼儿教师专业素养提升的培训有很多,但关于科学和幼儿园科学教育方面的培训较少,即使有,培训内容也多是教学理念与教学方法方面的培训,或者公开课展示,缺乏实践操作,这不利于幼儿教师科学素养的提升,不利于教师理念与实践的对接。

与职前相比,职后培训更要突出实用性、实践性和综合性,更强调体验、操作和互动式的研讨。只有从科学教育实践的需求出发,以问题为导向,落实到幼儿教师理解科学中的核心概念和科学原理中的困惑,落实到幼儿科学教育实践中的具体难题,

---

[1] 李林霞. 准学前教师与在职学前教师科学素养调查及比较研究[D]. 上海:华东师范大学教育学部,2010.

才能使幼儿教师主动参与，达到培训效果的最优化。

2. 受职业倦怠感的影响

职业倦怠感会消耗教师对周围世界的敏感和好奇心。幼儿教师每天的工作内容重复，工作时间长，照顾幼儿需要极大的耐心、细心和责任心，工作辛苦，成就感和价值感较低，极易出现职业倦怠感。职业倦怠感可能会让教师对于周围环境、科技进步、大自然以及幼儿失去好奇心，不再敏感，甚至麻木起来，这与幼儿强烈的好奇心和敏感形成反差。职业倦怠期的教师非但不会因幼儿的好奇和探索而感动，并追随幼儿的探索生成有活力的课程，反而可能会反感幼儿的活泼好动，控制和压抑幼儿的好奇和探索行为。

消除教师的职业倦怠是一个系统工程，需要全社会共同为幼儿教师营造良好的氛围，提高幼儿教师的薪资待遇；需要教育行政管理部门改变和调整评价理念与机制，更多地支持和指导幼儿教育实践工作；需要幼儿园管理更为人性化和弹性化，以教师为本，从教师专业发展和幼儿全面发展的视角确定幼儿园的制度和组织框架；需要教师个人对于自身职业发展的清晰定位和专业发展的自觉审查。

3. 缺乏自主学习和研究的内驱动力

幼儿教师的职业特点决定了他们必须具有终身学习的动力和自觉。《幼儿园教师专业标准（试行）》强调的基本理念是：师德为先、幼儿为本、能力为重和终身学习。其中，"终身学习"的理念对于教师的专业发展至关重要，幼儿教师应该具有终身学习与持续发展的意识和能力，做终身学习的典范。在科技飞速发展的今天，幼儿教师自身的终身学习意识和动力会带给幼儿极大的影响。

幼儿教师的学习范围较广，具体到科学领域来看，依据PCK[1]理论，科学领域的知识、科学教育教学的知识、儿童如何学科学的知识对于幼儿教师都很重要，都是幼儿教师自主学习和研究的范畴。

4. 没有自主学习和研究的氛围

幼儿园没有形成自主学习科学和研究科学教育的氛围，缺乏相应的教研文化、教研组织和教研活动的推动。有时教师一个人的力量很有限，而幼儿园科学教育面临的

---

[1] 即 Pedagogical Content Knowledge 的缩写，中文译为"学科教学知识"，最早由美国舒尔曼教授于 20 世纪 80 年代提出，并将其定义为教师个人教学经验、教师学科内容知识和教育学的特殊整合，之后，不同的学者对其进行了不同的解读。

问题很复杂，所以需要幼儿园教师集体的力量，大家结成研究小组，不论是正式的还是非正式的教研组，都可以通过读书沙龙、科学实验工作坊、科学教玩具制作、课程故事分享、教学观摩等多种形式共同研讨幼儿园科学教育问题。通过集体研讨，不断鼓励教师学习科学知识，运用科学方法，树立科学态度，并汇聚大家的智慧和力量，共同反思自己的教育实践，解决自身面临的科学教育问题，不断提升科学素养。

幼儿科学素养的提升依赖幼儿教师拥有良好的科学素养。在教师专业发展的整体框架中，万万不可忽视科学素养的提升。

探究性游戏：让幼儿在做做、玩玩中提升科学素养

早期的科学教育实践对一个人科学素养的形成具有重要影响。幼儿园科学教育面对的是 6 岁以下的儿童，他们活泼好动，对周围的世界充满好奇和热情，他们的生活、游戏中处处充满科学探究。对他们来讲，科学不是高高在上的学科，而是身边时时刻刻充满魅力的事物和现象，比如，水果会变颜色，影子会走动，雨后会出现彩虹……科学也是他们每天都会做的事情，比如，把石头叠叠高，把水倒进沙子里看看水到哪里去了，测量小朋友谁高谁矮，数数马路上的车，找找从幼儿园回家有几条路，比一比哪一条路最近……有趣的科学，就是他们的探究性游戏。

会变的影子

1. 高矮不同的影子

寻找同一时间不同物体的影子，并比较其大小或长短。

2. 不同时间的影子

观察同一物体在太阳光下的不同时间段的变化。

3. 变来变去的影子

请幼儿用手电筒当光源，进一步探究、验证光源位置变化与影子变化之间的关系。

4. 手影游戏

在不同光源下自由玩手影变化的游戏，看谁变的花样多。

5. 影子剧场

选取一段幼儿熟悉的角色故事，观看皮影戏表演，并让幼儿参与皮影制作和皮影戏表演中。

探究性游戏是幼儿受好奇心驱使而开展的积极主动与环境相互作用的活动，因其充满游戏的趣味性而备受幼儿的喜爱。探究性游戏与幼儿园其他类别游戏的最大不同之处，就是以探究的问题为导向或主轴推动游戏的发展。探究性游戏可以由幼儿自主发起，也可以由教师创设的情境和问题发起。幼儿在生活和游戏中会发现各种有趣的"问题"，比如，在阳光、月光或灯光下物体有影子，并且影子会变来变去；雪花在手心里融化；骑车上坡费力而下坡很轻松；声音会在管子里传得很远；陀螺转一会儿就会停下来……具备科学素养的教师能发现其中的多元教育价值和契机，因势利导，呵护幼儿对于这些问题的好奇和探索，让稍纵即逝的科学火花衍生出持续深入的探究性游戏，这样的探究性游戏不仅可以丰富和扩展幼儿的知识经验，而且有助于幼儿的探究精神、科学态度和学习品质的养成，提升幼儿的科学素养。

《指南》强调，"幼儿科学学习的核心是激发探究兴趣，体验探究过程，发展初步的探究能力。成人要善于发现和保护幼儿的好奇心，充分利用自然和实际生活机会，引导幼儿通过观察、比较、操作、实验等方法，学习发现问题、分析问题和解决问题；帮助幼儿不断积累经验，并运用于新的学习活动，形成受益终身的学习态度和能力"。将幼儿的科学学习变成好玩的探究性游戏，对于达成科学教育的目标大有裨益。

在亲近自然中萌生对科学的兴趣，享受科学探究的乐趣

《指南》科学领域的第一个目标是"亲近自然，喜欢探究"，这提示我们把幼儿带到自然中是非常重要的，因为每个幼儿心里都有一颗感受自然美的种子，一颗好奇、探索的种子，让幼儿在大自然中游戏、观察、体验、测量、记录很重要，自然的开放性和变化性会满足幼儿强烈的好奇心，激发幼儿探究的欲望，自然的丰富性也会给幼儿园的课程带来无限生机和活力。亲近自然的探究性游戏更是充满了童趣，让幼儿在感知自然中享受自然美、创造美和求知的快乐。

多彩的叶子

1. 捡落叶

带一个筐子或一个简单的袋子，到户外捡拾落叶。可以边捡边观察，看看叶子正反面的颜色是否一样；可以边捡边数，看看谁捡到的落叶多；也可以边捡边观察和比较。

2. 叶子找"妈妈"

任意选择一片叶子，或者教师指定一种树的叶子，认真观察之后，快速寻找"树妈妈"，看谁最先找到。

3. 落叶雨

满地落叶时节,把捡拾到的落叶扬起来,就像下雨一样。天气晴好的时候,可以感受到落叶在阳光中的飘散,色彩斑斓,无限美丽。

4. 叶子埋人

就像在海边用沙子玩"埋人"游戏一样,用叶子把自己或小伙伴埋起来的感觉也很奇妙。

5. 叶子排序

将捡到的叶子按照大小或颜色或一定的规律排列出来。

6. 叶子分类

将捡到的落叶堆集在一起,然后按照颜色、大小、树木名称等自由分类。

7. 叶子创意画

将捡到的落叶在地上拼摆出自己喜欢的图案。

8. 制作叶子书签

寻找自己最喜欢的一片叶子,系上一段彩绳或者麻绳,用压膜机压膜,树叶书签就做好了。

上面的案例来自"主题一 大自然的色彩",它包含很多有趣的活动,这些活动看起来只是孩童的游戏,但却让幼儿在玩玩、做做中亲近了自然,体验了自然的美好,观察了自然的变化和神奇,感受了自然与科学探究的乐趣。

亲历探究过程,提升探究能力——让幼儿园科学教育体现做中学的本质

成年人喜欢讲科学,而幼儿喜欢做科学。活泼好动是幼儿最基本的特点,好动的不仅是幼儿不停歇奔跑的双脚,还有双手。他们看到任何东西都要摸一摸、动一动,这些看起来有些漫无目的的触摸与操弄,其实就是幼儿的探究,蕴含着幼儿旺盛的求知欲。幼儿园里的科学活动应该满足幼儿感知、操作、体验的需要,让幼儿在亲历探究的过程中,学习发现问题、提出问题、形成假设,并尝试验证假设,得出自己的结论,逐步提升探究的能力。

需要警惕的是,在当今的幼儿教育实践中,幼儿探究科学的经历和机会常常受到限制,他们被教师灌输很多知识或概念,这些看起来被"记住"的二手经验或科学知识,其实对于幼儿科学素养的提升意义并不大。

幼儿园教师在引导幼儿做科学的过程中,需要注意以下三点。

1. 操作不等于科学探究

探究性科学游戏强调"做科学",期待教师创造条件,提供充分的工具和操作材料,满足幼儿操作、实验、摆弄的需要,但操作不等于科学探究,幼儿园科学教育也不应该为热闹的操作而操作,操作只是实现探究目标的路径,通过操作实现对"问题"的解决,再通过不断地解决问题,实现幼儿科学素养的提升才是目的。

2. 以问题为先导,探究全过程

幼儿的探究应从发现问题、提出问题开始,并让幼儿经历问题探究的全过程。问题是主导幼儿探究的核心。问题可以来自幼儿自己的疑问或发现,如蜗牛吃什么、风筝为什么会飞上天等,问题也可以来自教师有目的创设的情境或提出的问题,如幼儿园里有多少棵树,它们有什么不一样,哪棵树最高,哪棵树最粗等。

"主题四 小小调查员"包含一系列有趣的探究性游戏活动,支持幼儿调查幼儿园里的人、花草树木、小动物、室内外玩具和图书的种类与数量,调查马路上的车、好吃的食物、生活中的垃圾等。每一次的调查都由问题引出,并围绕核心问题展开。参与调查的过程,幼儿不仅可以学习一种科学方法,还能关注周围人、事、物的变化,学习记录、计数和统计,尝试通过调查数据得出结论,养成良好的科学态度,形成科学思维。另外,每一次的调查都是一次综合性实践和学习活动,蕴含语言、社会、健康、科学、数学、艺术等多领域的关键经验,是知行合一最好的学习方式之一。

3. 学会思考,形成科学思维

引导幼儿在探究过程中慢慢将外部活动(感官感知和外部动手操作)转化为内部思考,帮助幼儿将他们的发现转变为对科学是如何运作的思考,支持幼儿成长为具有科学思维的人。科学不仅是一门学科,更是一种思考方式,科学教育最主要的目标并不在于教幼儿了解什么和想什么,而在于教他们"怎么"想,学会客观、辩证、系统地思考问题,学会运用事实和证据进行推理判断,获得受益终生的科学思维至关重要。

科学思维强调基于事实证据进行合理的逻辑推理。比如,"主题四 小小调查员"包含的调查活动,无论是调查幼儿园里的花草树木,还是调查幼儿园里的人、玩具、图书等,幼儿都会获得一些调查数据,然后通过对这些数据进行统计和分析,推断出结论。针对这个结论,小伙伴之间还需要进行讨论,相互质疑,反复推敲,最终得出相对合理的观点,这个过程会帮助幼儿逐步建立起基于事实证据的科学思维。具体来讲,在"户外玩具有多少"的探究性游戏中,幼儿需要自主调查幼儿园户外玩具的种类和数量,这个过程涉及分类和点数,幼儿将学习计数方法,提高计数能力;同时,调查、记录和统计的结果也可供幼儿和教师展开对话和讨论,并给幼儿园的管理者提出购买和添置玩具的建议。这个过程既对幼儿园的发展有实际意义,又有助于幼儿学习科学的调查、统计方法,学习如何对数据进行分析和推理出结论,以及如何将调查结果迁移运用到现实需要中。

不难发现,幼儿亲历探究、提升探究能力一般包含以下过程:

- 在观察与感知中发现;
- 在发现与提出问题中思考(惊奇);
- 尝试连接已有经验提出假设,学习推理;
- 在调查、实验、观测中验证;
- 搜集证据,学习用数据得出结论;
- 相互交流,学习质疑与反思;
- 学习表征与表达;
- 尝试迁移运用新经验,在运用中继续验证和发现。

在探究中认识事物和现象,理解科学概念

在探究中认识周围事物与现象,不等于运用语言和词汇表达或解释科学概念或原理。在科学教育实践中,倾听、参与、讨论可以让更多的幼儿喜欢科学。如何理解科学概念,如何用浅显易懂的词汇和语言与幼儿交流科学,如何向幼儿解释科学概念和原理,如何帮助幼儿得出科学结论,可能是令幼儿教师最为纠结的难题。

> 教师1:我认为,科学教育活动最大的难题是如何将科学现象和知识用幼儿易于理解的语言讲解和表达出来。
>
> 教师2:在科学实验中,强调重视探究过程,可以不必把原理告诉幼儿。可是,生活中总有个别孩子会打破砂锅问到底。面对这类幼儿,教师该如何将深奥的科学原理解释得简单明了呢?比如,沉浮跟物体质量、液体密度的关系,怎样才能更直观地让孩子理解?
>
> 教师3:在涉及很深奥的科学现象或概念时,教师如何用幼儿可以接受的浅显易懂的语言进行精准解释呢?比如,科学活动"有趣的太空生活",涉及很多力学概念,如重力、地心引力、失重等,在观看视频帮助幼儿直观地了解宇宙和宇航员的太空生活时,教师如何能在不改变概念原理的前提下用"科学的童语"向幼儿解释这些科学概念呢?

幼儿园科学教育涉及很多核心科学概念，如生命科学教育中生物的身体特征、生物的基本需求、生物的简单行为、生物的生命周期、生物的多样性、生物与环境的相互作用[1]等核心概念与关键经验。教师可以，也应该通过一系列探究活动引导幼儿感知和初步了解这些核心概念，但这个过程不等于教师要将涉及的科学概念讲给幼儿听，也不需要"专业而又精准"的语言解释，或者说我们根本无法做到在"专业而又精准"的同时，符合3—6岁幼儿需要的"浅显易懂"。地球与空间科学一般涉及的核心概念与关键经验包括地球物质的特性、天气和气候、太阳与月亮的活动、地球与人类的活动等，但它们都较为浅显，与幼儿的生活经验密切相关。上面案例中，关于第三位教师谈到的宇航员的太空探险，我们确实很难用浅显的语言解释"重力、失重、地心引力"等科学术语，因为这远远超出了幼儿阶段能够理解的科学概念，也很难用浅显的词汇向幼儿解释清楚。

涉及地球与人类活动的核心概念与关键经验[2]

3—4岁幼儿适宜的关键经验：

- 知道人类生活在地球上；
- 感知和体验天气对自己生活的影响。

4—5岁幼儿适宜的关键经验：

- 知道地球的物质提供了人类使用的多种资源；
- 知道人类的生活离不开空气；
- 体验季节对自己生活和活动的影响。

5—6岁幼儿适宜的关键经验：

- 初步了解地球的表面在不断地变化（如风化和侵蚀的影响）；
- 知道地球的变化会影响人类的生活；
- 了解空气污染对人类有危害（如雾霾的危害）；
- 知道要节约用水、保护水源的清洁；
- 初步了解自然灾害对人类生活的影响（如地震、海啸等）。

当然，对于超越幼儿理解水平的现象或事物，若幼儿感兴趣，并打破砂锅问到底，教师绝对不能置之不理，也不能以"以后你们就知道了""等有空我们去查查资料"来搪塞幼儿。面对幼儿的问题，教师可以采用下面几种方式引导幼儿自主探究和思考。

---

[1] 张俊，等. 幼儿园科学领域教育精要——关键经验与活动指导[M]. 北京：教育科学出版社，2015：12.

[2] 张俊，等. 幼儿园科学领域教育精要——关键经验与活动指导[M]. 北京：教育科学出版社，2015：12.

1. 采用反问的方式，认真倾听，表达对幼儿的观察与思考的兴趣和关注

很多时候，教师仅仅听到了幼儿的疑问，比如，"为什么天上会有那么多星星？""为什么我走，月亮也走？""为什么我的玩具车一按就会跑？""为什么航空母舰很重却能浮在水上"……就以为幼儿想要一个答案，便开始绞尽脑汁地为幼儿寻找一个专业而又精准的答案，其实，很多时候幼儿可能仅仅是表达自己的发现，想要和教师交流，或者很想有机会参与探讨该问题……无论怎样，教师都不必急于给幼儿一个标准答案，可以把问题抛给幼儿，比如，"你认为，为什么天上会有那么多星星？为什么有时候我们几乎看不到星星？"教师不妨静下心来听听幼儿的回答，无论他的答案是否正确，教师都可以增进对幼儿的了解，并重新思考支持幼儿的策略。

2. 提供多元材料，鼓励幼儿反复探究，看看会有什么新发现

对于周围事物和现象的认识不可能通过一次实验、一次操作、一次调查就会获得满意的答案，认识是一个不断深化、不断拓展的过程，这个过程不是靠教师的专业而精准的讲解，而是靠幼儿自己不断地观察、操作和实验。在这个过程中，教师能否为幼儿创造条件，能否提供多元的材料，满足幼儿动手做的需要至关重要。比如，要解答航空母舰为什么很重却能浮起来的难题，教师不需要精准地讲解浮力大小与物体质量、水的密度的关系，而是可以让幼儿通过反复实验和操作不同材质、不同容量、不同外形的物体或改变形态的材料等进行感知。

3. 运用启发性问题引导幼儿探究

其实，对于周围事物和现象的认知并不是必须指向现象背后的科学原理或规律，我们既然无法深入浅出地给幼儿解释这些原理，又何苦非要去解释呢？比如，关于浮力的大小，可以不必纠结于解释为什么有些东西能浮起来而有些东西浮不起来，教师可以设计一些问题，比如，"橡皮泥团成一团放进水里会怎样？谁能想办法让橡皮泥浮起来？""还有别的办法让橡皮泥浮起来吗？我们是否可以借助某些材料？""你们试试看，什么样的材料能帮橡皮泥浮起来？"……

4. 鼓励交流和讨论，引导对话与质疑

鼓励同伴间交流和讨论，引导幼儿进行对话与相互质疑，保持开放性结局，答案可以多元、不准确，允许幼儿保留自己的观点。如果大多数幼儿都对某些问题感兴趣，而这样的问题又无法实验操作，那么教师可以通过组织小组或全班讨论的方式，让幼儿各自表达自己的认识，并巧妙地引发不同观点之间的碰撞，让每个幼儿通过这样的

讨论发现不一样的人可能会有不一样的认识，有些认识是一致的，而有些认识可能正好相反，别人会有很多有趣的视角和观点，善于倾听和思考也是一种很重要的学习方式。大家意见不同而又无法找到具有说服力的证据时，可以各自保留自己的观点，开放性的结局也许会令更多的幼儿热情参与进来，并持续探究下去。

总而言之，教师应扮演接纳、欣赏、倾听、支持和促进者的角色，而非标准答案的持有者的角色。当教师愿意倾听孩子们的问题和表达，并表现出浓厚的兴趣时，科学探究活动一定会成为班级最受欢迎的活动。

卡森（Carson，1965）认为，"如果一个幼儿要维持他内在的好奇心，那么他至少需要一个成人与他分享，和他一起快乐地、兴奋地探究这个神秘的世界"[1]。期待所有的幼儿教师都能葆有这种热情和好奇，具备较高的科学素养，与幼儿一起享受重新发现这个世界的秘密的快乐。

---

[1] 查鲁福, 沃斯. 与幼儿一起发现自然[M]. 张澜, 熊庆华, 译. 南京: 南京师范大学出版社, 2018.

主题一　大自然的色彩

主题导引

　　走进大自然，我们首先会被大自然的色彩吸引：五彩的花朵，碧绿的树叶，斑斓的蝴蝶、七星瓢虫，红色、褐色的泥土，色彩各异的石子……大自然的色彩四季轮换，或七彩交织，或单一存在，或浓烈，或淡然……如此美丽而又如此和谐地组合成一幅大自然的画卷。大自然色彩的美，滋养着我们的感官，疗愈了我们的身心。"亲近自然，喜欢探究""喜欢自然界与生活中美的事物"，《指南》中多个领域的目标都提示我们，把幼儿带到大自然是非常重要的，因为每个幼儿心里都有一颗感受美的种子，都有一颗好奇、探索的种子，幼儿可以在大自然中观察、体验、记录、测量、表达，大自然的开放性和丰富性会给幼儿园的课程带来无限的生机和活力。这样的主题，无须强加，随时随地都可以在我们带领幼儿与自然互动的过程中展开。同时，它不受资源和资金的限制，任何一所幼儿园，无论地处城市还是农村，都可以在周围寻找到非常丰富的自然资源。

核心活动

- 找颜色
- 多彩的叶子
- 提取植物的颜色
- 五彩石
- 捉迷藏

找 颜 色

适合班级
中、大班

活动准备
（1）每人一张"我找到的颜色"记录表（贴有对应的色卡，并根据幼儿的年龄特征提供不同数量的色卡）、胶带、水彩笔、绘画纸等。
（2）动物、植物及相关事物的图片若干。

活动建议

1. 寻找大自然中的颜色

（1）植物的颜色：寻找花、草、树、果的颜色。可以观察一种植物的根、茎、叶、果实、种子的颜色有何不同，一朵花在开前、开后颜色的变化；还可以观察在不同的季节，一棵树的颜色有什么不同。

（2）动物的颜色：记录生活中、视频中或图片上看到的动物的颜色，也可以按照动物的颜色进行分类、统计数量等。

（3）天空的颜色：随机关注天空、云朵的颜色，及时观察不同情况下的天空变化，如晴天、阴天、雷雨天，不同时段天空的颜色及变化，如清晨、中午、傍晚。

（4）大自然中其他事物的颜色：如沙、土、石头、水等，并观察在有光照和没有光照的情况下其颜色是否有变化。

2. 寻找身边的颜色

（1）按照颜色寻找物品：观察并统计"我的班级""我的幼儿园""我的家庭"中各种物品的颜色，并按照颜色分类统计，比如，班级中红色的东西有什么，黄色的东西有什么，蓝色的东西有什么。最后，比一比，谁找到的东西最多。

（2）按照类别寻找颜色：比如，我们的玩具、衣服、食物等都有什么颜色。最后，比一比，谁找到的颜色最多。

3. 颜色大搜索

在规定的范围或时间内，看谁发现的颜色种类多；也可以是在一幅图中，看谁能找出更多的颜色等。

4."我找到的颜色"分享会

分享寻找结果,看看小伙伴们找到的颜色哪些是相同的,哪些是不同的,哪些是相似的,并进行资源共享。

观察指导要点

(1)不管是寻找大自然中的颜色还是身边的颜色,都应在确保幼儿安全的情况下鼓励他们自由寻找,不局限寻找的范围。在寻找的过程中,幼儿可以尽情地感知各种颜色的美丽与魅力,体验寻找到少见的、漂亮的颜色的快乐。

(2)观察幼儿记录颜色的方式方法,记录的方式方法可以多种多样,教师应允许幼儿根据观察的顺序和方法选择记录的方式,或者根据幼儿的年龄特征或者经验进行调整。可以用实物直接对应粘贴,也可以用图案、图片表示,还可以用数字记录等。

(3)分享展示时,应鼓励幼儿运用多种方式进行,引导幼儿说说哪些颜色的物品多,哪些颜色不容易

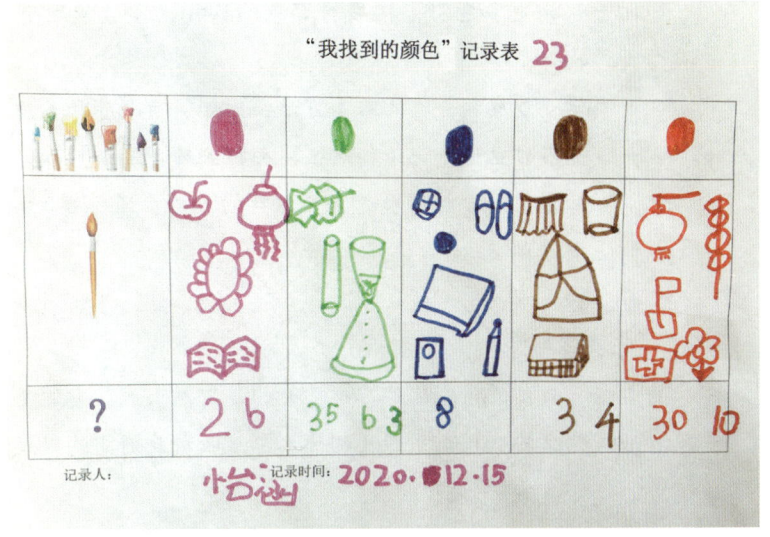

寻找,并引导幼儿进行分类统计,提高对颜色的感知能力和辨别、分析、统计的能力。

(4)在寻找颜色的过程中,提醒幼儿不要随意碰触不常见或者可能有危险的物品,如锯齿草、带刺的花等。

拓展与替代

(1)有条件的幼儿园或家庭可以为幼儿提供色卡,帮助幼儿认识更多的颜色,并感知相近颜色之间的差别;也可以请幼儿将找到的颜色与色轮、色卡进行对应或排序,增强幼儿对色彩的辨别能力。

(2)为幼儿提供多种不同类型的绘画工具,如水彩笔、油画棒、水彩颜料等,鼓励他们运用各种颜色进行涂鸦或配色游戏。

家庭延伸活动

（1）和幼儿一起找一找家中物品的颜色，看看都有哪些颜色，并比一比谁找得多。

（2）带领幼儿外出游玩时，注意观察大自然、生活中的美丽色彩。

（3）带领幼儿参观园艺展或主题花展，如菊花展，鼓励幼儿发现一种植物的多种色彩。

（4）观看《人与自然》等纪录片，丰富幼儿对大自然的认识，感受大自然所蕴含的丰富的宝藏。

相关经验

- 认识更多色彩，拓展对颜色的认知，学会使用有关各种颜色的词汇描述物体。
- 学会观察和分类的基本方法，比如，有顺序和多角度。
- 能够自主进行记录和表征，并找到简便的统计和计数方法。
- 知道人和自然环境是相互依存的，初步懂得要保护生态环境，关注并爱护周边环境。

核心科学概念

- 大自然的色彩多种多样，有的是自然天成，有的是人工合成。
- 物体的颜色与光源及物体本身吸收和反射光的程度密切相关。

探究过程与方法

（1）天生的好奇心能调动幼儿学习科学的主动性和积极性，因此成人应给予幼儿充分感知、探究的机会，让他们在观察、寻找各种颜色的过程中，通过感官获取直接经验，从而引发其对大自然千变万化的强烈兴趣。

（2）引导幼儿在寻找颜色的过程中学会细致、有顺序地观察，连续对某个对象进行长期的系统性观察，这对于他们直观了解科学现象有着直接的影响，也会让他们记忆深刻。

（3）幼儿在观察的过程中，需要使用记录、比较、统计等方法获取和处理资料，这有助于提升幼儿分析信息资料的能力。

> **教师困惑与对策**
>
> **困惑**：孩子找到的颜色有许多，当问到教师是什么颜色时，教师也不知道该怎么办？
>
> **对策**：大自然是五彩缤纷的，没有必要非得界定哪一种颜色，让孩子大体知道是什么色系即可。教师可以引导幼儿把相同色系的颜色按照从深到浅或从浅到深的顺序进行排列，启发幼儿发挥想象力，让他们自己给色彩命名也可以。

📖 知识小百科

为什么我们看到的世界是五彩斑斓的？

世界上的物体多种多样，它们五颜六色，其实可以将这么多颜色的物体分为两类：发光体和非发光体。发光体是指能向周围空间辐射光的物体，也就是我们说的光源，像太阳、闪电、火焰等。非发光体，是指自然界中发光体以外的所有物体。非发光体只有在光源照射下才能显现色彩，所以没有光，我们就看不到物体的颜色，也就没有色彩感觉。因为物体的分子和原子结构不同，因此当光照射在物体上时，它吸收和反射的光的程度也就不同，所以我们看到了不同的颜色。也就是说，是光让我们看到自然界多彩多姿的颜色，光源是色彩显现的第一要素，光源的变化对于色彩的显现具有绝对的影响。

多彩的叶子

适合班级

小、中、大班

活动准备

落叶、放大镜、剪刀、胶带、筐子、线绳、彩笔等。

活动建议

1. 捡落叶

北方的秋天，天气转凉，落叶飘飘，给幼儿一个筐子或一个简单的袋子，让他们到户外捡拾落叶。可以边捡边观察，看看叶子正反两面的颜色是否一样；可以边捡边数数，看看谁捡到的落叶多；也可以边捡边观察和比较，看看谁捡到的落叶大，谁捡到的落叶色彩最鲜艳等。

2. 叶子"找妈妈"

每一片叶子都有自己的"树妈妈",请幼儿任意选择一片叶子,或者教师指定一种树的叶子,认真观察之后,请幼儿快速寻找"树妈妈",看谁最先找到。

3. 落叶雨

可以在秋季或冬季落叶最多的时节玩。周末两天幼儿园不要清扫落叶,周一幼儿入园时即可看到满地落叶。幼儿非常喜欢把捡拾到的落叶扬起来,就像下雨一样。天气晴好的时候,可以感受到落叶在阳光中的飘散,色彩斑斓、无限美丽(扫描二维码可见视频《下落叶雨啦》)。

4. 叶子埋人

当我们有很多叶子的时候就可以玩"埋人"游戏了,就像在海边用沙子玩"埋人"游戏一样,感觉很奇妙。如果叶子不够多,即使在叶子上躺一躺,感觉也很棒。

5. 叶子排序

把自己捡来的叶子排一排,可以怎样排列呢?第一,从大到小排列;第二,从小到大排列;第三,按照颜色的不同有规律地排列,如红叶子、黄叶子、红叶子、黄叶子、红叶子、黄叶子……或者按照大小进行排列,如大叶子、小叶子、大叶子、小叶子、大叶子、小叶子……前面两种排序属于按照物体的量的差异进行排序,后面一种属于按照规律进行排序。

6. 叶子分类

将很多落叶聚集在一起就可以玩分类游戏了,比如,按照大小把叶子简单地分成两类或三类;按照颜色把叶子分成红色、黄色、绿色等几类;按照树的名称把叶子分成杨树叶、柳树叶、梧桐树叶、银杏叶等几类;按照树的种类把叶子分成常绿树与

落叶树两大类等。分类之后，就可以数数，并记录下来。

7. 叶子创意画

把捡到的落叶在地上拼摆，请幼儿试试拼摆出自己喜欢的图案，可以几个人合作，也可以独自拼摆；拼摆落叶的时候，可以运用松果、小树枝、小石子等自然材料进行装饰。把捡拾到的落叶带回室内，可以在纸上继续创作，拼摆叶子之后，还可以用彩笔进行补画和装饰。

8. 制作叶子书签

寻找自己最喜欢的一片叶子，系上一段彩绳或者麻绳，用压膜机压膜，树叶书签就做好了。没有压膜机的幼儿园可以把树叶衬在一张漂亮的卡纸上，沿着叶子的形状剪下来就可以做成一个独特的叶子书签。除了树叶，还可以选择用花朵做书签，同样很漂亮。

> **观察指导要点**

（1）南方几乎一年四季都是绿色，但树在四个季节里颜色并不完全一样。北方的树四季变化很大，教师应引导幼儿观察四季树叶的变化，尤其是秋天，无论是变红还是变黄的叶子，都展现了逐渐变化的过程。即使是同一种树，颜色的深浅也是不同的。

观察的过程，也是引导幼儿关注周围环境变化的过程，培养幼儿对环境的敏感性的过程。

（2）如果幼儿园树多，四季的每一天都会有很多落叶，建议请幼儿打扫或捡拾落叶，并把落叶聚集在一个固定的地方，让幼儿每天都可以玩。

（3）时间太久的落叶可以用来堆肥，将堆好的肥料第二年再次回馈园里的植物。让幼儿参与每个过程，帮助幼儿建构最初的环境保护概念，并感受世界上万事万物都是相互联系、相辅相成的。

（4）玩落叶雨和叶子埋人游戏时，需要提醒幼儿注意保护眼睛，避免沙土落进眼睛里。

（5）幼儿用叶子创作画的时候，教师应注意观察幼儿的兴趣和需要，及时补充小树枝、松果、小石子等自然材料，以及剪刀、胶带等工具类材料。

（6）在进行树叶分类与排序时，教师可以提示幼儿进行计数统计和记录。为了更具有指向性地引导幼儿，教师也可以提供记录表，如表1.1和表1.2所示。

表 1.1

树叶的种类	数量
杨树叶	
柳树叶	
银杏树叶	
梧桐树叶	

表 1.2

树叶的颜色	数量
红色	
黄色	
绿色	
棕色	

（7）建议教师在外出观察或室内阅读、晨谈的时候和幼儿聊一聊树的作用，进而帮助幼儿初步了解树的叶子能进行光合作用，释放氧气、净化空气，所以我们要多种树，爱护树木。

拓展与替代

（1）玩叶子的游戏需要在树多的地方，如果幼儿园树木很少，则可以带幼儿去附近的公园或树林里玩。

（2）除了叶子，还可以收集一部分小树枝、叶柄、落花、植物的果实、秸秆、小木片等，投放在户外或者室内，给幼儿提供进行丰富的开放性游戏的机会和科学探究、创造性表征的机会。

（3）大班幼儿可以欣赏散文诗《树真好》，丰富幼儿关于树的作用的认识，进而培养爱护树木的环保观念。

树 真 好

树真好，小鸟可以在树上筑巢，每天天一亮，小鸟就会叽叽喳喳地叫。

树真好，能挡住大风，不许风吵吵闹闹，到处乱跑。

树真好，我家屋子清清爽爽，阵阵风儿吹，满树花香往屋里飘。

树真好，我们全家在树荫下野餐，大家吃得很香，说说笑笑，热热闹闹。

树真好，天好了，树下铺着阴凉儿，我和我的小猫咪，躺在树下睡午觉。

树真好，如果有一只大狗来追我的小猫，小猫爬上大树躲起来，气得大狗"汪汪"乱叫。

树真好，我做个秋千挂在树上，让我的布娃娃坐上去，摇啊摇。

树真好，树叶在秋风里飘呀飘，树下铺着树叶地毯，我们可以在上面滚来滚去，跑跑跳跳。

家庭延伸活动

（1）带幼儿外出时，可以和幼儿一起收集落叶，回家之后，和幼儿一起进行分类存放。

（2）在家庭的某个角落为幼儿准备几个大大小小不一样的容器，透明的杯子、大小瓶子、小筐子等都可以，允许和支持幼儿从户外搜集各种材料带回家玩。

相关经验

- 感知和体验叶子游戏带来的快乐，感受自己与自然的相融，建立与自然的亲密连接。
- 在亲近自然中探究叶子，感知植物的多样性与四季里的变化。
- 在运用落叶和各种自然物的创意表征中，感受自然的美与神奇，感知自己无限的创造性。
- 在探究过程中进行观察、分类、计数、记录和交流等活动，丰富数学认知，提升科学思维能力。

核心科学概念

- 不同植物的叶子外形、颜色、排列都是不一样的，同样植物的叶子颜色在四季是变化的。
- 不同的树在四季中的落叶情况不同，可以分为常绿树和落叶树，常绿树和落叶树的叶子外形也不相同。

- 叶子能吸收太阳光进行光合作用，释放氧气，净化空气。

> **探究过程与方法**

（1）对周围环境中植物的叶子进行观察是帮助幼儿丰富对植物的了解、获得有关叶子的直接经验的最好方法，还可以在生动有趣的探索中增强幼儿对环境中植物差异性的敏锐感知，提升其观察能力。

（2）幼儿喜欢户外，喜欢游戏，所以带幼儿在户外捡拾落叶和玩叶子游戏都会激发幼儿对自然环境的亲近之情，让他们感受到自然的美好和神奇，从而生发更多的探究行为。

（3）叶子大大小小、色彩各异，是非常好的开放性游戏材料，教师一方面可以引导幼儿玩一些有目标的游戏，另一方面也应该放手让幼儿自主游戏，自主的游戏更具有开放性、包容性和创造性。

（4）叶子既具有色彩上的绚烂之美，又具有形状与纹理的有序之美，是感知美和表达美的非常好的素材，引导幼儿利用叶子进行各种创意活动，有助于幼儿想象力和创造力的发展。

教师困惑与对策

困惑：幼儿在户外喜欢疯玩，很难组织，怎样才能引导他们观察和探究呢？

对策：喜欢游戏是幼儿的天性，所以教师不必限制幼儿在户外的奔跑、跳跃、追逐、攀爬等游戏。教师可以在幼儿放松游戏之前或游戏结束之后进入专门的观察活动中。另外，教师不要执着于全体幼儿的集体活动，对于叶子的观察、比较、记录都可以根据幼儿个体的兴趣分别进行，有些幼儿不感兴趣也不必强求。关于叶子的分享交流和讨论会吸引更多的幼儿参与。

📖 **知识小百科**

为什么叶子有那么多颜色？而且在四季里不断变化？

叶子的颜色和叶子中的色素有关，如叶绿素、叶黄素、叶红素等。叶子里的各种色素的成分含量会受到环境的温度、湿度、光照等因素的影响，所以叶子在不同季节和生长阶段有不同的颜色。叶绿素在低温环境中会发生降解现象，而其他的色素比较稳定，因此叶片中所含的叶黄素、叶红素的含量偏高，所以可能会显现黄色或红色。例如，在我国北方，到了秋冬季很多落叶树的叶子会变黄或变红，呈现出鲜明的季节特征。

为什么树叶的正面和反面颜色不同？

树叶两面颜色不一样，是因为叶肉里含有叶绿素，它可以进行光合作用。叶子正面每天接受阳光的照射比背面多，光合作用充分，另外，叶子正面的叶肉细胞排得很密，含的叶绿素也多，因此叶子就绿。而叶子背面细胞排列得比较松散，空隙又大，细胞里的叶绿素含量又少，所以叶子背面颜色就浅一些。

常绿树一年四季不掉叶子吗？为什么会四季常绿？

在我国北方，到了秋冬季，大量落叶树的叶子不仅会变红变黄，而且会落下来，但是像松树、柏树、冬青等常绿树，它们的叶子一般较小，或呈针状，并且有层蜡质，可以避免水分散发，不容易掉落，同时在一年的各个时候都会长出更多新的叶子，所以看起来在四个季节都是绿色的。

提取植物的颜色

适合班级

小、中、大班

活动准备

（1）罩衣或者兜兜，水彩笔，易吸水的白色布、背心、小手绢、毛边纸、餐巾纸、皮筋等。

（2）各种大小的碗、勺、盘子，敲打捣碎物体的蒜臼子、榨汁机、电磁炉、面粉等。

（3）白壳鸡蛋，洗干净的花花草草，洋葱皮、醋、盐、酱油、茶叶等，清洗干净的新丝袜。

活动建议

1. 植物敲染

将自己喜欢的植物的根、茎、叶、花瓣等铺放在白色的布、手绢、背心、毛边纸、餐巾纸等上面，用工具敲敲打打，将流出来的天然汁液拓印在上面，呈现出植物最原始的色彩和形态。还可以将这些纸、布等做成喜欢的服装、抱枕、靠垫、杯垫等。

2. 自制果汁

准备各种颜色的水果、蔬菜,如火龙果、橙子、胡萝卜、菠菜、紫甘蓝等,让孩子们自己探索,从中获取汁液。启发幼儿可以借助工具提取,如用榨汁机榨汁、用蒜臼子捣、用挤压器挤、在锅中煮水等。

3. 五彩美食

用自己榨出的果汁、菜汁和面,做彩色面食,如水饺、花卷、包子等。

4. 彩色扎染

用天然提取的颜料进行扎染活动,让幼儿自己探索折叠、捆扎及用色的方法,制作出带有不同图案和色彩的作品。也可以用自己提取的植物颜色进行扎染,感受从提取颜色到进行扎染再将其制作成手绢等生活物品的整个过程。

5. 花草蛋

将丝袜按照鸡蛋大小剪成小段,把喜欢的花草放在鸡蛋上,用丝袜包住固定。然后在锅中放入洋葱、水、醋、茶叶、桂皮等,将鸡蛋放入一起蒸煮。煮熟后,鸡蛋上会有漂亮的花纹,花草蛋就做成了(扫描二维码可见视频《花草蛋》)。

第一步:在壶中加入酱油和醋,便于给鸡蛋上色

第二步:在壶中加入茶叶、花瓣、花椒、大料等材料备用

第三步：把自己喜欢的树叶或者花瓣压在鸡蛋上，一起放进干净的丝袜中

第四步：把带有树叶的鸡蛋放入壶中，加热1小时（本环节请老师协助，注意幼儿的安全）

第五步：加热1小时后，把花草蛋继续泡在水中直至染上颜色。水凉后，把花草蛋拿出，就可以看到印有漂亮颜色的花草蛋了

观察指导要点

（1）在幼儿提取颜色的过程中，教师应根据幼儿的年龄特点和兴趣提供相应且丰富的材料，支持幼儿的操作。除此之外，还应关注幼儿提取颜色的过程与方法，例如，幼儿是否能够根据不同植物的特点选择适宜的方法？使用相同的方法时，幼儿是否能够主动地选择多种工具材料完成操作？

（2）操作过程中，请幼儿观察哪些植物容易出颜色？哪些不容易出颜色？为什么？还可以持续关注颜色的深浅变化有哪些，能够使颜色发生变化的因素有哪些，如温度、时长等。

（3）鼓励幼儿尝试用提取出的颜色进行各种美工活动，如拓印、创意画等。在运用颜色创作的过程中，提示幼儿关注颜色的深浅变化和颜色混合后的变化。

（4）注意制作美食过程中的卫生与安全，如压榨、挤压的过程。使用榨汁机、电磁炉等电器时，要有教师在旁边指导关注。教师还应注意提示幼儿不要随意品尝，观察食物上的颜色蒸煮前与蒸煮后有何变化。

（5）引导幼儿观察扎染活动中皮筋捆扎、纸的折叠方法与图案的关系，知道捆扎的疏密程度、折叠的层数可以变化出不同的花纹，积累操作经验。

（6）活动前，提醒幼儿穿好"工作服"，操作过程中要小心，尽量不要把颜色弄到衣服上。

拓展与替代

（1）可以在鞋子、帽子、横幅等物品上进行植物拓印及扎染活动。

（2）探究除了植物可以提取颜色，还有什么天然物品能在物体上留下色彩，如石头、土等。

（3）没有条件的幼儿园可以用水彩、水粉颜料代替天然提取的颜色，玩变色和扎染活动，也可以用纸黏土进行美食制作活动。

家庭延伸活动

（1）在家中开展食物颜色与营养大调查活动，让爸爸妈妈与幼儿一起探索各种颜色的水果、蔬菜和其他食物，了解其营养价值，鼓励幼儿不偏食。

（2）与幼儿一起在家中制作彩色美食，让幼儿全程参与，感受榨汁、和面、制作、烹饪的全过程，体验成功的喜悦。

（3）与幼儿一起观察食物生熟前后的颜色变化，切之前与切开后一段时间的颜色变化，了解更多食物的颜色变化会受到温度、湿度及空气氧化的影响，如切开后的苹果、放置一段时间后的香蕉、青菜等，颜色都可能发生变化。

相关经验

- 知道简单的颜色配色及变化规律，学习美术活动中扎染、拓印等相关技能，对色彩艺术活动感兴趣。
- 学会使用各种工具进行榨汁活动，手脑并用，提高动手能力和实验操作能力。
- 丰富饮食营养与饮食安全方面的经验，初步了解食物颜色与营养之间的关系，喜欢吃天然、环保的营养食品，注意自身的健康。同时了解，不是所有从植物中提取的色素都可以食用，要注意安全。

核心科学概念

- 取植物的色彩需要运用各种工具，工具的特点和功能不一样，使用时的效果可能就不一样。
- 可以从植物中提取天然色素，有些食品中用到了天然色素，它与人体所需的营养、健康有直接的关系。

探究过程与方法

（1）幼儿天生对大自然的五彩缤纷充满好奇与兴趣，愿意通过各种感官去发现、探究。把孩子带到自然中，让他们寻找自己喜欢的花瓣、叶子、树枝等，在敲敲打打中将颜色印染在白色的物体上，形成天然的艺术品，这对孩子来说是一件快乐的工作。他们通过一系列的操作，发现植物颜色、形状的变化，感受颜色的神奇之处，增强了探究科学的自主愿望，获得了良好的审美情趣。

（2）颜色与美食的结合，让孩子们在提取汁液，和面制作，蒸煮品尝的过程中了解食物的营养与艺术价值，增强孩子的饮食欲望，纠正偏食挑食的现象。像花草蛋、胶东大饽饽等美食的欣赏与制作，还能与传统文化相结合，让孩子们感受中国饮食文化的博大精深。

教师困惑与对策

困惑：孩子在玩的过程中会弄得满身都是颜色，家长不理解怎么办？

对策：一是与家长达成共识，引领家长教育理念，讲明科学探究、玩颜色对于孩子各方面发展的好处。二是培养孩子良好的卫生和操作习惯，玩之前提出要求，尽量注意保持卫生。三是教师提供防护支持，玩色时穿好工作服等。

📖 知识小百科

花儿为什么具有绚丽的色彩？

因为花的细胞内含有不同的色素，色素的种类、含量及其组合决定了花的颜色。植物花色素主要分为类黄酮、类胡萝卜素和生物碱三大类。类黄酮能让花瓣呈现出粉红色、红色、蓝色、紫色和紫红色等；类胡萝卜素能让花瓣呈现橙色、黄色、红色和紫色等；生物碱色素能让花瓣呈现黄色和橙色。

五 彩 石

适合班级

小、中、大班

活动准备

（1）幼儿与父母、教师一起搜集各种石头，寻找各种盛放容器。

（2）各种笔和颜料、绘画纸等。

活动建议

1. 玩石头

自由观看，触摸石头，感知石头的质地、色彩、花纹、轻重、大小等的不同。可以自由排列，也可以按照大小排序、数数，还可以让幼儿进行开放性游戏，支持幼儿生成任何游戏。

2. 布展与观展

把全班小朋友带来的石头在班级某个角落或者幼儿园大厅布置一个展览，请幼儿参与布展的全过程，中、大班幼儿在展览过程中可以担任解说员，说一说石头是谁带来的，从哪里找到的，什么样子和颜色等。

3. 叠叠高比赛

石头大大小小不一样，可以像玩积木一样玩叠叠高的游戏，看看如何堆叠能更高一些，探究稳定不倒的方法（扫描二维码可见视频《石头叠叠高》）。

4. 石头造型

用小石头拼摆出各种平面造型，用大一点的石头创造出立体的物体或人物形象。

5. 石头画

如果一块石头平淡无奇，那么可以邀请幼儿在上面作画，普通的石头立刻就会变得很神奇。一般可采用水粉颜料作画，当然彩色粉笔、水彩笔、毛笔等都可以用来试试。

6. 石头故事

教师寻找与石头有关的故事，如《小石狮》《石头汤》《驴小弟变石头》《莎莎的石头》《石头小猪》，讲给幼儿听，也可以请幼儿自己编故事，把自己画的石头画中的人物放到故事中。把自己的故事画出来，也是幼儿喜欢的活动。

> **观察指导要点**

（1）观察幼儿对石头搜集、布展、玩耍的兴趣，支持和鼓励幼儿的开放性玩法。

（2）教师应和幼儿一起创作，一起讨论交流，而不是指挥幼儿。

（3）石头多的时候，教室里会显得混乱，教师可以和幼儿一起商议把大石头摆放在户外，把小石头分类收进筐子、瓶子等容器中。

（4）玩石头的首要规则是"不扔石头，避免伤着自己和别人"。

拓展与替代

（1）鼓励幼儿到大自然中搜集各种各样的石头，如果可以搜集到泰山石（小块）、鹅卵石最好，如果没有，本地大大小小的石子也很好。

（2）石头不仅可以玩出多种花样，也可以被用于数学、语言、美术等领域的教育活动中。

家庭延伸活动

（1）可以和幼儿一起搜集石头，这是一个发现"宝贝"的有趣过程。

（2）如果幼儿感兴趣，那么可以和幼儿一起上网搜更多关于石头的图片、视频等信息资料。

（3）石头是认识对象，更是幼儿的玩具。让幼儿自由玩石头，我们就会发现每个幼儿的创造力。

相关经验

- 观察石头的颜色、花纹，欣赏自然神奇的美。
- 运用石头玩各种创造性游戏，促进开放性思维的发展。
- 进行石头造型或绘画，有助于提升幼儿表达、表现美的意识和能力。
- 创编与表达石头故事，既可以发展想象力，也可以发展语言表达能力。

核心科学概念

- 石头的特性很多，如大小、轻重、软硬、光滑和粗糙、肌理等。
- 石头丰富多样，有多种用途，对人们生活和生产具有重要意义。

探究过程与方法

对于石头的科学探究注重幼儿个体的感知，应充分调动幼儿的各种感觉器官去看一看、闻一闻、摸一摸、敲一敲、听一听……在感知中获取关于各种石头的信息，丰富幼儿有关石头的经验。

对幼儿来讲，石头也是玩具，是一种具有无限趣味的开放性玩具材料，所以教师应支持幼儿自由自主地玩耍，在玩石头的过程中进一步丰富幼儿的相关经验，满足幼儿的心理需求。

石头还是一种审美对象和开展美术活动的材料，因此要支持幼儿利用石头进行的美术活动，推动幼儿创造性思维的发展。

教师困惑与对策

困惑：到哪里找那么多好看的石头？

对策：建议发动家长参与石头的搜集活动，如果在假期前预告就更好了，全家人外出时就会多多留心帮助搜集石头。石头不一定很漂亮，重要的是拥有各种各样的石头。民间有些喜欢收藏的人，如果可能，就可以请他们来做展示分享活动。当地是否有石头相关的展览？带孩子去参观一下，会大开眼界哦。

📖 知识小百科

石头从哪儿来？

地球上的石头一部分是火山喷发时岩浆冷却形成的，另一部分是地壳运动、挤压隆起形成的。大块的岩石经过长期风化就会碎成小石头，有些小石头经过长年累月的海水、河水的冲刷会变得越来越圆润，如雨花石、鹅卵石。从宇宙的其他星球上燃烧之后掉落到地球上的石头，我们称之为陨石。它是我们研究太空的宝贵资料。地球上的石头一般都含有金属，铁、铜等都是从矿石中提取出来的，矿物质含量丰富的被称为矿石，生活中所需要的矿物质是从矿石中分离出来的。有些岩石包含动植物的遗体，我们称之为化石，它是研究地质运动历史的宝贵资料。

捉 迷 藏

适合班级
小、中、大班

活动准备
（1）白纸、各色笔、有关大自然的图画等。
（2）各种颜色的布料、纱幔、衣服、大纸等。
（3）绘本故事书《艾玛捉迷藏》，其他有关动物保护色的图书。

活动建议

1. 欣赏故事

欣赏故事《艾玛捉迷藏》，感受故事中藏和找的游戏乐趣。

2. 格子画里捉迷藏

幼儿自己画各种格子画，画满一页纸，然后把某个或某些小动物画进去，请其他小朋友找小动物。

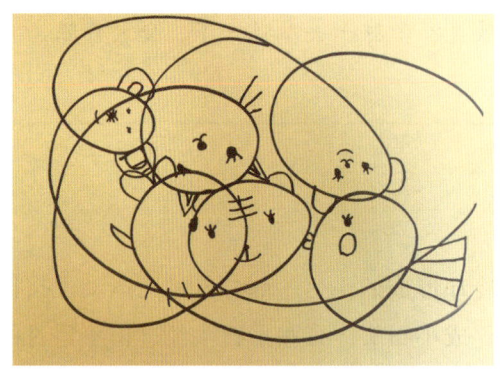
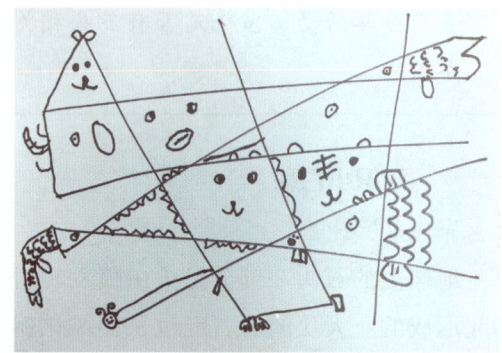

3. 自然图画里捉迷藏

教师在网上寻找多彩大自然的图画，并把蝴蝶、蜜蜂、蜻蜓等小昆虫画上去，然后打印出来，请幼儿寻找。也可以请幼儿自己画、藏、找。

4. 户外捉迷藏

找一处有花花草草和高高低低树的地方，幼儿分两组，一组藏、一组找。选择藏起来的幼儿可以用各种颜色的布包裹自己，然后模仿某种动物藏起来，看看什么颜色藏在哪里不易被发现，交换角色继续玩。换一处地方，景色变了，继续玩捉迷藏游戏，然后大家一起讨论动物保护色的问题。

观察指导要点

（1）《花格子大象艾玛》绘本系列中的色块组画具有较强的视觉冲击力，幼儿会非常感兴趣。教师可以借助绘本中的色块藏和找各种动物、植物、生活物品的卡片，也可以鼓励幼儿之间玩这样的游戏。

（2）捉迷藏游戏需要从简单的藏和找开始，让幼儿熟悉游戏玩法。可以先在平面图中玩捉迷藏游戏，如在格子画、自然图画、绘本图画中，借助图案和颜色玩游戏，然后在班级、幼儿园、社区、公园里玩捉迷藏游戏。

（3）教师可以观察不同年龄的幼儿对捉迷藏游戏的兴趣，根据幼儿的兴趣点不断延伸游戏内容。

（4）动物保护色的内容一般出现在中班下学期之后，教师需要运用大量的视频或图片帮助幼儿丰富相关经验，进一步感知动物保护色的神奇之处。

拓展与替代

（1）图书市场有很多类似《视觉大发现》的书，可以选择一部分画面打印出来，再加塑封，投放在班级区域里，供幼儿自由玩寻找的游戏，发展观察力。

（2）选择一部分有关动物保护色的图画书，投放在班级阅读区。

家庭延伸活动

（1）经常和幼儿在各个地方，尤其是在户外，玩捉迷藏游戏。

（2）搜集关于动物的动画片，与幼儿一起观看和讨论。

相关经验

- 感知捉迷藏和装扮游戏的乐趣，在游戏中提升与小伙伴交往互动的社交技能。
- 感知自然界中植物的色彩与动物身体的色彩，拓展对大自然色彩方面的经验。
- 运用色块和色彩创造性地表达自己的经验。

核心科学概念

- 某些动物在进化过程中会运用色彩进行自我保护。
- 动物身体颜色与环境和自身生存有着密切的关系。

探究过程与方法

（1）现阶段，居住在城市里的孩子很少有机会亲自观察各种动物，所以无论是教师还是爸爸妈妈，如果有机会就请带幼儿去动物园，让孩子们看看最喜欢的长颈鹿、河马、孔雀等；逛公园时请停下脚步看看小鸟、蝴蝶、蜻蜓的飞舞；如果在河边、湖滨，请观察有哪些小动物；即使是在小区里散步或玩耍，也会看到蚂蚁或各种飞虫……这些直接经验对于幼儿感知和了解动物很重要，也有助于幼儿与大自然建立连接。

（2）利用"捉迷藏"这种家喻户晓的游戏激发幼儿对动物色彩的关注，符合3—6岁幼儿的认知兴趣。

（3）关于动物保护色的知识经验的拓展，也需要一些间接经验的补充，比如绘本故事、科普画书、小视频等。

> **教师困惑与对策**
>
> **困惑**：我不具备那么多动物学方面的知识，很怕给幼儿讲错了。
>
> **对策**：在网络发达的时代，做教师是一种幸运，因为你可以随时随地上网查找答案。其实，很多时候，我们不必非要给幼儿一个标准答案，幼儿也不一定渴望那个标准答案。把幼儿提出的问题抛给幼儿，比如，你认为呢？你怎么想？……通过幼儿的回答，我们再进一步思考如何展开后面的互动。有时，与幼儿的对话本身就很有意义。
>
> 如果幼儿渴望答案，那么可以提供工具、材料等支持幼儿或陪伴幼儿一起寻找答案。对幼儿来讲，这样的过程远比答案更有价值。

📖 知识小百科

什么是动物的保护色？

地球上的很多动物与其周围环境中的某种颜色相似，从而躲避捕食性动物，保护自己，我们称之为保护色，如草地上的绿色蚱蜢、雨林里的树蛙、雪地里的北极熊等。此外，还有一些动物会随环境颜色的变化而变换身体的颜色，如变色龙等。

主题二　玩在自然中

主题导引

　　幼儿的科学学习不仅发生在课堂和班级科学区里，还存在于迷人的大自然里，沙水、泥土、大树、小花都为幼儿的科学探究提供了丰富的材料和机会。《指南》科学领域提出的第一条目标便是"亲近自然，喜欢探究"。因此，在实施本主题每一个科学探究活动时，都要给予幼儿充足的时间，调动其多种感官在自然中感知、体验、玩耍……亲近大树和小草、倾听流水的声音、触摸泥沙的特质，感受大自然的变化和多姿多彩。让我们和幼儿一起尽情享受在自然中探索和发现的乐趣。

核心活动

- 我的树朋友
- 多变的沙子
- 泥巴乐
- 吹泡泡
- 帮水搬家
- 脏水变干净
- 蒙眼游戏

我的树朋友

适合班级

小、中、大班

活动准备

眼罩、画纸、笔等。

活动建议

1. **我和大树（或花草）交朋友**

每一棵树都有自己独特的形态，请幼儿自由地观察大树的样子，摸一摸大树的树皮、抱一抱大树的树干，调动各种感官了解每一棵树，看看哪一棵树最粗，哪一棵树最高，对比观察树叶、树枝有什么不同，哪里不同等。除了和大树交朋友，还可以和幼儿园的各种花花草草交朋友，观察和比较它们的外形特征，找一找它们相同与不同的地方等。

2. **制作树或花草朋友的"档案"**

请幼儿任选一棵自己最喜欢的大树做朋友，并为大树朋友制作一本"档案"，可以给大树起名字，画出大树朋友，搜集有关这棵树的各种资料，也可以捡拾掉落的树叶、树皮等进行粘贴，还可以测量大树树干的粗细并进行记录。如果幼儿在幼儿园三年的时间里持续观察和记录一棵树的变化，每年为这棵树出一本画册（记录册），也非常有意义。

我的树档案

3. 找找我的树朋友

请幼儿牢牢记住树朋友的特点，然后戴好眼罩，教师将其带离一段距离，再让幼儿返回原处通过触摸等方法找回自己的树朋友。距离的远近和难易程度根据幼儿年龄大小而定，一般小班2~3米，中班3~4米，大班5~10米。可以让一名幼儿找，也可以让几名幼儿一起找，看谁找得又对又快。

4. 夸夸我的树朋友

请幼儿相互分享大树朋友最美丽、最独特的地方，说一说自己为什么喜欢它，描述一下在玩"找找我的树朋友"游戏时，自己是怎样找到树朋友的。

观察指导要点

（1）大自然中的每一棵树都是独特的，这也正是大自然的魅力和最吸引幼儿的地方，和大树交朋友的过程正是幼儿调动各种感官观察、触摸、了解大树的过程，教师应引导幼儿细致观察每一棵树的树干、树枝、树叶，以及它们的颜色、形状和纹理。除此之外，还应进行对比观察，在对比的过程中发现每一棵树的与众不同之处。观察了解花花草草的过程也是如此，教师应给予幼儿充足的时间，支持幼儿的观察、比较和探索。

（2）在为大树（或花草）制作"档案"的过程中，应由幼儿来决定"档案"的内容，教师可以帮助幼儿开阔思路，鼓励、支持幼儿用各种形式丰富"档案"内容，如搜集大树的叶子、花朵、树皮、树枝、种子等，运用多种形式进行记录和表征，测量并记录大树的各种尺寸，创编、绘画大树的故事等，积累有关大树的经验。

（3）找找我的树朋友游戏是各个年龄段幼儿都喜爱的游戏，教师应根据不同的年龄特点设置不同的游戏难度，例如，幼儿与树的距离不同、幼儿寻找大树的时间间隔不同、增加原地转圈的环节再让幼儿返回寻找，变换每一次游戏的方向，在返回的路上增加不同难度的障碍等，激发幼儿参与游戏的兴趣，带给幼儿不一样的挑战和体验。

（4）在夸夸我的树朋友游戏中，教师应重点引导幼儿分享树朋友的美丽和独特之处，关注幼儿是否能够通过完整的语言进行描述，同时引导幼儿分享自己找到树朋友的好方法，例如，抱抱树干感受不同的粗细、摸摸树皮感受不同的粗糙程度等，帮助幼儿梳理游戏经验。

拓展与替代

（1）在户外游戏时，可以组织幼儿玩"迷迷转"的游戏，提升幼儿身体的适应能力、平衡能力和方向感。

（2）在阅读区投放各种关于植物的图片和绘本，鼓励幼儿自由翻阅，了解有关植物的知识。

（3）请幼儿持续观察大树或者花草，在不同的季节为树（或花草）朋友制作"档案"，一年后将"档案"整理成册，也可以创编"我的大树（或花草）的故事"。

家庭延伸活动

（1）和幼儿一起在社区公园了解各种花草树木，有条件的家庭还可以认领一棵树或者一起种植一棵树，设计标志牌，定期浇水和养护。

（2）让幼儿和社区同伴一起玩游戏找找我的树（或花草）朋友，相互制定游戏规则，感受其中的乐趣。

（3）带幼儿到户外旅行时，也可以玩游戏找找我的树（或花草）朋友，感知、了解、认识更多种类的大树。

相关经验

- 体验与一棵树（或花草）交朋友的特殊感受，建立与自然的连接和相融。
- 调动各种感官感知并分辨自己认领的大树，发展感知觉。
- 用完整的语言描述每一棵树（或花草）的特点，发展语言表达能力。
- 通过查找资料、观察、比较、测量、记录表征等多种形式丰富树（或花草）朋友的资料，习得多元的学习方法。
- 持续观察和记录一棵树（或花草）的变化，感受时间和季节的变化，感知树与周围环境的关系。

核心科学概念

- 每一棵树都是独特的，树干、树叶、高矮、粗细不同；发芽、开花、结果的时间也不同；对温度、阳光、空气、水的需要也不同。
- 每一种树在四季中都是不断生长变化的，无论是常绿树，还是落叶树，都要经过发芽、长叶、开花（结果）、落叶的过程，每一年都有规律地轮回变化。
- 因为物种、遗传和生态环境是多样的，所以植物具有多样性。

探究过程与方法

（1）调动幼儿的视觉、触觉等感官了解大树是幼儿自主探索的重要途径，也是《指南》提出的"直接感知、亲身体验"的学习方式。这样的过程有利于幼儿认识、理解树木的独特性和多样性，打开幼儿亲近自然的通道，感受自然的独特魅力。

（2）长期持续地观察自己喜欢的大树（或花草）并进行记录，有利于幼儿在观察的过程中发现问题、提出问题，逐渐明确自己的探究方向，这也是一种重要的自主学习方式。

（3）整理自己搜集到的各种资料并进行分类汇总，制作"档案"，是幼儿探究及表达探究结果的一种方式，是同伴之间相互交流、分享的依据，有利于幼儿回顾、反思并梳理、拓展相关经验。

教师困惑与对策

困惑 1：对一棵树进行连续的观察、记录并整理档案，需要持续较长时间，年龄小的幼儿没有持久的兴趣，怎么办？

对策：幼儿年龄小，容易被新奇的事物吸引，因此对一棵树进行长期连续的观察、记录和档案整理对幼儿来讲有一定的考验，教师可以组织有"仪式感"的活动来连接幼儿与大树的情感，例如，在每天散步时间"向大树问声好"；每个月进行一次"我给大树画个像"的活动；每个季度进行"我给大树量身高（或'胸围'）"的活动，像关心朋友那样主动地观察、了解大树。也可以在大树有特别明显的变化时组织幼儿进行观察，感受其中的奇妙。整理档案时，以"大树的变化"为线索组织幼儿交流、分享甚至是猜想，在日后的生活中不断地观察大树，验证自己和同伴的猜想，从而吸引幼儿持续地观察、了解大树。

困惑 2：在制作"档案"的过程中，如果幼儿的内容形式很单一，教师应该怎么办？

对策：如果幼儿制作"档案"的内容和形式单一，教师要从以下几个方面寻找问题的原因：①活动的内容和形式是否多样。对花草树木的观察感知不是一次活动就能完成的，需要幼儿持续的观察，每一次观察都可以有不同的侧重点，帮助幼儿感受其中的不同和变化，进而产生浓厚的兴趣。深入的观察，丰富的感受，有助于幼儿记录的内容呈现多样化。②活动中是否尊重幼儿的主观意愿。教师应该营造宽松的活动氛围，支持并鼓励幼儿用自己的方式方法观察探究和记录表征，而不是用"像不像""对不对"来评判幼儿的表征，导致幼儿参与活动的兴趣减弱。③是否鼓励幼儿之间的交流和分享。幼儿之间的交流互动是相互借鉴、学习的过程，教师应该重视并允许幼儿交流，不断地丰富经验。

知识小百科

地球上的植物有多少种？

地球上的植物大约有55万种，每一种植物都具有独立的遗传系统，如藻类、菌类、地衣、苔藓、蕨类和种子植物等。它们生长的地方也有所不同，有的生长在平原，有的生活在高山，有的适合沙漠，也有的适合江河湖海等。它们与生活环境长期相互作用，不断遗传和变异，适应环境，自我维持，自我更新，不断变异出新的物种，所以植物的种类是不断更新的。

多变的沙子

适合班级

小、中、大班

活动准备

（1）大沙池，量杯、小桶、铲子、印膜、漏斗、沙漏、不同网眼大小的纱网、小盆、小筐等玩沙工具。

（2）彩沙、绘画纸、胶水、砂纸、纸杯、钉子等。

（3）幼儿玩沙时穿的防护衣、套袖、雨鞋等。

（4）沙画和沙雕艺术作品照片或视频。

活动建议

1. 筛沙子

用不同网眼大小的纱网、漏盆、小筐、纱布等筛沙，观察不同筛沙工具筛出来的沙子有什么不同。发现网眼越小，筛沙时漏得越慢，筛出来的沙子越小，网眼越大则相反。

2. 运沙子

与同伴进行运沙子比赛，将一堆沙子从一边运到另一边，看谁运得快。请幼儿自由选择运沙子的方式，可以不借助工具直接用手运，也可以借助不同的工具来运。在运的过程中逐渐探索运得快又不撒沙子的最优方法。

3. 做沙漏

开动脑筋，自制各式各样、漏孔大小不同的漏斗。如用矿泉水瓶、洗衣液瓶等，剪下瓶口部分倒扣在瓶身上做漏斗；用硬卡纸折叠做成漏斗，还可以在瓶盖上打孔，在纸杯上扎眼等做成漏斗。在与同伴玩沙漏游戏的过程中，发现沙子是可流动的。

4. 筑沙堡

在沙中加水，通过不断尝试加水量，观察干沙和湿沙的不同，然后做实验探究如何用沙子塑型。教师可以带领幼儿讨论建构的主题，要塑造什么，如城墙、高楼、护城河、树、人物等。要注意将幼儿的沙子艺术作品拍照留存。

5. 做沙画

（1）成品沙画：用竹签挑去要上色的不干胶表层纸，露出胶面后将你认为适合的彩沙撒在上面，摇动均匀后，轻轻地磕掉多余的彩沙。注意，要一块一块地挑开不干胶，这样不会混色。

（2）自制沙画：自己在卡纸上画出喜欢的造型，在轮廓内分块涂上胶水，然后在上面撒上沙子，做成漂亮的沙画。

（3）多样沙画：在鞋盒盖、衬衣盒内放上沙子创作沙画，也可以在购买的沙画板、玻璃板上做沙画，可以将玻璃板放在一个有边缘的盒子里，防止沙子撒出来。

6. 沙中寻宝

将玩具藏在沙中，来一场沙中寻宝比赛，看谁找到的玩具数量多，在寻宝的过程中感受沙子松软细腻的感觉。也可以一部分幼儿藏，另一部分幼儿寻找，变换角色继续玩。

观察指导要点

（1）观察幼儿在筛沙、运沙的过程中能否发现不同的筛沙工具网眼大小的不同，能否自己想出恰当的办法尽快运完沙子。指导幼儿通过多种感官观察，发现沙子的可流动性和颗粒大小的不同，引导幼儿用恰当的词汇表达自己的感知体验。

（2）在制作漏斗时，提醒幼儿安全使用剪刀。教师提供的矿泉水瓶、洗衣液瓶的瓶口要大小不同，让幼儿感知瓶口的大小与沙漏的速度之间的关系。

（3）幼儿玩的室外沙池要经常翻晒，室内的沙盘要及时消毒，注意玩沙的卫生与安全。

（4）关注幼儿玩筑沙堡游戏时沙水配比问题，可通过参与游戏等形式推进活动。

（5）带幼儿欣赏多种形式的沙画和著名的沙雕艺术作品，开拓他们的视野，丰富他们的审美体验。

（6）沙中寻宝游戏要根据幼儿的年龄特点设置游戏的难易程度，所藏物品要有一定线索，提醒幼儿翻沙时不要迷了眼睛。

拓展与替代

（1）没有沙池的幼儿园可以在沙盘、盆中盛沙，分组让幼儿玩耍，感知和体验沙子的特性。

（2）筛沙的工具可以用纱窗、纱布、网兜、带眼的筐子、漏勺、漏盆等代替，多元的工具有助于幼儿发现网眼大小不同，沙子漏的速度不同。

（3）可以用成品沙漏、漏斗（用于盛粮、盛油等的工具）等工具玩漏沙比赛游戏。

（4）与幼儿一起欣赏绘本故事《沙子城堡》《奇妙的沙子》等。

家庭延伸活动

（1）带幼儿到海边、河边、湖边旅游，让他们尽情地玩沙，感知沙子的千变万化，堆积搭建沙中城堡，进行一次痛快淋漓的玩沙体验。

（2）带幼儿感受不同地方沙子的不同，如河沙细腻柔软，不沾手；还有些地方有金沙滩、银沙滩、彩色沙滩等。

（3）可以带幼儿做沙画，满足其对沙子的兴趣与探究欲望。

相关经验

- 体验沙子的千变万化，感受玩沙时的无穷乐趣。
- 尝试用沙进行各种游戏及造型活动，学会与同伴合作共处。
- 了解沙子在生活中的广泛用途，知道沙漏是古代的计时工具。
- 能用语言描述、表达自己对沙子的感知体验，用多种形式表现自己的愉悦心情。
- 欣赏沙画和沙雕作品的艺术之美，感受强烈的视觉冲击力。

核心科学概念

- 干沙细小松软可流动、不溶于水，加水后易塑型。
- 沙子颗粒大小不同，摸起来手感不同；网眼大小不同，筛出来的沙子粗细不同。
- 沙子里含有各种颜色的矿物质，所以呈现出各种各样的颜色，如黄沙、黑沙、白沙、红沙等。

探究过程与方法

（1）幼儿筛沙、运沙、玩沙的过程，是一个不断对沙子进行充分感知的过程，他们会对沙子的颗粒大小、颜色、干湿等进行充分观察和比较，不断发现网眼大小与沙子流速的关系，加水多少与沙子塑型成功率的关系等。在这些带有游戏性的探究过程中，幼儿自己发现问题，不断寻找解决问题的方法，通过反复实验和对比，形成认真探究、锲而不舍的态度，有利于幼儿科学精神的培养。

（2）分离沙、筑沙堡的过程，让幼儿对沙子不溶于水、可塑型的特点更加清晰，能够帮助他们学会将沙子的特性与生活中的广泛应用结合起来。我们可以引领幼儿通过查阅资料、向成人咨询、到现场观察等方式，发现沙子的不同用途，丰富幼儿对沙子的经验，帮助幼儿积累更多的科学知识。

（3）对沙画和沙雕作品的欣赏，让幼儿感受沙子千变万化的同时，拓展和丰富他们的艺术美感，这是科学与艺术的完美结合，让幼儿在观察中欣赏，在欣赏中赞叹，在赞叹中向往、探索与创造。

教师困惑与对策

困惑：幼儿玩沙会弄得满身都是，还容易出现卫生问题怎么办？

对策：玩沙是幼儿的天性，它对幼儿的发展具有重要的意义。首先，教师需要改变自己的观念，克服困难，给幼儿创造玩沙的机会与条件。其次，为幼儿提供罩衣，供幼儿玩沙时使用。最后，对幼儿进行卫生习惯教育，比如，玩沙时不能用手摸脸、揉眼睛，不扬沙等；玩完后彻底清理，尽量不将沙子带得到处都是。此外，沙池的沙子要定期清理，每天进行翻晒，防止卫生疾病的传播。为了避免小区里的猫或者流浪猫晚上进入沙池，可以在沙子上盖上一层防护网。

📖 知识小百科

沙漏是怎样计时的？

沙漏也叫沙钟，是一种测量时间的装置。沙漏由上下两个相同的瓶子组成，中间用狭窄的连接管道连在一起，上部瓶子所盛的细沙通过中间细管慢慢流入底部瓶子中，可用于测量时间。一旦所有的沙子都流到底部瓶子里，沙漏就可以被颠倒过来测量时间了。

为什么沙漠里的沙子不能用来盖房子？

建筑房屋用的沙子，经过河水的不断冲刷和过滤，从而较少含有有害物质。但沙漠里的沙子没有这样的优势，而且沙漠里的沙子含碱量过高，颗粒太细，不宜和其他材料混合发挥作用，用于建筑非常不安全，有诸多的不利因素。还有一个原因是，它的成本高，沙漠的位置遥远，运输费用大，所以建筑商不会选择沙漠的沙子来建造房屋。

主题二　玩在自然中　049

泥 巴 乐

适合班级

小、中、大班

活动准备

（1）透明玻璃瓶，放大镜，探究棒（可用冰糕棒、小树枝代替），小盒子，记录本（纸）和笔，纸板、水管、水壶、小铲子、刻刀等泥塑工具，做泥砖的各种模具等。

（2）各种类型的泥土和民间泥塑作品。

（3）幼儿玩泥时穿的防护衣、套袖、雨鞋等。

活动建议

1. 不一样的泥土

带幼儿在户外有目的地找找哪里有泥土，有什么样的泥土（颜色、硬度、泥土颗粒的粗细等）。将每个地方的泥土都装一部分带回室内，最好装入透明玻璃瓶中贴上标签放到班级科学区。引导幼儿找找幼儿园最硬的一块泥土在哪里，讨论一下为什么这里的泥土最硬。

2. 泥土中有什么

幼儿对于寻找极其感兴趣，所以为每名幼儿准备一个放大镜和一把小铲子（不是塑料的），以及一个合适的地方，如树下、种植园地边缘等土壤松软的地方，翻过泥土之后用放大镜仔细观察，看看有什么，并记录下来。如果发现的是小虫子，而我们不能为它们在室内创造一个与户外相似的家，就不要捕捉它，仅仅用探究棒（一根小树棍即可）和放大镜认真观察就可以。即使是能带入

室内观察的小动物，喂养时间最好也不要超过一周，之后将它们放回原地。

3. 泥土有什么用

请幼儿查找资料和思考泥土的用处，比如对于各种植物、小动物，也包括对于人类……还可以请幼儿用绘图的方式表征泥土的作用，与大家分享。

全班可以进行一次关于泥土的作用的交流活动，教师可以设计如下问题引发幼儿梳理经验，提升认知，如：我们在泥土中发现了哪些小动物？如果没有泥土，它们会怎样？如果没有泥土，花草树木怎么办？你喜欢我们幼儿园的塑胶地面吗？为什么？它覆盖了泥土地，会带来什么问题？如果马路上也是泥地，又可能带来什么问题？这样的讨论可以帮助幼儿清晰地了解泥土的作用、泥土与动植物的关系，初步建立多角度看问题的辩证思维。

4. 和泥

在户外寻找一个合适的地方，低于地面最好，若能堆积较多的土更好，请幼儿自己运水过来玩，脱了鞋和袜子，感受用脚和泥的特殊体验。当我们不停地加水时，会有什么样的发现？也可以每人一个盆，大大小小都可以，装进泥土之后加水，体验用手和泥的触感，提醒幼儿慢慢加水，体验泥和水的比例不同所带来的不同结果。

5. 泥画和泥塑

用自己和的泥进行艺术造型活动，是非常有意义和有意思的事情，也是幼儿自然而然会做的游戏活动。泥塑就是用泥塑造自己喜欢的人物、动物形象，如小象、小兔、孙悟空、猪八戒等；或其他任何物体，如碗、小船、小车、花盆、小凳子等。

做泥画时需要把泥和得稀稀的，像颜料一样的液态，再用手指或刷子在墙上、地上、纸上作画。将稀泥当作颜料作画，尽管色彩没那么鲜艳，但也是极为有趣的体验和尝试。

做泥画也可以用另一种方式，即将泥和得比较稠，抹平在纸板或墙上、地上，形成一种平面的泥画,但也会有立体的质感。若幼儿喜欢,晾干之后,还可以在上面涂上颜色。

6. 摔泥炮

"摔泥炮"是半个世纪以前,或者物资匮乏的年代,农村儿童经常玩的游戏。和泥,把泥塑成碗的造型,倒过来,举高,再用力摔向地面,就会听到"啪"的声响。之后,收拾摔烂的泥巴块,再继续。儿童可以比比看,谁摔的泥炮最响,探究一下泥炮的响声与什么有关。

7. 盖房子

很多年前,农村人盖房子之前,一定会用泥巴做泥砖,晒干之后再用来垒墙(扫描二维码可见视频《盖房子》)。在幼儿园里,选择某些生活用品,如碗、小盆、餐盒等材料,将和好的泥放进去,再倒扣出来,摆放整齐晾晒,完全干透就可以用来垒墙了。通常,玩沙工具、美术工具中会有一些带可爱图案的小型模具,如果幼儿喜欢利用这些模具制作各种小动物,那么教师不必干预。

观察指导要点

(1)在户外寻找不一样的泥土时,幼儿容易被其他事物分散注意力,这很正常,因为户外有太多能给幼儿带来惊奇感的美妙事物,教师不必过于控制幼儿。为使幼儿专注于探究泥土,教师可以设计一个记录表,每人都带着自己的记录表去探究,就会更聚焦。表 2.1 和表 2.2 仅供参考,教师可以把它转化成更适合班级幼儿的图文并茂的形式。

表 2.1 记录表

位置	杨树下	草坪旁	小菜地	大门口
泥土的特点				

第二个活动"泥土里有什么"同样可以利用观察记录表帮助幼儿聚焦于观察和寻找,并发现不一样地方的泥土,从中寻找到的东西有些是一样的,有些是不一样的。可以请幼儿在一样的东西上画对钩,或者把不一样的东西圈出来。

表 2.2 记录表

位置	杨树下	草坪旁	小菜地	大门口
我发现泥土里的东西				

（2）无论如何玩泥,都需要和泥,这是探究泥和水的比例的一个很好的过程,比例不同,结果就会大不相同。和泥时,提示幼儿慢慢加水,一边加水一边搅动,并主动感知其稀稠的程度。

（3）泥塑和泥画很有意思,对幼儿来讲,既是艺术创作过程,也是游戏过程。教师应注意观察幼儿的兴趣,尊重幼儿的选择,不要局限幼儿的创作主题,不必让所有幼儿都做同样主题的作品。中国民间工艺品中有很多独具地方特色的泥塑作品,比如泥塑大师张振福、赵恩民的作品,生动传情,栩栩如生,教师可根据实际情况搜集一部分,供幼儿欣赏。

（4）每所幼儿园的环境不同,已有资源不同。有条件的幼儿园应创造各种玩泥的条件,鼓励幼儿自主地玩,教师不急于指导幼儿,在幼儿喜欢玩之后再慢慢引导幼儿进行探究性发现,比如有的泥很黏,有的泥很散;有的泥是黄色的,有的泥呈红色,还有的泥是浅灰色的;水多了泥就会很稀,变成泥水。

（5）玩泥之前提示幼儿穿好防护衣,戴好套袖,避免把衣服和鞋袜弄湿、弄脏,养成良好的卫生习惯。但教师也要注意,不用干净卫生的要求禁锢幼儿,导致幼儿缩手缩脚,不能尽兴地玩。

（6）对于某些嫌泥土脏不肯玩的幼儿,教师也不必勉强,这与家庭养育方式有关。相信看到班里小朋友都玩得很开心,他慢慢地会受到影响。对此类现象,教师需要与家长多沟通,分析沙水泥巴游戏对于幼儿健康成长的重要性。

拓展与替代

（1）无论城市还是农村,寻找泥土并不难,难的可能是如何找到不同类别的泥土。在当地的不同地域找找看,应该能找到具有不同特质的泥土。

（2）如果幼儿园里极少有裸露的泥土,大都是沥青地面和塑胶地面,教师不妨带幼儿到附近的社区或公园找找看。

（3）寻找泥土的过程一定会涉及干净与脏的话题，教师可以在某些时候和幼儿一起讨论关于泥土脏不脏的问题，也可以拓展到有关泥土污染的问题，帮助幼儿初步形成环保意识。

（4）和幼儿一起阅读绘本故事《小泥人》《泥将军》《会痛的泥娃娃》等。

家庭延伸活动

（1）周末天气温暖、晴好的时候带幼儿外出到沙滩、田间地头走一走，若能赤足走，感觉会更好。

（2）每到一个地方都和幼儿一起收集当地的泥土留作纪念，或带到幼儿园，注意贴上时间、地点、名称，最好用透明玻璃瓶。

（3）在家里和幼儿一起种植花草，观察不同的花草对于土壤的不同要求。

相关经验

- 观察和比较泥土的颜色、硬度、颗粒的粗细等外显特征，丰富对泥土多样性的了解。
- 感知发现泥土中有很多东西（如植物的根、小石子、小虫子或蚯蚓等），满足好奇心，萌发探究欲。
- 用水和泥，感知和体验其中独特的触感，以及水和泥不同比例带来的不同结果。
- 感受玩泥巴的无限乐趣和创意，用泥巴创作自己喜欢的作品。
- 欣赏泥塑作品，感受中国民间工艺品的无限魅力。
- 在挖泥、玩泥和泥塑的过程中学习选择与使用工具，感受工具的重要性。

核心科学概念

- 泥土是地球表面一层疏松的物质，由岩石风化而成，具有植物生长所需要的养分。
- 泥土的种类很多，从外观上看，它们可能颜色不一样，加上水之后的黏度不一样。从不同的地方挖土，会发现其软硬程度不一样，藏在泥土中的东西也不一样。
- 不同植物生长需要的泥土不同，栽种前需要了解植物的培育常识，其中包括对土壤、水、阳光的不同需求等。
- 在泥土中加入水就叫和泥。和泥的时候需要注意泥与水的比例，水越多，泥越稀，泥水沉淀一会儿就会发现泥在下面，水在上面。

探究过程与方法

（1）对泥土的探究始于幼儿对生活环境中泥土的观察和比较，通过实地观察发现泥土的颜色、颗粒的大小等特征。实地观察也会让幼儿发现问题，提出问题，并基于问题进行持续的探索发现，感受不断发现的惊喜和惊奇。

（2）对于泥土多样性的了解，不仅来源于对幼儿园内泥土的观察，还需要通过旅游中的发现和图书、视频、网络信息等途径。教师和家长给予幼儿足够的关注和适宜的引导，有助于幼儿拓展经验，形成初步的科学概念。

（3）玩泥是孩童时代的游戏。给予幼儿机会玩各种各样的泥，让他们感受泥水混合的奇妙质感，在游戏中体验，在体验中感知，在感知中丰富经验，形成自己独具特色的科学概念。

教师困惑与对策

困惑1：幼儿园户外场地被沥青和塑胶地垫覆盖，几乎找不到裸露的泥土，怎么办？

对策：如果可能，幼儿园应该消除一部分沥青地面或塑胶地面，还原一部分泥土地面。在泥土地面上可以安装运动器械，也可以栽种树木和花花草草……多样的地表形态既有助于幼儿游戏的多样性、开放性和创造性，也有助于幼儿基于好奇心的科学探究活动的开展。

如果不能消除现有的沥青地面，那么可以在其中某个位置设置一个玩土的区域，临近玩沙区域，接通水源。

困惑2：家长反对幼儿玩土，觉得会把衣服弄脏，怎么办？

对策：教师需要耐心和理解，同时运用专业知识帮助家长分析玩土带给幼儿的学习和成长。另外，幼儿园需为幼儿玩泥、玩沙配备靴子、防雨衣、套袖等基本保障设备。每天入园时，请家长为幼儿带两套衣裤也是非常必要的。

📖 知识小百科

泥土里面有什么？我国的泥土主要有哪几种？

泥土是指地球表面的一层疏松的物质，里面有不同大小的矿物颗粒。土壤中的矿物质种类很多，我们平时听到的酸性土壤、碱性土壤就是因为其矿物质不同而形成的。

泥土中还有各种动物、植物和微生物腐烂后形成的腐殖质，它是植物生长所需要的营养成分的主要来源。泥土中除了这些固体颗粒，还有水分和气体。

我国有约960万平方公里的广袤大地，主要有黑土、白土、黄土、红壤等。其中，以黑土的质量最优，因为其中的有机质含量高，土壤肥沃，土质疏松，最适合农耕，黑土主要分布在我国东北的松辽平原上。

吹 泡 泡

适合班级

小、中、大班

活动准备

（1）餐洗净、肥皂、洗发水、洗衣液、甘油、胶水、白糖、量杯、小勺、水等。

（2）扭扭棒、电线（有外皮包装）、毛线、绳子、粗细不同的吸管、各种带圈的玩具、纱网、湿巾等。

活动建议

1. 自制泡泡水

用提供的各种原料，如肥皂、餐洗净、洗衣液等，自己加水，探索制造泡泡水。在边做边试的过程中，发现水和各种原料的适合比例，还可以尝试加入胶水、糖、甘油等辅助材料，探究发现其效果如何。

2. 制作泡泡工具

用扭扭棒、电线、毛线、绳子等，自己制作吹泡泡工具，可以做成不同形状，如圆形、心形、三角形、正方形、小动物造型等。也可以用PVC管[1]、矿泉水瓶（切掉底部），将其一端绑上纱布，做成吹泡泡的神器。

---

[1] PVC是英文Polyvinyl chloride的简称，即"聚氯乙烯"；PVC管即聚氯乙烯塑料管。

3. 吹泡泡

（1）用吸管吹：将吸管插入泡泡水中不停吹气，会看到泡泡层出不穷地冒出来；也可以向水中慢慢吹气，发现泡泡会慢慢变大；还可以用吸管在泡泡水里蘸一下，然后拿起吸管吹泡泡，看谁吹泡泡坚持的时间长。尝试用不同粗细的吸管吹，发现泡泡的变化。

（2）用自制的工具吹：观察用不同形状的工具吹出的泡泡，发现它们看上去都是圆圆的。控制好吹的力度，还可以吹成长长的泡泡龙，一起试一试吧。

（3）尝试用玩具，如雪花片、带孔的积木等，还可以用纱网、湿巾、牙刷等吹泡泡，发现不同材料吹出来的泡泡是不同的。

4. 玩泡泡

（1）拿着自己的吹泡泡玩具到户外，和同伴自由玩吹泡泡、追泡泡的游戏。

（2）分别选择户外有阳光及无阳光的地方吹泡泡，观察发现泡泡在有阳光和没有阳光时的不同之处，感受阳光下五彩斑斓的泡泡带来的惊喜。

（3）和同伴一起进行吹泡泡比赛，看谁吹出的泡泡又多又大，试一试能不能吹出长长的彩色泡泡龙。

（4）可以用多种吹泡泡工具和泡泡机来一场泡泡大战，与同伴互相追逐游戏，玩个畅快淋漓。

观察指导要点

（1）自制泡泡水时，为幼儿提供充足、多样的自制泡泡液的原材料，保证幼儿反复观察、实验、操作，不断调试比例。同时提醒幼儿注意节约，一点一点逐渐添加原料进行配制，在不断尝试和探索中发现所用原料的配比。

（2）吹泡泡前，提示幼儿注意安全，比如：泡泡液不可食用，只能往外吹，不能吸，不要把泡泡液洒在外面和身上等。

（3）吹泡泡时提醒幼儿注意观察，泡泡工具有什么相同和不同之处。引导幼儿发现能吹出泡泡的工具都有孔或者缝隙，虽然它们造型各异，但吹出来的泡泡看上去都是圆圆的。

（4）玩泡泡时提醒幼儿观察泡泡与阳光、风向的关系，不要逆风吹泡泡，避免伤到眼睛。

（5）在幼儿遇到困难和挫折时（如有的幼儿吹不出泡泡），教师在材料和策略上要给予适宜的引导，而不是直接告诉其结果，使幼儿有自主探索学习和发展的机会。

（6）吹泡泡的场地最好选择吸水性强的地面，如泥土地、草地、沙池、塑胶地等，尽量不在光滑的地面上吹,以防幼儿被泡泡水滑倒。

拓展与替代

(1)可以用生活中的一些材料和工具尝试是否能吹出泡泡,如苍蝇拍、漏勺、牙刷、鞋刷、钥匙等。

(2)尝试将生活中认为不可能吹出泡泡的材料变成吹泡泡的工具,如铁丝、树叶、菜叶等。

家庭延伸活动

(1)带幼儿外出时,尽情玩吹泡泡游戏,发现泡泡的更多不同之处。可以自制吹泡泡液,也可以购买现成的泡泡枪、泡泡机。

(2)与幼儿一起寻找家中还有哪些物品可以用来吹泡泡,与幼儿一起设计记录表(如表2.3),进行简单的记录。如用铜丝、电线扭出任意形状的小孔或缝隙就可以吹出泡泡(家长需要协助幼儿完成,注意安全)。

表2.3 吹泡泡的材料

操作材料	猜想	实验结果
积木		
细铜丝		
牙刷		
……		

(3)和幼儿一起进行美术活动"创意泡泡画",感受更多的艺术表现形式。

(4)与幼儿一起玩户外亲子游戏"吹泡泡",根据指令,让泡泡变大变小或变高变矮。

相关经验

- 尽情体验吹泡泡的乐趣和神奇,促进身心健康发展。
- 愿意主动接触新鲜事物,运用多种感官探索泡泡的形成和改变等,通过动手动脑寻找问题的答案,感受科学探究的乐趣。
- 根据泡泡实验的过程和结果发现并提出新的问题,大胆表达猜想,在探究中与同伴合作交流,发展语言表达能力,提升与他人合作的能力。
- 运用泡泡进行美术作品创作,大胆表现自己的所见所想,具有初步的艺术表现和创造能力,为艺术活动积累经验和素材。

核心科学概念

- 泡泡是由一层薄薄的泡泡膜包着空气构成的,不同的工具吹出来的泡泡看上去都是圆形的。
- 所吹泡泡的大小与配制泡泡的溶液浓度、吹泡泡的力度大小及使用的吹泡泡工具等因素有关。

探究过程与方法

(1)自制泡泡水的过程是幼儿发现、判断并找出问题所在的过程,比如,为什么吹不出那么多泡泡、泡泡为什么一会儿就破掉了,等等。多样的材料能引发幼儿更多的尝试和探究,并自然运用比较的方法积极解决问题,获得丰富的科学经验。

(2)幼儿在探索吹泡泡的过程中,观察、比较吹泡泡工具的不同,分析、发现工具共有的特征,进而提高其收集信息、判断推理的能力。

(3)根据幼儿的年龄特点和发展水平,吹泡泡活动不仅落实在"吹"上,还注重幼儿的探索方法和科学情感态度。幼儿通过亲自配制泡泡水,制作吹泡泡工具,玩吹泡泡游戏等,一步步尝试、质疑并开始在各种现象之间建立新的关系,逐渐认识到物体的多样性和共同性。

> **教师困惑与对策**
>
> **困惑**：当幼儿制作的泡泡水吹不出泡泡，急躁放弃怎么办？
>
> **对策**：自制泡泡水和工具的过程就是一个不断尝试、摸索、探究的过程，需要幼儿耐心、认真地完成。活动前，激发幼儿的探究欲望，让他们有一种制作不出泡泡不罢休的劲头；活动中，观察幼儿的实验情况，及时给予支持和帮助，如比例问题、使劲搅拌问题等，给孩子提出建议，让他们大胆尝试；活动后，及时表扬有耐心、自己实验成功的孩子，也表扬不放弃、反复实验的孩子，让他们明白实验就是一个探究的过程，有成功也会有失败，要用正确的态度对待。

📖 知识小百科

为什么用布或者湿巾能吹出长长的泡泡龙？

由于编织疏松的布（纱布、毛巾布等）或者布满了小孔的湿巾，它们上面的每个小孔就像一根吹泡泡的管子。我们吹气时，就像同时对着数百根吹泡泡的小管子吹气，所以一下子能吹出许多排列相对整齐的小泡泡，从而形成泡泡龙现象。

为什么阳光下的泡泡会变成彩色的？

泡泡本身是无色的，就像一张透明的玻璃纸一样，阳光在穿过泡泡的正面和背面时都会产生反射。由于太阳光是一种复色光，由红、橙、黄、绿、蓝、靛、紫七种颜色的可见光组成，当它在透明薄膜的上下表面反射并相互干涉时，有的颜色会得到加强，有的颜色会减弱，于是就看到了五颜六色。

为什么加入糖或甘油后，泡泡会消失得慢？

糖水的张力可以使泡泡那层薄薄的液体膜不破碎，并且紧紧地裹住里面的空气，从而产生更加坚固的泡泡。甘油是一种吸湿液体，它与水结合会形成一种较弱的化学黏合，减缓水的蒸发速度，所以泡泡消失得慢。

帮水搬家

适合班级

小、中、大班

活动准备

（1）足够量的清水；毛巾，海绵，塑料袋，小桶，碗状或者管状的玩具；粗细、软硬、长短不同的管子，小勺，纸黏土，吸管，滴管，漏勺，纱网等材料若干。
（2）双面胶、胶带、绳子、剪刀等工具。

活动建议

1. 运水

根据幼儿人数提供足够量的清水以及各种能够运水的材料和工具，请幼儿自由选择工具运水，感受水的流动性，体验玩水的乐趣，支持幼儿开放性的游戏、互动以及生成游戏。

2. 运水工具大比拼

请幼儿依次选择每种工具运水，体验不同工具的运水方式和效果，按照运水速度的快慢或者运水量的多少进行排序，梳理总结运水速度快、运水量多的工具具有的特点。

3. 运水工具巧分类

请幼儿根据自己的游戏体验将运水工具进行分类，可以按速度的快慢、操作的不同方式、运水量的大小等进行分类。

4. 改造运水工具

为幼儿提供各种胶带、绳子、剪刀等工具，支持幼儿进行个性化的加工和改造。

5. 管子运水

运用粗细、软硬、长短不同的管子，自主探究连接的方法，尝试将水运到较远的沙池或菜地里。

观察指导要点

（1）不同年龄段的幼儿参与运水游戏，教师应给予不同的指导和帮助，小班幼儿活动时，重点观察幼儿参与、体验运水的兴趣，鼓励幼儿大胆选择运水工具；中班幼儿活动时，重点观察幼儿灵活选择并正确使用工具的情况；大班幼儿活动时，重点观察幼儿改造运水工具的方法，和幼儿一起梳理各种工具的特点以及与运水效果的关系。

（2）在运水的过程中，鼓励幼儿大胆尝试、感知每种工具的特点，允许幼儿有自己的分类标准和理由，在反复的尝试与体验中寻找并梳理运水又快又好的方法。

（3）在改造和连接运水工具的过程中，观察幼儿是否借助并正确使用辅助材料，鼓励幼儿大胆创新，反复尝试，自主解决遇到的各种问题。

拓展与替代

（1）实验《彩虹桥》：给每名幼儿准备三个透明塑料杯，两条棉布条，两种颜色水。将三个塑料杯摆成一横排，在左右两个杯子中各加入一种颜色水，把棉布条分别搭在相邻的两个杯子中间。请幼儿观察实验中的现象和变化。

棉布条有吸水性，因此棉布条会将左右两个杯子的水吸到中间的空杯子中，此时三个杯子里的水变得一样多。又因为两种颜色混合在一起会变

成另外一种颜色,所以中间杯子里的颜色会发生变化,出现第三种颜色。

(2)提供视频或图片,帮助幼儿了解生活中运水的必要性和各种蓄水、运水工程,如水库、南水北调工程等。

(3)自由阅读绘本《水公主》,围绕绘本内容展开大讨论:如何给非洲小朋友送水,有哪些工具,怎样做。也可以请幼儿说一说,我们在生活中应该怎样节约用水,并将好办法画下来。

家庭延伸活动

(1)为幼儿创造各种玩水的机会,有条件的家庭可以带幼儿到小河边、泉水边玩水,用水枪、胶皮管等工具玩水、运水。

(2)允许幼儿在洗澡的时候玩水,鼓励幼儿选择自己喜欢的玩具、材料玩水。

相关经验

- 能在运水的操作过程中,反复尝试和思考,发展动手能力和自主探究能力。
- 遇到问题和困难时,愿意坚持和努力,具有不放弃的韧性。
- 会正确使用剪刀、胶带、绳子等工具,能够完整地描述各种工具的使用方法和特点。
- 能根据运水方式以及运水速度将各种工具进行分类和排序,丰富对工具的了解。
- 初步了解生活中时时处处需要运水,拓展对于生活中蓄水和运水的认识。

核心科学概念

- 水是无色、无味、透明的液体;一般情况下,水从高处流向低处,但在加压的动力状态下,水也会从低处流向高处。
- 运水需要工具来帮忙,运水的工具一般由防水、严密不透的材料做成。
- 有些工具和材料看起来无法运水,但经过改造之后就可以运水,一般改造的过程就是让工具和材料变得严密不透水的过程。

探究过程与方法

(1)幼儿是在调动各种感官、亲身体验的过程中学习科学的,玩水、运水的过程是与水亲密接触的过程,是充分熟悉各种材料的过程。在反复尝试和对比的过程中,幼儿拓展并积累丰富的经验，学会正确地选择和使用各种材料。

（2）运水工具不同，运水的效果也不同。排序和分类的过程能够帮助幼儿梳理获得的相关经验，发现共性并形成对运水工具适宜性的独立判断。

（3）大胆地使用剪刀、胶带等辅助材料改变、设计新的运水工具，能够有效地提升幼儿的动手能力和创新能力，在不断的"设计工具—使用工具—修改工具"的过程中体验创造的乐趣、使用工具的便捷，萌发工程学思维。

教师困惑与对策

困惑：在整个运水的过程中，孩子们沉浸在玩水的活动中，忽略了对运水工具适宜性的探究怎么办？

对策：幼儿天性喜欢玩水，沉浸在玩水的兴奋中是可以理解的。本次游戏活动可以以系列活动的形式开展，而不强求幼儿在一个时间段完成，教师应该给予幼儿充足的时间玩水、感受水的特性。

在运水活动前，可以和幼儿一起谈话，说一说自己玩水的经历，了解一下每种运水工具的特点，提出适宜的问题，引导幼儿带着思考参加游戏。

在每一次运水活动后，可以和幼儿一起进行经验梳理，例如，你选择了哪些工具运水？感觉怎样？哪一种工具运水又快又多？下次游戏时，你想使用哪种工具？通过这样的交流与梳理，帮助幼儿关注运水效果因工具各异而不同，引导幼儿深入地思考和探究。

知识小百科

水为什么会流动？

俗话说"人往高处走，水往低处流"，水的流动主要是因为位置有高度差，水的分子结构是圆形的，水分子在重力作用下涌向低处，因此出现流动。水能够流动的另一个原因是，从浓度高的地方向浓度低的地方流，大海里的海水含盐量并不是均匀的，有的地方含盐量高，有的地方含盐量低，这主要是下雨或融冰、结冰等原因造成的。

为什么会有"南水北调工程"？

我国南方通常雨水多，易形成涝灾；而广大的北方地区雨水少，又极易形成旱灾，为了缓解我国华北和西北地区水资源短缺的状况，国家设计了"南水北调"的战略性工程，期待通过跨流域的水资源合理配置，促进南北方经济、社会与人口、资源、环境的协调发展。

脏水变干净

适合班级
大班

活动准备
（1）活动前，请幼儿和家长采集一瓶"脏水"，可以是混合了各种泥土的泥水，也可以是雨水、湖水、泉水等，但不能选用生活废水，更不可以用工业废水，确保幼儿在活动中的安全。

（2）每名幼儿至少有 3 个矿泉水瓶以及细沙、小粒的石子、纱网、雪花片、大米、小米、绿豆、棉花、太空棉、滤纸若干，另有剪刀、白纸、画笔。

活动建议

1. 自制净水器
把矿泉水瓶剪成两部分，有瓶口的部分稍大一些，然后瓶口朝下插在矿泉水瓶的另一部分中。如果幼儿独立操作有困难，可以请家长提前剪好带到幼儿园。

2. 为净水器选择材料
观察所有材料并自主选择需要的净水材料，将其放在做好的净水器中。可以在一个净水器中放一种材料，如白纸、棉花、滤纸，也可以在一个净水器中叠放多种材料，如雪花片、小石子、棉花一组；纱网、细沙、滤纸一组，鼓励幼儿按照自己的思考大胆选择、反复尝试。

3. 观察净水过程
请幼儿将采集到的"脏水"依次倒入自制的净水器中，对比观察净水的过程，看看是一种材料净水效果好，还是多种材料净水效果好，以及在多种材料的净水器中，哪几种材料的组合效果最好等，鼓励幼儿对比净水效果并反复调整材料，得到一瓶"干净"的水。

4. 记录和表征
记录和表征自己的探究过程和结果，并与同伴交流和分享。也可以在班级设置"问题展示墙"，请幼儿记录自己探究中的问题或发现。

观察指导要点

（1）教师可以在活动前制作净水器步骤图，形式可以多样，如实物步骤照片、制作步骤小视频、绘画步骤图均可，鼓励幼儿根据步骤图独立完成净水器的制作。教师需要关注和指导有困难的幼儿。

（2）活动中关注幼儿完成实验的情况，允许幼儿用自己的方式进行实验操作和观察，例如，可以选择一种材料进行一次观察，依次完成所有的实验；也可以把所有的材料都准备好，同时开始净化过程进行对比观察。充分尊重幼儿的意愿，鼓励幼儿多次、反复进行实验。

（3）在梳理经验的过程中，组织幼儿分享和讨论：选择了哪些材料净水？哪一种净水效果好？为什么？如果是多种材料，叠加材料的顺序是什么？鼓励幼儿大胆描述自己观察到的现象并逐步得出结论，即净化水时选择多种材料比一种材料好。选择多种材料时，将容易透水的材料放在上面，如小石子、细沙等，将不容易透水的材料放在下面，如棉花、滤纸等。

（4）在科学探究中，即使使用同样的材料，结果也有可能不一样。例如，若选择滤纸，将滤纸放在净水器的中间，净水效果会好一些；反之，若不能很好地摆放滤纸，就可能导致一部分"脏水"没有经过滤纸的净化，净水效果就不是很好。因此，教师应避免用统一的标准答案衡量幼儿的探究结果，要允许幼儿根据自己实验的过程得出结论。

（5）关注幼儿的表征和表达，透过对探究过程中的问题表征，推动幼儿的辩证思考和自我反思，逐步形成自己的科学结论。

拓展与替代

（1）制作净水器时，可以用纸杯代替矿泉水瓶。

（2）将净化好的水放在窗边同时标记好水位，每天离园前进行观察，如果水位发生变化就进行标记，一周后和幼儿一起讨论：水去哪里了？为什么消失了一部分？

（3）鼓励幼儿自由阅读绘本故事《小水滴历险记》，观察画面并说一说小水滴遇到了哪些事情，发生了什么变化。邀请幼儿结合自己观察到的蒸发现象展开想象，讲述一段关于水的三态变化的故事。

家庭延伸活动

（1）在下雨天，和幼儿一起接雨水，将雨水倒入自制的净水器中，观察净水过程，并交流其中的发现。

（2）带领幼儿采集泉水、湖水、海水及沟渠里的水，引导幼儿观察在不同的地方采集的水是不同的，感知水的多样和不同。

相关经验

- 体验在大自然中采集各种水进行科学实验的探究乐趣。
- 能够看懂操作步骤图，制作净水器，提高读图能力和动手操作能力。
- 能够用完整连贯的语言描述净水和蒸发的过程，并尝试记录自己的发现和问题。
- 能够根据操作过程得出结论，并乐意与同伴交流。在围绕净水的话题进行科学讨论的过程中，提高辩证思考和表达的能力，学会质疑和反思。

核心科学概念

- 不同水源地的水所含的物质不同，所以有些水看起来干净一些，有些水看起来脏一些。
- 不同质地的材料透水性不同，对脏物质的吸附性能也不同。
- 以物理的方式净化水，就是借助不同特性、不同密度的材料将水过滤，使其更加干净的过程。此外，还可以用化学的方式净化水。

探究过程与方法

（1）能够看懂步骤图并制作净水器是幼儿完成实验的前提，教师应给予幼儿充足的时间进行制作，不干扰、不代替，提升幼儿的动手操作能力，积累丰富的制作经验。

（2）水的净化过程，也是透过净水结果关注不同材料的特点，进而感知材料多样性的过程。生活中的材料多种多样，颗粒大小、质地、吸附性能、密度都会影响净水的过程和效果。在反复实验的过程中，幼儿能够更加直观地了解不同材料的特点，积累有关材料的经验并形成相应的概念。

（3）观察是探究的前提，细致的对比观察有利于幼儿发现问题和提出问题，是重要的科学研究方法和能力。因此在实验的过程中，应鼓励幼儿大胆尝试、反复操作，并进行充分的对比观察，如对比观察每一种材料之间的净水效果、多种材料不同叠放顺序的净水效果等。这样的过程有利于幼儿形成自己的认知和判断，逐步养成基于实证的科学思维。

教师困惑与对策

困惑：为幼儿提供了很多材料，但幼儿不用怎么办？

对策：科学探究活动是开放的、多元的，不同的幼儿因为生活经验不同，对净水实验的认识和材料的选择也会不同。教师要根据幼儿的已有经验和需求，提供能够引发幼儿兴趣的材料，可以在活动前和幼儿进行谈话，鼓励幼儿在家中寻找适合的材料放在净水器中，也可以在活动中关注幼儿的困惑，了解幼儿的需求，为其提供所需要的材料，鼓励幼儿大胆地自主探究。

📖 **知识小百科**

为什么要净化水？生活中的自来水是怎样净化的？

净化水是为了去除水中危害人体健康的铁锈、泥沙、余氯、有机物、有害的重金属离子、细菌、病毒等物质，让自来水变得更加适合人饮用。

生活用水主要通过水厂的取水泵站汲取江河湖泊及地下水、地表水，由自来水厂按照《生活饮用水卫生标准》，经过沉淀、消毒、过滤等工艺流程的处理，最后通过配水泵站输送给用户。首先，必须把水源从江河湖泊中抽取到水厂（不同的地区取水口是不同的，水源直接影响一个地区的饮水质量）；然后，经过混凝、沉淀、过滤、送入清水池并进行消毒后，由送水泵高压输入自来水管道，一般主管道使用预应力砼管、钢管、PE 管[1]、球墨铸铁管等管材；最终，分流到用户水龙头。整个过程经过多次水质化验，有的地方还要经过二次加压、二次消毒才能进入用户家庭。

蒙眼游戏

适合班级

中、大班

活动准备

（1）眼罩，摸宝箱，各类小玩具物品；各种声音的录音，各种乐器等。

（2）事先勘察、布置好适合闭眼行走的各类路线和场地。

（3）提前让幼儿戴上眼罩感知看不到东西走路的感觉，也可以玩小伙伴牵扶走路

---

[1] PE 是英文 polyethylene 的简称，中文即"聚乙烯"；PE 管即聚乙烯塑料管。

的游戏，避免活动时内心的无助与恐慌。

活动建议

1. 蒙眼识路

教师事先找一块能提供不同感受的地域，最好路旁有树，小路上有木栈道、鹅卵石和土坡，周围可以听到鸟叫、水声等。再找几根至少20米长的绳子，两端分别拴在设定好的几条线路上。游戏前，带领幼儿熟悉周围的环境和路线，观察有什么，可以摸一摸抱一抱大树，闻一闻花香，还可以听一听周围的声音，做好出发前的平静心态准备。然后，请幼儿蒙上眼睛，沿绳子方向行走。到达终点后进行经历分享，说一说自己走过的小路上都有什么，猜一猜自己走的是哪条路。之后再去验证，自己走过的是否是自己猜出的路线。

2. 蜈蚣探险

找一个安静的地方，幼儿戴上眼罩蒙住双眼，3~6人一组，后面幼儿双手搭在前面幼儿肩上，排成一列（就像一条大蜈蚣）。请"蜈蚣"从起点出发，到达终点后各自用手仔细触摸感知那里的物品，确定有印象后蒙眼返回起点。然后摘掉眼罩，让幼儿凭感觉找到刚才自己触摸的物品。

3. 躲避障碍

（1）玩法一：选择一块有很多树木的小树林，确定起点和终点的树木，两人一组，一人蒙眼往前走，另一人担任"导师"，用语言提示队友躲避障碍前行。可以比赛，看看哪一组最先到达终点，交换角色继续玩。

（2）玩法二：在一块空旷的场地上设置起点和终点，在中间道路上设置许多障碍物，可以是小椅子、小动物玩具、拱形门、小木墩等。幼儿两人一组，一人蒙眼从起点出发，一人站在终点用语言提示同伴躲避障碍。也可以两组幼儿一起走，比赛谁先到达终点。

4. 摸物鉴宝

准备一个摸宝箱，根据幼儿的发展水平，在里面装上具有不同触感的物品，如光滑的、粗糙的；柔软的、坚硬的；湿湿的、带毛的等，像毛绒玩具、水果、核桃、刷子、湿毛巾、橡皮泥等。可以请幼儿摸一样物品说出它是什么，也可以教师说一样物品让幼儿摸出它。可以说一个特征，也可以说多种特征让幼儿判断。

5. 最强大脑

将一组物品摆放好，请幼儿在规定时间内记住都有什么，然后蒙上眼睛，旁边的人拿走一个或者调换摆放位置，让幼儿睁开眼睛再来看，看他是否能知道少了谁或者发生了什么变化。

观察指导要点

（1）玩蒙眼识路游戏前，教师提醒幼儿蒙好眼睛，一定要沿着绳子的方向走，和前后幼儿拉开距离，注意探险时的安静体验，保证路上的安全。

（2）玩蜈蚣探险游戏时，"蜈蚣"长度可以从短到长逐渐过渡，一开始是2~3人，逐渐过渡到5~6人，人数不能太多。

（3）玩躲避障碍游戏时，要注意摆放物品的安全性，不要有危险。路上的障碍可以根据幼儿的水平随时增加难度，从而发展幼儿的不同动作。

（4）玩最强大脑游戏时，幼儿观看事物的时间根据物品数量来定。物品摆放形式要多样，可以是一排，可以是转圈，也可以杂乱堆放。游戏可以是猜猜少了谁，也可以是更换物品排列顺序，还可以是增加了什么，数量有什么变化等，多种角度锻炼幼儿的大脑思维。

拓展与替代

（1）若不具备丰富的室外场地，那么可以在室内安排寻宝、探险活动，如在地上铺地毯、沙袋、海绵垫等，做成具有多种感官刺激的小路。

（2）在户外活动、区域活动中，投放相应的玩教具，支持幼儿随时玩躲避障碍和最强大脑这样的游戏。

家庭延伸活动

（1）带领幼儿到大自然中，与幼儿一起玩蒙眼探险、寻宝等游戏，让幼儿在草地上打滚撒欢，拥抱大树，聆听鸟鸣，闻闻花香，蹚水摸鱼，认识更多动植物，尽情享受大自然的丰富多彩，净化心灵，充分体验亲情乐趣。

（2）与幼儿一起玩摸宝或者最强大脑游戏，用布盖住或者做一个摸宝箱，家里的日常用品都可以放进摸宝箱做宝贝。还可以做一个记录表，看谁猜对的物品数量多。

（3）在家或者外面空阔的场地上，与幼儿一起玩听音摸人的游戏，幼儿戴上眼罩，家长通过发出声音让幼儿判断自己的位置，如拍手、学小动物叫、喊幼儿的名字等，让幼儿通过声音摸着去寻找家长。家长可根据幼儿的水平增加游戏难度，一开始不用变换位置，后来可以适当变换位置，让幼儿改变方向去摸。也可以交换角色开展游戏，幼儿发出声音家长去摸，增加游戏的趣味性。

（4）带领幼儿外出时，观察马路上的盲道，给他们讲一讲，让幼儿试一试。发现盲道由两类砖铺就，直条状凸起砖用于铺直道，走的时候沿着直条突起走。点状凸起砖用于铺拐弯处，呈圆点形，以告知视力残疾者前方路线的空间环境将出现变化。让孩子明白盲道不可侵占。

相关经验

- 充分感知和体会自然界中的生物是多种多样、千差万别的，知道人类与自然环境是相互依存、相互影响的命运共同体。
- 能够与同伴团结合作，共同完成某项挑战任务，学会解决问题，共同进步。
- 凭借记忆、想象及思维空间的感知能力，判断识别某件物品，并能用语言描述它的特征和自己的感受。
- 通过多种感官辨识不同的声音，提高对声音的辨别能力和对同伴的熟识程度，增进伙伴之间的情感。
- 体会眼睛有残疾的人的不方便，学会关爱和帮助他们。

核心科学概念

- 物体和材料有软硬、光滑粗糙、大小及干湿等特性。
- 人类可以用多种感官对周围世界进行感知、观察、操作、探索，获得对外部世界的初步认知，经过大脑加工后形成概念。

探究过程与方法

（1）3—6岁是幼儿各个感官的敏感时期，他们会对认识和发现世界充满迫切的需求。幼儿在玩蒙眼游戏时，要充分调动听觉、嗅觉、触觉、知觉，甚至味觉、平衡感等来判断、辨别事物，这是幼儿获得更多信息的重要途径，也是发展感官感受性和观察能力的路径。其中，肌肉运动知觉会影响幼儿对空间方位、物体特征等的综合判断，能够帮助幼儿理解自我与所处环境之间的关系，在发展平衡和协调能力中发挥重要作用。

（2）蜈蚣竞走、听指令前进、猜猜我是谁等游戏，考验的是幼儿与同伴之间的熟识程度、默契配合的能力。幼儿只有在与同伴的不断磨合、尝试及辨别思考中进行综合判断，才能完成游戏。在这个过程中，幼儿不仅能体验到合作游戏的乐趣，还可以提升内在的感知能力与外在的认知能力，为生活能力的提高奠定基础。

（3）最强大脑游戏，考验的是幼儿的细致观察力、瞬间记忆力和对物品序列的逻辑判断能力。幼儿只有认真观察，找到适合自己的记忆方法才能做出有效判断，这个过程也有助于幼儿细致、专注、投入等积极的学习品质的提升。

（4）在辨别声音和方位的游戏中，学会根据一定的线索发现问题、做出假设、检验假设、形成结论，逐步推理出问题的本质，这实际上就是科学研究的过程，对幼儿的独立思考和逻辑思维能力的形成具有很好的促进作用。

教师困惑与对策

困惑：在蒙眼游戏中，幼儿觉得不安全，总是偷偷看怎么办？

对策：蒙住眼睛后，没有安全感是正常的。可以在正式玩游戏前多试几次，由近及远，逐渐帮助幼儿建立安全感，并学会相信他人。在游戏过程中，教师可以从旁提醒，话语由多到少逐渐过渡；也可以鼓励幼儿同伴之间结对，每人有一个同伴做"眼睛"，增强幼儿的安全感，直到幼儿经验多了，再独立完成。此外，对幼儿进行诚信教育，鼓励幼儿不偷看，成功后给予表扬，增强其自信。

📖 **知识小百科**

为什么蒙住眼睛后身体会失去平衡？

生活中，人们经常有这样的经历：蒙住双眼时，听不清对方说什么，除非对方大声说话；蒙住双眼时，走路不能走成直线，很难做"金鸡独立"的动作……为什么会出现这些现象呢？其实，这都与眼睛有关。根据相关研究表明，人的大脑每天通过五种感官接受外部信息的比例分别为：味觉1%、触觉1.5%、嗅觉3.5%、听觉11%，以及视觉83%。视觉是我们接收外界信息的主要渠道，一旦视觉信息有障碍，人就会觉得自己处于一个相对独立、封闭的空间，接收信息进行分析就会有障碍，人的身体也就不容易保持平衡。

主题三　我的地图

主题导引

　　地图在我们的生活中随处可见，是我们走到哪儿都离不开的重要工具，它就像一个说明书，给我们说明一个物体（包括人和机构）在空间中的位置。无论什么样的物体在空间中都会占有一定的位置，并与周围的其他物体产生位置关系，如方向和距离。有人认为，0—6岁的幼儿好像与地图的关系并不密切，但实际上无论是儿童还是成人，每天的生活都离不开地图，而且地图中蕴含着无限的教育意义，它是很重要的教育资源。本主题设计的活动并不局限于认识地图和学会使用地图，还从幼儿感兴趣的"寻宝·藏宝"游戏开始，引导幼儿关注地图，尝试辨识地图中的图示信息，并能够对照地图寻找物品或人，甚至可以自己实际勘察周围环境，动手绘制幼儿园地图、家园路线图等，在一系列实践运用中拓展对各种各样地图和标志的认识，提升空间感知能力、抽象概括能力和多元表征能力。

核心活动

- 寻宝·藏宝
- 各种各样的地图
- 我来画地图
- 家园路线图
- 会说话的标志

寻宝·藏宝

> 适合班级

大班

> 活动准备

画纸、笔,以及各种小盒子等。

> 活动建议

1. 寻找"宝物"

带幼儿到户外自由活动,寻找、发现各种"宝物"。根据幼儿的兴趣和意愿,"宝物"可以是一片落叶、一颗果子、一粒种子,也可以是同伴遗落的纽扣、珠子、贴纸等。在寻宝的过程中,支持幼儿相互交流,自由结伴,感受其中的惬意和有趣,有条件的幼儿园可以带幼儿到社区花园或者公园一起寻找"宝物"。

2. 分享"宝物"

请幼儿把自己最喜欢的"宝物"带回活动室,举办"宝物"分享会。邀请幼儿说一说自己在哪里找到的"宝物",喜欢的理由等,也可以请幼儿给"宝物"起名字、画像等。在一日生活中,允许幼儿把"宝物"珍藏在自己喜欢的小盒子里随身携带,也可以珍藏或展示在活动室的一个角落里,支持幼儿随机欣赏"宝物",和好朋友交流有关"宝物"的小秘密。

3. 藏宝并绘制藏宝图

请幼儿将"宝物"藏起来,可以藏在活动室、教学楼里,也可以藏在户外操场。藏宝结束后,请幼儿绘制一

藏宝图文字说明:户外活动的时候,我和曼可突然想到一个好主意——在院子里藏个宝盒吧。我们找来三个纸盒,在里面放上我俩画的画,把它们放在了滑梯底下,小木屋后面,还有小帐篷里。小朋友们,你们能找到这些宝物盒吗?

张藏宝图，记录藏宝的具体位置。教师可以与幼儿一起讨论交流"藏宝图"的绘制要点，如藏宝的位置，周围有什么，从班级走过去要经过哪些地方，如何表示每个地方的名称，如何画路线，如何表示方向等。

- 可以在藏宝的位置直接画出形象物，也可以画圆圈，或贴个小粘贴等。
- 每个地方的名称可以用图画、符号代表，或用几何图案表示。
- 路线与方向可以用线段和箭头表示，也可以用波浪纹等方式标识。

4. 根据藏宝图寻找"宝物"

请幼儿互换藏宝图并寻找同伴的"宝物"。看看谁能够看懂"藏宝图"并顺利找到"宝物"。寻宝结束后，教师可以与幼儿一起讨论如何看懂别人设计的"藏宝图"，图中的图案和符号、数字一般表达什么意思。

观察指导要点

（1）幼儿寻找"宝物"的过程，是一个自由寻找、自由交流的过程，教师可以参与其中，与幼儿共同寻找"宝物"，感受其中的快乐。在幼儿的眼中，一切新奇的、有趣的材料、物品都是"宝物"，因此教师应该珍视、保护幼儿的童真，用幼儿的视角看待这些"宝物"，而不是以成人的视角加以评判。

（2）分享"宝物"的过程是幼儿回顾寻宝过程和情感升华的过程，教师应鼓励幼儿大胆、完整、连贯讲述，提示其他幼儿认真倾听，尝试理解别人选择"宝物"的各种理由。

教师可以和幼儿共同协商设置一个宝物展示区域，支持幼儿开展交换"宝物"、拍卖"宝物"等活动，也支持幼儿运用"宝物"进行各种探究活动、游戏活动和艺术创作活动。

（3）绘制藏宝图对幼儿来讲是一种新鲜的体验，教师应允许幼儿用自己的方式绘制，不多加干涉和评判，帮助幼儿在绘制、分享、寻宝的过程中理解各种标志、线条、符号等代表的含义并尝试运用，而不是生硬地教授和讲述。

（4）根据藏宝图寻找"宝物"的过程中，教师应确保幼儿的安全，同时给予幼儿充足的寻找时间，不以找到"宝物"为目的，而是帮助幼儿在看图寻宝的过程中感受快乐，互动交流，学会看懂标志和图示，梳理寻宝、藏宝的有关经验。

拓展与替代

（1）请幼儿绘制一张幼儿园的平面图，并标注自己班级的位置，绘制完成之后可以举办展览，鼓励大家一同进行对比观察，发现平面图和幼儿园实地的异同，说一说绘制平面图中遇到的问题和解决的办法等。这样的活动需要持续一段时间，而不是要求幼儿一次完成。

（2）请幼儿尝试绘制一张"回家路线图"并与同伴交换，交换后请幼儿根据路线图找到同伴的家。

（3）请幼儿自由观察地图或地球仪，说一说自己看到了什么，有哪些符号、标志，说一说怎样能够找到自己的国家或者生活的城市。

家庭延伸活动

（1）带幼儿到大自然中寻找更多的"宝物"，允许幼儿将"宝物"带回家，并给幼儿留出在家中存放"宝物"的空间。

（2）和幼儿在家中玩"寻宝·藏宝"的游戏，尝试一起绘制各个房间的平面地图、各种物品的藏宝图，可以将绘制的所有地图做成《我的地图画册》。

相关经验

- 体验在自然中寻宝、藏宝的乐趣，体验神秘而又有挑战性的伙伴游戏。
- 学习利用图画、符号、数字等方式绘制藏宝图，具有一定的空间转换能力和表征能力。
- 能看懂藏宝图，理解同伴图画和符号的含义，具有一定的空间想象能力。
- 能够用清晰、连贯、完整的语言描述自己的"宝物"以及藏宝、寻宝的过程和位置，学习准确使用上下、前后、左右、远近等方位词汇。

核心科学概念

- 地图是一种高度概括的表征方式，用符号、数字、图案表征地理环境和空间位置。通过平面上物体之间的上下、左右、远近关系，可以表达现实生活中物体在空间上的位置。
- 绘制地图是从三维现实空间到二维平面空间的转化，需要对空间转化能力、概括抽象能力和符号表征能力的综合运用。
- 地图能帮助人们确定自己的位置和方向。

探究过程与方法

（1）寻找"宝物"的过程是幼儿自由探索空间环境的过程，幼儿园的活动室、区角、教学楼以及户外操场都是幼儿的活动场地，院内院外、楼上楼下越是错综复杂的立体空间，就越有利于幼儿对于方向的感知和辨别，也是幼儿绘制藏宝图的前提。在保证安全的前提下，教师应给予幼儿充分的时间、宽松的氛围，支持幼儿用自己的方式感知空间方位。

（2）活动中，藏宝并绘图的过程是幼儿尝试感知、描述、命名、解释方向和距离的过程，也是幼儿运用各种符号、标志、标识将现实空间转换为平面图的过程，而看图寻宝的过程是读懂各种符号、标志和标识的含义，并在其提示下找到相应物体的位置的过程。不论是藏宝绘图还是看图寻宝，都有利于提升幼儿对空间方位的辨别能力、符号的运用能力以及三维立体空间和二维平面图之间自由转化的能力。

教师困惑与对策

困惑：如果幼儿因为不会绘制藏宝图或者看不懂同伴的藏宝图而放弃参加活动，怎么办？

对策：绘制藏宝图，需要幼儿用到图画、线条、标志等多种表征形式，同时要将立体的空间转化为平面的图纸，这样的过程对于幼儿的空间方位感知、辨别能力和表征能力提出了较高的要求，因此可以从简单的看图开始，识别图中物体之间的位置关系以及图示的运用。教师可以跟幼儿一起玩看图寻宝游戏，教师绘制的藏宝图逐渐从简单到复杂，符号和标志也从少到多，在幼儿能识别之后再考虑让他们学习绘制自己的藏宝图。

教师同时要根据幼儿的不同情况和能力水平给予不同的帮助，例如，介绍各种代表方向的标志、根据藏宝图讲述藏宝位置、根据自己绘制的藏宝图寻找"宝物"，甚至允许绘制藏宝图的幼儿和"寻宝"的幼儿一起开启"寻宝"之旅，发现问题并及时修改。在这样的过程中，幼儿学会绘制、看懂藏宝图，感受到其中的乐趣，问题随之解决，自然就会乐在其中了。

📖 知识小百科

地图有哪些种类？

地图是按一定的比例运用线条、符号、颜色、文字注记等显示地球表面的自然地理、行政区域、社会状况的图形，一般可分为普通地图、地形图和专题地图三种。普通地图是以同等详细程度来表示地面上主要的自然和社会经济现象的地图，能比较全面地反映出制图区域的地理特征。地形图是按照统一的规范和符号系统测（或编）制的，全面而详尽地表示各种地理事物，是国家各项建设的基础资料，也是编制其他地图的原始资料。专题地图是着重表示一种或几种自然或社会经济现象的地理分布，或强调表示这些现象的某一方面特征的地图。

各种各样的地图

适合班级
中、大班

活动准备
（1）各式各样的地图若干，如世界地图、中国地图、本地省市图、电子地图、旅游景点导游图等（主要是地形图和行政区图）。
（2）图画纸、彩色纸、画笔、胶棒、剪刀、尺子、绳子等。
（3）《我的地图书》等类似绘本。

活动建议

1. 我的前后左右有什么

组织幼儿在活动室内分散站立，面向各个方向，说一说自己的前后左右分别有什么。启发幼儿发现大家表达的不同，并交流讨论说出原因，如两名幼儿面向同一方向站在不同的位置，或者站在同一位置背对不同方向，他们的前后左右物品都不一样。所以一般来讲，每个人站的位置不同，方向不同，看到的物体也不同。

同样的游戏迁移到户外，请幼儿变化位置和方向反复玩，引导幼儿发现自己每一次变化后，看到的前后左右的物体可能会不同。

2. 画出"我的前后左右"

请幼儿在观察自己的前后左右之后，画出"我的空间地图"，教师可以启发幼儿去发现离自己最近的是什么，远一点的是什么，更远一点的还有什么，在图上慢慢地增加更多内容。

3. 地图话题大讨论

教师就班级环境中的一幅地图组织幼儿讨论，可以提出如下问题：你知道什么样的地图，它有什么用处？引导幼儿根据自己的调查，充分讨论，分享经验。如从范围来说，有世界地图、中国地图、省市区地图。从材质来说，有纸上的地图，有画在布上的地图，有电子的地图，有立体的地球仪，还有卫星定位导航地图等。从位置来分，商场有导购地图，公园有导游地图，如果幼儿阅读过绘本《我的地图书》，还可以知道很多有趣的地图，如呈现家族血缘关系和人物的"家族地图"、趣味十足的"肚子地图"，以及能够表达心情的"我的心情地图"等。

4. 地图上有什么

观看各式各样的地图，说一说自己在地图上发现了什么，如不同的颜色、符号、线、数字以及简单的文字等。能够发现地图共同的特征：有各种指引的符号（如箭头）、数字（比例尺）、文字、图像等。通过对话讨论，帮助幼儿初步了解地图上几种常见符号代表的意义，如男女厕所的符号、各种方向的箭头等，并能看懂一些简单的地图。

5. 公园里的地图

让幼儿观察公园里的地图，学习看常用标志，找到相应位置。比如，自己现在所在的位置一般用红五星表示，箭头方向指的位置应该往哪里走，要去公园里的厕所、商店、出口等应该找什么标志，怎样走。知道地图上的上北下南、左西右东方向。

6. 我们的中国地图（行政区图）

（1）教师请幼儿观察中国地图的外形特征，说一说中国地图像什么，可结合儿歌进行，如大家口口相传的"中国地图像雄鸡，昂首挺胸真神气；黑吉辽宁是鸡头，鸡背上面是内蒙古……"。不必让幼儿记住，幼儿有兴致找出自己居住地在地图上的位置，以及左邻右舍是什么地方即可。

（2）数一数：请幼儿观察地图上的颜色，思考地图上为什么会有不同的颜色。数一数中国地图上的颜色标识，以及自己所在的省、直辖市有多少种颜色标识，代表什么意思。

（3）找一找：请幼儿在地图上找出首都北京，看看它是用什么符号表示的；找找自己的家乡在哪里，它的外形在地图上像什么……请幼儿说一说自己还去过哪里，看看能否在地图上找出来。

（4）拼一拼：准备中国地图拼图，请幼儿根据每个省的形状、位置和颜色进行拼图，看谁拼得快。如果有难度，也可以提供一张地图进行参照。

（5）借形想象画一画：找几个外形特征比较明显的省区地图，请幼儿发挥想象说一说像什么，可以添画成什么。比如，黑龙江像一只天鹅，云南像一只孔雀，山东像一只秃鹫，吉林像一只恐龙等。

（6）记一记：让幼儿观察和寻找地图上的符号及标记，看一看这些符号分别代表的意义是什么，如首都用红色五角星表示，省会城市用红色圆形表示，铁路用黑白相间的线段表示，河流由细到粗的蓝色单线表示，山峰用黑色三角形表示等。学习用统计表记录自己找到的带有不同符号的地方。

表 3.1

符号	★	●	— —	～	▲
数量					

（7）量一量：用准备好的绳子、尺子、毛线等物品，在地图上量出两个地点之间的距离，学习粗略测量。

7. 方便的导航地图

教师帮助幼儿试一试电子导航软件，感受其方便与快捷：它可以告诉我们现在所处的位置，提供可以选择的到达目的地的适宜线路。例如，导航从幼儿园到自己的家，看看有多远，有几条路线，开车、坐公交、步行等分别用多长时间，充分感受导航的强大作用。

观察指导要点

（1）幼儿在玩游戏"我的前后左右有什么"和绘制"我的空间地图"时，教师要引导他们发现随着空间的转变，前后左右既有物体的变化，也有数量的变化，从而进一步增加幼儿对空间方位和物体之间距离的多重感知。

（2）教师和家长应尽可能搜集更多形式的地图，让幼儿了解地图的多样和丰富。引导幼儿观察地图上的图例，了解图例中常见标记和符号代表的意思。

（3）在幼儿观察和测量的过程中，教师不要直接告诉幼儿结果和测量方式，让他们先用自己的方式尝试测量，发现同伴之间的结果不一样时，再引导幼儿反思和讨论，找到不一样的原因并做调整。在不断的尝试中引导幼儿发现，只有选长短一样的东西采用首尾相接的方法接续测量，结果才会准确。

（4）在幼儿观察、统计地图上标志的过程中，教师应提示和引导幼儿学会按一定的顺序点数和记录，不重复、不漏数。

（5）在添画行政区图时，引导幼儿充分想象，大胆作画，鼓励他们画出更多的形象。

拓展与替代

（1）除了观察中国地图，教师还可以为幼儿准备自己省的地图、世界地图和各种公园的地图、学校的地图等，拓展幼儿的视野。

（2）可以为幼儿提供各种地图拼图，让幼儿在趣味拼图游戏中加深和拓展对地图的认识。

（3）在班级投放一个地球仪，让幼儿尝试从上面找一找我们的国家在哪里；找一找地球仪上哪些地方是陆地，哪些地方是海洋；找一找自己去过的和熟悉的国家等。

（4）可以带幼儿去住宅小区、气象局、公园等地方寻找地图，丰富幼儿的经验，了解原来地图有旅游图、军事图、交通图等，而且制作地图的材料有多种，有树枝做的地图、木头雕刻的地图、刻在石头上的地图、画在布上的地图、用动物皮做的地图以及沙盘里的立体地图等。

家庭延伸活动

（1）带着地图去探险：家长可以引导幼儿对家庭周围的小区或村庄的环境进行考察，并画出简易的地图。可以在地图上画几条关键路线，如从家到幼儿园、从家到小学、从家到小河边、从家到图书馆……然后实地体验走几遍，验证地图是否准确，再进行修改。

（2）玩益智棋：父母和孩子一起玩各种益智棋，根据棋谱走相应的路线，这也是看图能力、空间知觉能力的一种体现。

（3）在假期的时候，家长常常会带幼儿出去旅行。家长可以利用这样的机会，在出发之前和幼儿一起先看好地图，看看地图上我们的家在哪儿，要去的地方在哪里，我们去的地方在家的什么方位，我们朝什么方向去，乘坐不同的交通工具所需要的时间是否一致，各需要多长时间等。

相关经验

- 对地图有更丰富的认识和了解，萌发对空间位置关系以及地图的探究欲望。
- 会按照一定的顺序和方位观察周围环境中的物体，并能按照远近关系表现在平面图上。
- 理解平面地图中的符号（图案）所代表的含义，并能辨别它们相互之间的距离和位置关系。
- 能用数字、图画或其他符号记录观察结果，学会统计数据的基本方法。

核心科学概念

- 地图是经过一定比例缩小的，并用不同符号、线条和颜色表示地球上各种事物的空间分布、关系、变化状态等的图形。
- 各种地图上的方位都是一致的，即上北下南、左西右东。

- 地图可以帮助人们迅速找到自己想去但不清楚如何去的地方，方便人们出行。

探究过程与方法

（1）地图是利用图像、符号、示例等表达物质世界的空间和位置关系的方式，尽管较为抽象，但对大班幼儿来讲仍然充满趣味，而且千变万化，具有丰富的探究意义。教师组织幼儿从自身入手，将立体的空间位置关系转化为平面图，再到对实际地图的观察，了解地图的含义和多样性，这个过程对幼儿的学习和发展具有重要意义。

（2）让幼儿观察生活中各种各样的地图及其运用，在现实空间和平面地图之间不断转化，既有助于幼儿感受探究与创造的乐趣，形成空间感知能力、空间转化能力和表征能力，还能充分感受到地图的演变与科技的不断发展给人们生活和生产带来的方便与快捷。

> **教师困惑与对策**
>
> **困惑1：** 如何保持幼儿对地图的持续探索兴趣？
>
> **对策：** 孩子的兴趣主要来自自己与外部世界互动过程中的主体参与、从中获得的成就感和满足感，以及团队合作解决问题时的归属感和荣誉感。幼儿理解和认识地图之后，就掌握了一个帮助自己探索世界的工具。教师和家长可以帮助幼儿在实际生活中运用所学到的地图经验，比如，看懂超市地图，就能自己找到想要买的东西；看懂小区地图，就能自己回家，不迷路；看懂城市地图，就知道爸爸妈妈在哪里工作，还要多长时间才能到家，并且知道周末去玩的地方有多远，该怎么走才能到达。帮助幼儿感受地图的有用，发现幼儿在探索应用过程中的进步，及时鼓励，幼儿就会对地图探索的兴趣浓厚而持久。
>
> **困惑2：** 幼儿不理解地图的比例关系和方位怎么办？
>
> **对策：** 幼儿对物体的观察和理解是形象直观的，地图比例问题对幼儿来说有一定的难度，因此不用让他们必须理解其中的关系，有初步的认识即可。幼儿的科学经验是在科学探索过程中通过亲自操作，凭自身感觉器官获得的。在观察和辨识地图中，可以通过实践引导幼儿逐步感知体验，如在公园中，看着导游图实际走一走；在商场中，看着导购图找一下想要达到的购物位置等。
>
> 6岁以前的大部分幼儿，无论是对于地图上的方位表征（上北下南、左

西右东），还是现实空间中的东南西北等方位都很难辨别，所以只要幼儿能辨别上下前后方位，能以自身为中心辨别左右方位即可，比如用动作或者语言描述所要寻找的位置是向上还是向下，向左还是向右，从而解决生活中涉及的空间问题。

知识小百科

中国地形图上的颜色代表什么含义？

中国地形图颜色是与高度相对应的，深度、高度与颜色的深浅成正比。蓝色代表江、河、湖、海；绿色代表平原、丘陵；黄色和棕色代表高原、山脉、沙漠。

地图上的符号是什么意思？各代表什么含义？

地图上表示地理事物的符号叫图例，这些符号所表示的意义，常注明在地图的边角上。图例是表达地图内容的基本形式和方法，是现代地图的语言，是读图和用图所借助的工具。地图符号一般包括各种大小、粗细、颜色不同的点、线、图形等。它不仅能表达地面景物的形状、大小和位置，还能反映出各种景物的质和量的特征，以及相互关系。在地图上起说明作用的各种文字、数字等，统称注记。注记常和符号相配合，说明地图上所表示的地物的名称、位置、范围、高低、等级、主次等。

我来画地图

适合班级

大班

活动准备

大纸箱若干，硬卡纸、吸管、细沙或者太空棉、轻黏土、双面胶、透明胶、剪刀等；画纸、笔人手一份。

活动建议

1. 介绍我的班级

请幼儿为自己的班级绘制一幅地

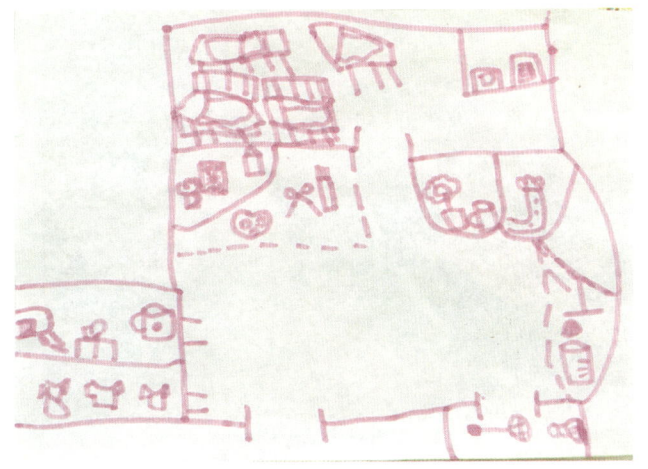

图，以班级门口为起点画出班级的房间、区域，并用标志标明每一个房间和区域的功能。画完以后请幼儿相互交流，说一说最喜欢的班级区域是哪里，自己设计了哪些标志，为什么这样设计等。

2. 设计幼儿园游园图

创设"×××游园节"的活动情境，请幼儿确定自己喜欢的游园主题并绘制一幅游园图。可以先画出整个幼儿园的平面图，标清游园图的方向，再根据游园的主题设计出每一个区域以及需要的玩具、游戏的内容等。教师可以和幼儿相互交流并提出建议，如标明卫生间、商店的位置，设计每个区域中游戏的名称、玩法、规则等，画出并推荐最好玩、最刺激的三条游戏线路等，激发幼儿参与活动的兴趣。

3. 我的社区我的家

请幼儿为自己生活的社区绘制一张地图，可以用箭头标明地图的方向，标出社区里的主要建筑、公共设施、绿化带等，可以点数并标注自己居住的楼房的楼层，自己家和好朋友家所在楼房的单元号、门牌号，还可以画出社区中自己经常走的三条线路等。农村幼儿园的小朋友可以画出自己家所在村子的各条街道以及左邻右舍等。

4. 利用沙盘制作立体地图

有条件的幼儿园可以提供沙盘模型，请幼儿结合自己绘制的社区地图制作一个社区沙盘立体地图，没有条件的幼儿园可以为幼儿提供大纸箱或木箱，内装细沙、豆子等当沙盘，进行活动。不论是利用沙盘模型还是自制沙盘模型，幼儿都可以用纸板、卡纸、轻黏土、吸管等材料制作社区中的各种建筑、大树、道路等，同时根据实际的位置和远近将它们插在沙盘中，呈现彼此的位置关系，让沙盘立体地图更加丰富、逼真。鼓励幼儿说一说沙盘立体地图的特别之处，和平面地图相比，它有哪些相同和不同的地方。

观察指导要点

（1）不论是为班级、幼儿园还是社区绘制地图，都需要幼儿极其熟悉这个空间环境，因此在活动前，教师可以带领幼儿实地观察，说一说所走过的路线、看到的区域、建筑、设施的样子和功能、它们之间的位置关系，帮助幼儿加深对空间方位的感知，鼓励幼儿大胆绘制地图。在绘图过程中，如果遇到问题，就要允许幼儿再次进行实地观察，在深入观察、反复修改的过程中学会绘制地图。

（2）绘制地图的过程中，教师应观察幼儿是否能够根据空间布局、位置、区域划分的实际情况用不同的线条、图案进行表征，例如，用长线条表示长长的道路，用不同的图形表示不同形状、大小的区域，用连续的折线表示楼梯等。

（3）不论绘制哪一种地图，都需要各种各样的标志，如表示方向的标志（如箭头）、表示区域功能的标志（如男厕与女厕的人物像）、有警示性作用的标志（如小心触电的标志）等。教师可以重点观察幼儿是否能够理解并正确使用各种标志，能否根据区域的功能或者自己的需要设计各种标志并正确使用。在生活中，也可以引导幼儿寻找、发现各种标志，了解标志的类别，同时组织幼儿与同伴交流分享，帮助幼儿进一步认识、理解更多的标志。

（4）结合幼儿园地图设计游园的主题、项目、路线等，这对幼儿来讲既新奇有趣又充满挑战。活动前可以请幼儿搜集各种游园图，找一找游园图中的各种标志，交流它们代表的含义，同时结合自己游园的经历说一说如何根据游园图的提示游园，这样既能帮助幼儿梳理已有经验，又能帮助幼儿明确在游园图中需要绘制的内容，不断丰富游园图。

（5）在利用沙盘制作立体地图时，教师应提供丰富的辅助材料，如各色卡纸、毛根条、轻黏土、汽车模型、纸盒、水彩笔等，支持幼儿制作沙盘中需要的各种建筑物、公园、学校、医院或者其他公共设施，并正确表示它们的位置关系。

拓展与替代

（1）在区域中投放各种适宜幼儿观察的多种地图，找一找各种地图共有的特点，说一说地图上的标志、数字、线段、颜色代表的含义，丰富和扩展幼儿有关地图的认识与经验，理解地图高度概括的表征方式。

（2）细致阅读绘本《我的地图书》，了解地图也可以记录自己的生活、情感，鼓励幼儿绘制《好朋友地图》《我的梦想地图》《我的宠物地图》《我的成长地图》等。

家庭延伸活动

（1）请幼儿用鞋盒、卡纸、彩笔、轻黏土等材料为自己的家制作一个沙盘地图，并向爸爸妈妈或者好朋友介绍自己的家。

（2）有条件的家长可以带幼儿参观自己居住地附近的小区售楼中心，观察楼盘模型，并对应找出小区的路线和自己居住的楼房，了解楼盘模型的特点和作用。

（3）如果爸爸妈妈开车带幼儿去商场，请爸爸妈妈和幼儿一起观察商场的地下车库，并绘制从车位到商场入口的地图，回家时请幼儿看着地图带领爸爸妈妈找到车位。

相关经验

- 认识、了解各种类型的地图及其特点，感知地图在生活中的作用。
- 理解通用标志表示的含义，能够正确使用各种标志标明所绘地图中的各类公共设施或建筑物的位置关系及其功能。
- 能够看懂同伴绘制的地图并能用语言描述地图中记录的位置、方向和路线等。
- 能够感知并正确区分、描述以自身、客体为中心的上下、前后关系，以及以自身为中心的左右空间方位。
- 初步了解立体地图的特点，能够将平面地图转变成立体地图。

核心科学概念

- 地图可以准确地描述物体在一定空间的位置、方位、路线，借助地图我们能够找到想去的地方，了解彼此之间的空间关系。
- 地图中的方向和位置是相对的，因此使用和绘制地图时需要分辨和标明方向。

探究过程与方法

（1）在绘制地图的过程中，教师要为幼儿创设一个"自主、信任、支持"的空间，放手让幼儿自己去发现和表达，成为探索空间科学的主人，并自主解决过程中遇到的问题，提升解决问题的综合能力。

（2）绘制地图的过程需要幼儿进行深入的实地观察，充分了解空间环境以及每个区域之间的关系，而且空间方位具有相对性，因此需要幼儿能够以自我为中心来辨别、表述方向和位置，有时候也需要以客体为中心进行辨别和表述，这样的过程能够提升幼儿对空间的感知和辨别能力，同时为幼儿空间几何概念的学习打下良好的基础。

（3）绘制地图需要幼儿既能看懂各种符号表达的含义，又能将空间的特点和功能概括转化成一种符号，也就是我们常说的设计标志，这样的过程有助于幼儿理解地图高度概括的表征方式，提高幼儿的观察能力、符号理解能力，同时促进幼儿抽象逻辑思维的提升。

教师困惑与对策

困惑：幼儿不能很好地将多层的立体空间绘制成平面图怎么办？

对策：将多层的立体空间转化为平面图对幼儿来讲有一定的难度，教师可以和幼儿交流，了解幼儿出现问题的原因并给予有针对性的帮助，例如，和幼儿一起搜集并观察表示立体空间的图片、地图，了解绘制立体空间地图使用的线条和方法。如果幼儿仍感到有难度，就可以用多个纸盒对应拼摆出立体空间，请幼儿直观地观察纸盒的位置和线条的重叠情况，用手指描出轮廓，通过绘画纸盒的位置关系学会绘画立体空间的地图。

📖 知识小百科

世界地图是通过地图投影画出来的。地球是圆形的，要想把世界铺平，就得把立体的三维降到平面的二维，并根据地球经纬度，利用数学方法，变换坐标系，将球面"投影"到平面上，呈现出常见的世界地图。

古时候，人们没有那么多先进的测量工具，他们是怎样画出地图的？

西晋时有个叫裴秀的人，用"制图六体"的方法绘制地图。"制图六体"指的是"分率、准望、道里、高下、方邪、迂直"，其中分率就是我们现在说的比例尺，准望是指正确的方位，道里是指道路的测量，高下是指高度的测量，方邪是用勾股求弦，迂直是对直线和曲线的测量。

还有一种方法是"计里画方"，就是在地图上画上许多垂直线，把图稿分成一个一个的小格子，每个方格代表一定的测量长度，然后按比例将对大地的测量结果绘制在图稿之上。宋代的《禹迹图》就是用这种方法测量的。

家园路线图

> **适合班级**

大班

> **活动准备**

（1）任何可以作为测量工具的自然材料：水彩笔、绳子、毛线、积木、泥工板、硬卡纸等；画纸、笔人手一份。

（2）皮尺、卷尺等各种尺子。

> **活动建议**

1. 与爸爸妈妈一起测量和调查从家到幼儿园的路线，并绘制一张"家园路线图"

（1）请幼儿自由选择适宜的材料，用首尾相连的测量方法测量家到幼儿园之间每一段路程的距离，并进行标记。幼儿可以根据每段路线的实际距离绘制路线图，例如，实际路线越长表征这段路线的线段越长；还可以在每段路线上标记测量的工具和结果，例如，用脚步丈量的方法测量就可以画一只小脚丫，再写上步数，用绳子等其他材料测量就可以画一段绳子再写上使用绳子的段数等。

（2）请幼儿调查从家到幼儿园路上有多少红绿灯、店铺、健身器材、长椅等，或者调查其他自己感兴趣的内容，将其呈现在"家园路上知多少"调查表中。

2. **调查并绘制路线**

请幼儿调查从家到幼儿园一共有多少条路线，并尝试将多条路线画在一张路线图上。

3. **绘制交通工具路线图**

教师可以组织幼儿相互交流，说一说自己是怎样来到幼儿园的，乘坐过哪些交通工具，乘坐不同的交通工具走的路线是否一样、所需要的时间是否一样、为什么等。请幼儿为不同的交通工具绘制路线图，可以用不同的颜色进行区分和标记。

4. **最佳路线**

请幼儿推荐一条最佳路线并说出理由，例如，××路最好，因为它最近；开车最适合走××路，因为道路很宽；来幼儿园最好骑电动车、走××路，因为不堵车，可以节约时间等。

观察指导要点

（1）绘制家园路线图需要家长的配合和支持，因此活动前教师可以和家长进行交流，分享陪伴幼儿活动的方法，介绍活动中需要准备的材料等。同时，教师要给予幼儿和家长充足的测量时间，对于记录过程中出现的问题，教师要允许幼儿带着记录再次进行测量和调整，让他们在不断感知—测量—记录—修改—记录的过程中，慢慢学会测量并记录。

（2）幼儿阶段采用的测量方法主要为自然测量，也就是利用生活中的自然物当测量工具进行测量，因此教师可以提供多种便于幼儿测量的材料支持幼儿的活动。在测量时提示幼儿注意"首尾相连",避免出现较大的误差。可以选择一种材料,如一根绳子、一根雪糕棒、一块积木等,也可以尝试用多种材料进行测量,如许多纸条、笔,当然也可以使用许多种不同的材料共同完成测量,如毛根条、雪花片、纸筒。

(3)不同的家庭根据不同的路况会选择不同的交通工具到幼儿园。交通工具不同,所走的路线也可能不同。教师可以请家长尝试选择不同的交通工具送幼儿入园,也可以请乘坐不同交通工具的幼儿分享自己的路线图,充分感受不同交通工具所走的不同路线以及每一条路线的特点,从而辨别其中的不同,学会根据交通工具选择适宜的路线。

(4)画好路线图之后,教师要组织多种形式的交流、分享和验证,例如,请幼儿相互分享自己的路线图,根据路线图试着从幼儿园走回家,看看路线图的提示是否正确、是否有遗漏。还可以将所有的路线图混合,随机抽取一张路线图,按提示走,能够找到谁家就去谁家做客等。在边看路线边走的过程中,幼儿更容易发现问题,理解各种标志、线段代表的含义,从而更好地理解,地图是用抽象的符号进行表征的含义。

拓展与替代

(1)请幼儿录制语音家园路线图,录制时要说清楚方向、距离和标志物等,然后把语音路线图分享给同伴,邀请同伴根据语音路线图的提示找到自己的家,来家中做客。

(2)请幼儿搜集各种有关导航的图书、视频等资料,了解导航在现代军事、航海、生活、网络等方面的应用。

(3)向幼儿介绍各种各样的尺子,了解用尺子进行测量的方法,也可以把尺子投放到区域中,便于幼儿自由观察、测量物体。

家庭延伸活动

(1)带幼儿走一走自己上班的路线,然后绘制"爸爸妈妈上班路线图",同时设计并标注路上的安全标志。

(2)带幼儿驾车或步行外出的时候,打开车载导航或者手机导航软件,让幼儿初步了解导航的使用方法,感知导航为人们外出提供的便捷。

(3)和孩子一起玩"买卖衣服"的游戏,让幼儿为家庭成员测量身长、肩宽、袖子长、腿长等,并尝试记录。有条件的家长还可以和幼儿一起在网上购买衣服,感受测量的有趣和有用。

(4)和幼儿共同阅读《了不起的测量员》等绘本,了解生活中最好的东西不是用来测量的，而是需要珍惜的这个道理。

相关经验

- 体验与同伴一起测量的乐趣，感受测量的有用。
- 能够使用自然测量的方法测量某一段路的距离，并能用数字或表征的方法记录测量结果。
- 学习测量的同时，提升计数的能力。
- 能够用不同长短的线段表示不同长短的路段，理解路段越长线段越长，路段越短线段越短的道理。
- 能够将多条线路同时绘制在一张路线图上，并能描述每一条路线的异同。
- 初步了解不同的交通工具对于行驶路线的不同要求，能和爸爸妈妈一起根据生活经验选择适宜的交通工具出行。

核心科学概念

- 地图准确地描述了物体在空间中的位置，地图中的方向和位置是相对的，因此使用和绘制地图时需要分辨和标明方向（上北下南、左西右东）。
- 测量所运用的单位是均等的、不间断的，且不重叠交叉。
- 计量单位的大小与测量出的单位数量之间是一种反向的关系，即选择的自然测量工具越长，记录的数字越小；自然测量工具越短，记录的数字越大。

探究过程与方法

（1）测量家园路线的距离并绘制成路线图，需要幼儿像专业测量员那样深入实地进行观察和测量，需要幼儿选择适宜的材料用自然测量的方法进行测量，并得到一个相对准确的数据。在这样的过程中，幼儿专注测量、反复调整，有利于培养幼儿严谨求实的科学态度和锲而不舍的探究精神。

（2）数学概念的获得和数学思维的提升都不是靠成人教会的，对幼儿来讲，数学的学习是在生活中进行、在实际操作中感知的。幼儿通过测量家园路线的距离，学习记录，进行汇总统计、计算并得出结果，这就是一个很好的学习计数的方法。在测量的过程中，幼儿选择不同长度的材料，可能会得到不同的结果，这个过程会帮助幼儿深入思考测量工具与测量结果之间的关系，提升逻辑推理和抽象思维能力。

（3）引导幼儿从最熟悉的环境进行实地勘察，观察、测量、比较、记录，再进行地图绘制，经历实地探访—勘察—绘制地图—再实地探访与勘察—修改或丰富自己的地图……一系列循环往复的过程，让幼儿感受合作与探究的乐趣，培养其空间感知能力和空间思维能力。测量的过程也是解决实际生活中的问题的大好机会，这也符合《指南》中提出的"鼓励和支持幼儿发现、尝试解决日常生活中需要用到数学的问题，体会数学的用处"这一精神。

教师困惑与对策

困惑 1：在测量活动中，幼儿往往不能很好地使用首尾相连的方法进行测量，教师是否可以教授？如何教授可以避免幼儿失去兴趣？

对策：首尾相连的测量方法对幼儿动手操作能力提出了较高的要求。幼儿在刚开始进行测量时有可能出现"顾此失彼"的问题，或者不会使用测量工具，胡乱测量，教师都不必着急，应给予幼儿充足的机会进行测量，比如量量自己的椅子、桌子、玩具橱柜、活动室长度、户外玩具长度、户外场地长度、种植园地的长度等，及时组织幼儿分享和讨论各自的测量过程、测量工具、测量方法和测量结果，既鼓励幼儿大胆选择材料，按照自己的方法进行测量，又帮助幼儿积累测量经验，在不断地测量中慢慢了解测量的基本方法和注意事项。

在测量过程中，教师应该注意避免因为材料种类太多而将幼儿的注意力转移到摆弄材料上，或者因为材料太少而让幼儿无从选择甚至引发争抢。提供材料时应该分层次，根据幼儿的能力水平有目的地提供。例如，如果幼儿是初次接触测量活动，那么可以提供像长方形积木块、笔、吸管这样硬一些、比较规则的材料；如果幼儿已经有了自然测量的经验，就可以提供更加丰富、多元的材料，如绳子、毛根条、书本、各种玩具等，允许幼儿自由选择，在测量中进行比较，学会选择。

教师也可以在幼儿积累一定经验之后，组织一次集体教学活动，集中帮助幼儿解决普遍存在的"首尾相接""测量工具的长度与测量结果之间的关系"等问题。

困惑 2：如果幼儿绘制的家园路线图与实际情况不符怎么办？

对策：幼儿的能力不同，绘制的家园路线图的准确性也不同，这是正常的。教师应该充分接纳这样的结果，并给予幼儿适时和适宜的帮助。教师可以请家长带幼儿反复走一走从家到幼儿园的路线，边走边观察和描述走过的路线、方向及周边建筑物和标志等，通过感知—描述—绘制的过程不断帮助幼儿增强空间感知能力、方向辨别能力。如果幼儿在绘制家园路线图时仍旧感到困难，也可以将家园路线分为几段，每次完成一段即可，最后将分段路线连接起来就变成了完整的家园路线图。此外，激发幼儿参与活动的兴趣、增强幼儿的自信心也很重要。

知识小百科

什么是自然测量？

自然测量是指利用身边常见的自然物，如小棍、纸条、瓶子、绳子等作为测量工具来测量物体的长度、高矮、粗细等，或是目测大小、步测远近等，而不是用直尺、曲尺等标准工具进行的测量。

什么是首尾相连的测量方法？

首尾相连的测量方法是指在测量的过程中，将测量工具的"首"和"尾"相互连接，既不重叠也不间断，最终完成测量的方法。

什么是导航？

导航是引导飞行器或船舶、车辆沿一定路线从一点运动到另一点的方法，一般可以分为两类：① 自主式导航：用飞行器或船舶上的设备导航，有惯性导航、多普勒导航和天文导航等；② 非自主式导航：用于飞行器、船舶、汽车等交通设备与有关的地面或空中设备相配合导航。在我们的生活中，人们通常安装导航软件，打开导航软件就会显示自己所在的位置，输入要到达的目的地，它就会清晰地显示行进路线，引导我们到达目的地。这些功能的实现，都有赖于卫星定位技术的发展，卫星导航为我们的生活和工作提供了极大的便捷。

会说话的标志

适合班级

小、中、大班

活动准备

（1）各种标志的图片，如安全标志、交通标志、路线指引标志等。

（2）在院子里创设情境，模拟公园的路，路上有很多标志（用广告色在地上画出路线）。

（3）《乡下老鼠逛公园》的绘本故事，包括故事里用到的注意安全、紧急出口、禁止停车、红绿灯、斑马线的标志。

活动建议

1. 标志有多少

鼓励幼儿寻找生活中的标志，把自己感兴趣的标志记录下来，可以画下来、拍照，也可以剪贴图案。鼓励幼儿向大人请教标志的含义，做好收集与统计，积累有关各种标志的初步经验。

教师可以在班级墙面上设一个"标志展示区"，供幼儿展示搜集到的各种标志，鼓励幼儿与大家分享，说一说自己收集了多少个标志，它们是什么颜色和形状的，为什么会设计成这样，有什么含义等。

2. 标志分类

在幼儿自主发现标志的颜色、形状以及功能不同的基础上，请幼儿尝试进行初步分类，并说一说自己是在哪里找到这类标志的，哪个地方需要用这类标志。

（1）禁止标志：禁止标志大都是圆形、白底、红边的，有斜杠，如禁止吸烟、禁止停车、禁止鸣笛等。

（2）警告标志：大都是三角形、黄底、黑边，如注意安全、小心触电、注意儿童、前方学校、当心滑跌等。

禁止车辆通行

禁止吸烟

（3）指示标志：大都为方形或圆形、蓝底、白色图案，指引人们怎样行走或者找到某个地方，如直行、左转、掉头、公交站牌、地铁站、飞机场、停车场、公厕、加油站、电梯、安全通道、安全楼梯等。

当心滑跌

注意儿童

（4）形象标志：如代表各个国家的国旗、国徽标志；代表军人、医生、警察、环卫工人的服装标志；代表行业的餐厅、超市、银行等标志；各种车辆的标志，如特殊车辆上的标志（警车、消防车、救护车的颜色、特殊符号、声音等）；各种车辆的品牌标志，如红旗、大众、宝马、奔驰等；还有幼儿喜欢的动物、动画形象标志等。

3. 我设计的标志

（1）为班级设计标志：请幼儿为班级设计标志，如班级的班徽、室内区域或户外区域标志，自己喜欢的玩具、班级规则、安全提示等标志，鼓励幼儿大胆创作，画出不一样的标志，并说出自己的理由。

上厕所请排队

不要从椅子上跳下来

（2）为幼儿园设计标志：请幼儿找一找幼儿园中有哪些标志，还需要在哪里设计怎样的标志，根据自己的经验，大胆设计相应的指示、警告、禁止标志。如大门口需要"禁止停车",上下楼梯需要"靠右行走",会议室、活动室需要"小声说话",消防器材存放处需要"灭火器不乱动"等标志。

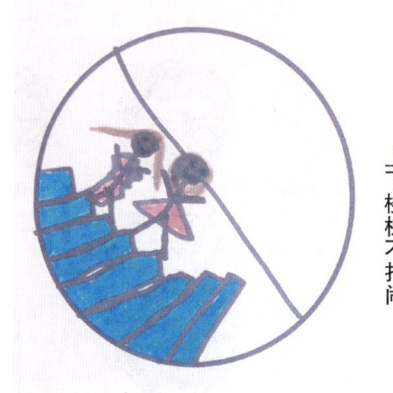

（3）为家庭设计标志:为每个房间设计标志,贴在门上;为家庭物品设计标志,提醒位置或者注意安全,如在开关旁有"小心触电"的标志,盥洗室可以有"节约用水"的标志等。

（4）为公共环境设计标志:如爱护花草树木、垃圾分类的标志等。

4. 看标志走迷宫

可以为幼儿设计多种形式的迷宫。幼儿可以扮演小司机、解放军战士等角色，根据贴的指示标志、禁止标志、警告标志快速走出迷宫，巩固对各种标志的应用。

5. 我设计的游戏棋

幼儿2~3人一组，设计棋盘，棋盘上的指示标志可以是符号和数字结合，也可以是图片和符号结合。幼儿约定游戏规则，共同玩游戏棋。可以设计成飞行棋、战斗棋、野战棋等（扫描二维码可见视频《我设计的游戏棋》）。

观察指导要点

（1）收集标志时，教师或家长应有意识地带着幼儿观察周边环境中的标志：这些标志张贴在什么地方，是什么样子的，有什么作用……鼓励幼儿用自己的方式记录下来。

（2）分享标志时，教师应为幼儿创设多种展示和交流的空间与平台，让他们充分交流与表达，互相启发，共同发现，积累有关标志的经验。

（3）标志的分类应根据幼儿的兴趣、年龄特点和实际水平进行，不要给幼儿限定标准答案，也不要过分关注他们的答案是否正确，教师要关注幼儿在这个过程中的参与积极性与思考方式。

（4）幼儿设计标志这一活动，不是单纯地让幼儿发挥想象力进行自由艺术创作，而是需要幼儿了解标志的一般特点，掌握标志设计的基本要素，再结合生活的需要设计提示、警示或禁止的图示。这个过程尽管没有对错之分，没有标准答案，但教师应结合幼儿的兴趣和已有经验进行循序渐进的引导。

（5）看标志走迷宫的活动可以在户外开展，师幼共同进行场景模拟。小班可以以交通游戏和交通标志为主，增加游戏的趣味性；中、大班可以逐渐丰富和拓展游戏场景，增加更多的禁止、提示和警示性标志，让幼儿看标志或地图上的提示走出迷宫。也可以根据难易程度，采取计时或者比赛的形式进行。此活动在室内，或者在一张纸上走迷宫都可以。

拓展与代替

（1）根据幼儿兴趣，促进幼儿对多种标志的拓展认知，像包装袋、包装盒上的标志，如食品质量安全、绿色无公害食品、垃圾桶、轻拿轻放、有毒物品等标志。购买食品时要看清标志，丰富相关生活经验。

（2）在环境保护日、交通安全日等进行相关主题活动，丰富和巩固幼儿对各种标志的认识，并将其应用于生活。

（3）欣赏绘本故事《乡下老鼠逛公园》，说一说小老鼠去公园的路上碰到了哪些标志，想一想它在公园里还会遇到什么标志。

乡下老鼠逛公园

有一只乡下老鼠新买了一辆漂亮的小轿车，有一天它听见松鼠们在议论城里的公园可漂亮了：有一棵棵的大树，五彩缤纷的鲜花，来来往往的人群，好听的音乐会，香甜的蛋糕和好喝的饮料……于是它也想到城里的公园去看看。

乡下老鼠开着小轿车进城了。城里纵横交错的马路使老鼠眼花缭乱，它想：我到底应该走哪条路才能到公园呢？算了，我就随便走一条吧！乡下老鼠开着车向公园的方向驶去。它刚驶入一条路口，就被一名交警拦下了，"小老鼠，你违反了交通规则，这条路禁止汽车驶入，罚款5元"，小老鼠交了钱，继续往前开，可它又被交警拦下了，"小老鼠，你闯红灯了，罚款5元，请你看信号灯驾驶车辆"。这时，乡下老鼠担心极了，可它又被罚款了，因为它没有看懂"禁鸣喇叭"的标志按了下喇叭。

最后，乡下老鼠来到公园门口，却没有钱了，没法买门票去公园玩，它呜呜地哭了起来，公园管理员说："城里人多，车多，有了信号灯标志，出行才能又快又安全呀。你不认识没关系，城里幼儿园的小朋友可厉害了，都认识这些标志，让他们教你吧！"公园管理员带着小老鼠来到了幼儿园。乡下老鼠学得可认真了，再也没有被罚款。

家庭延伸活动

（1）带幼儿外出时随时关注环境中的各种标志，让他们认一认、说一说，提醒幼儿熟悉常见的标志，时刻遵守规则，这样才能方便生活，为自己和他人的出行、生活带来便利。

（2）与幼儿一起认识更多的标志，如表示天气情况的标志、表达心情的手势标志、表示大型活动的文化标志等，这些都是通用语言，大家形成共识，方便交流。

（3）家人一起玩游戏棋，如飞行棋、大富翁等，学习看标志玩游戏，体验亲子游戏的快乐，提高看图读标志的能力。

相关经验

- 认识生活中常见的标志，了解常见标志的含义及主要作用，形成关注周围环境的意识与良好态度。
- 会根据标志的颜色、作用进行分类，知道蓝色标志为提示标志，红色标志为禁止标志，黄色标志为警示标志等，丰富生活常识。
- 有一定的安全意识，在生活中能遵守交通规则和环境中提示的其他规则。
- 能根据生活的需要设计周围环境的简单标志，提升运用知识经验服务于生活的意识和能力。

核心科学概念

- 标志是具有一定含义的视觉符号，其精练的艺术形象，使人一目了然，起到识别、示意和传递信息的作用，同时具有文化传递、形象宣传等作用。
- 标志一般是由形状、颜色和图形符号三种要素组成，形状包括圆形、方形、三角形，颜色根据提示级别由低到高一般为蓝色—黄色—红色。形象标志的设计一般自由一些。

探究过程与方法

（1）标志对幼儿来说是一种有趣且神秘的东西，他们通过发现、观察、认识、比较各种标志，感受标志与生活的密切联系，体验标志给生活带来的方便与意义，有助于开阔眼界，不断增强幼儿对周围环境探究发现的兴趣。

（2）从观察和交流分享中，幼儿获得有关标志的大量经验，教师引导幼儿对标志进行的对比分析和分类概括，有助于幼儿初步了解标志的类别和基本特点，这个过程也有助于幼儿学习归纳总结、系统分析的思维方法。

教师困惑与对策

困惑1：可否把标志的设计和应用与班级规则教育相结合？小班可以设计和应用标志吗？

对策：可以，每个幼儿园的环境中一般都有幼儿易于识别的有关安全、健康、生活等的规则提示，这些规则提示就是幼儿园里的标志。如各个区域的进区标志，可以提示幼儿区域规则或区域活动注意事项；盥洗室里的排队标志、节约用水标志，提醒幼儿有序排队，具有环保意识；小心触电、安全出口等标志，可以提示幼儿注意安全。将标志的设计和应用与班级规则教育相结合，能帮助幼儿自主、有序地进行各项生活活动和游戏。

小班幼儿也可以设计和应用标志，教师可以充分倾听幼儿表达自己设计标志的意图和愿望，为他们提供可支持的材料和物品，如半成品或者图案轮廓等，与幼儿共同完成标志的设计和制作。

困惑2：幼儿一玩起来就忽略了标志的存在，不遵守规则怎么办？

对策：这是由幼儿的年龄特点决定的，也是很正常的。幼儿身心正处于发育过程中，神经系统的兴奋和抑制机能还不够完善，所以自控能力不高，一玩起来就容易兴奋得不管不顾。教师应了解幼儿发展的阶段性特征和个性特征，理解幼儿的行为，给予幼儿足够的信任和尊重。当幼儿出现违背规则的行为时，教师可以引导幼儿观看和思考自己设计的标志的含义，或者用游戏性的语言和角色提示幼儿遵守规则。但是，教师不要将遵守规则作为限制幼儿的筹码，磨灭幼儿活泼好动、天生爱探究的天性。但对于关乎幼儿生命安全的底线问题，如遵守交通规则、不摸电源、不动灭火器等安全设施，教师必须有足够的警觉性，切勿粗心和纵容。

知识小百科

标志具有的共同特征是什么？

一般标志具有功能性、识别性、多样性、艺术性、准确性和持久性等共同特征。标志种类繁多、用途广泛，不仅功能是多种多样的，还具有很多类别，如禁止功能、警告功能、提示功能、形象定位功能等；从表现手段上来讲，有平面的，还有立体的标志；从构成形式上来讲，有直接利用物体形象的，有利用几何图形和文字的，有利用抽象符号的，有利用色彩构成的……多数标志是由几种形式组合构成。

标志设计应遵循哪些原则？

标志设计需要遵循相应的原则，才能更好地发挥作用。第一，标志设计具有清晰的功能指向性，如禁止标志、警示标志等。第二，所使用的元素能够被大众理解和认同，如叉号所呈现的禁止功能、红色所呈现的警示含义。第三，标志设计应该是高度概括的，一眼就能识别的，一般标志会采用符号，符号本身具有高度概括性，即使采用具体形象的图案，图案也是高度凝练概括的，如男女厕所的标志。

主题四　　　　　　　　　　小小调查员

主题导引

　　调查作为一种重要的科研方法，各个领域的研究工作都会使用，尤其是社会科学领域。不仅如此，在日常生活和工作中，我们也经常需要使用这种方法，比如调查某件事情是如何发生发展的、某个人的行动轨迹、市场最火爆的产品、民众对某件事情或某个人的看法等。幼儿园阶段的孩子们可以尝试调查吗？当然可以，本主题支持幼儿调查幼儿园里的人、花草树木、小动物、室内外玩具和图书的种类与数量，调查马路上的车、好吃的食物、生活中的垃圾等。参与调查的过程，不仅可以让幼儿学习一种科学方法，还能引发幼儿对周围人、事、物的关注，学习记录、计数和统计，尝试通过调查数据得出结论，养成良好的科学态度，形成科学思维。另外，每一次的调查都是一次综合实践和学习活动，蕴含语言、社会、健康、科学、数学、艺术多领域的关键经验的学习，是知行合一最好的学习方式之一。

核心活动

- 幼儿园里的树
- 幼儿园里的小动物
- 户外玩具有多少
- 好吃的食物
- 大朋友小朋友
- 我的四季服装
- 来来往往的车
- 生活中的垃圾

幼儿园里的树

适合班级

中、大班

活动准备

（1）任何可以作为测量工具的自然材料：水彩笔、绳子、毛线、积木、泥工板、硬卡纸等。

（2）画纸、笔人手一份。

活动建议

1. 数数有多少

带幼儿到户外自由观察各种各样的树，并鼓励幼儿数一数幼儿园里的树一共有多少棵。之后，请幼儿说出自己的答案，如果大家的答案不一样，那么可以请幼儿相互介绍自己点数的方法，看看谁的方法更方便、准确；也可以给幼儿充足的时间再次进行点数和分享。教师参与其中，与幼儿一起感受在户外观察大树并点数的乐趣。

2. 不一样的树

请幼儿到户外场地进行调查，看看幼儿园的树是否一样，有多少不同品种的树，各有多少棵；请幼儿说说自己知道的树的名字，鼓励幼儿自由进行简单的记录。

请幼儿认真观察每一棵树，发现大树的不同与相同之处。尤其要注意引导幼儿有顺序地观察树干、树叶、枝条、花朵、果实等的异同。

有条件的幼儿园可以给每名幼儿提供一个放大镜，鼓励幼儿使用放大镜进行细致观察，如果放大镜的数量少，幼儿轮流使用亦可。

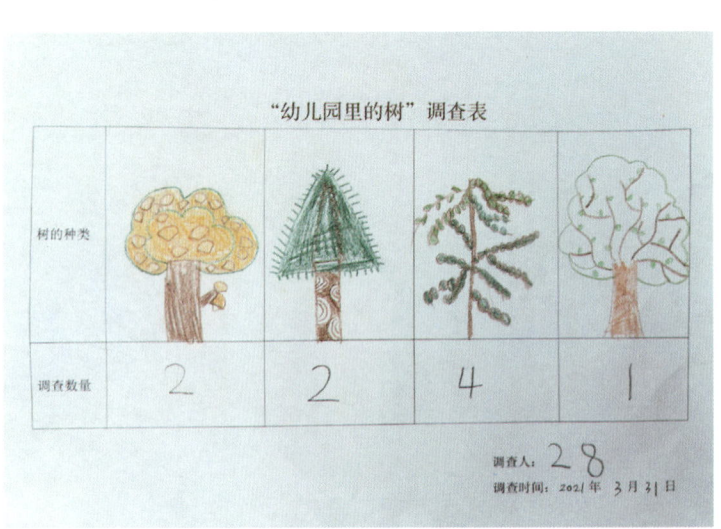

3. 树的分类

教师带幼儿到户外，在一棵大树下和幼儿一起交流：如果给大树分类可以怎样分？鼓励幼儿大胆说出自己的想法，可以按树的高矮、粗细分；按树叶的大小、形状、颜色分；按树干的样子分（乔木和灌木）；按照名称分等。交流后，请幼儿为自己分类的类别设计一个标志，例如，按树的高矮分可以画出不同高度的大树，甚至是用不同高度的线段表示；按树叶的大小、形状、颜色分，可以观察、区分树叶的样子并画下来等，然后根据自己分类的方法进行点数、记录，并以此为依据进行统计。

4. 树有多粗

请幼儿选择各种材料用首尾相连的方法进行自然测量，感受测量的有趣，学习测量粗细的方法，进一步了解大树的不同。

一起合作量一量

用尺子量出树的尺寸

（1）请幼儿选择适宜的工具测量大树有多粗，鼓励幼儿在测量的过程中尝试选择不同的工具和材料进行测量，在对比感知、操作的过程中了解哪一种材料最容易测量出大树的粗细，以及为什么。

（2）记录自己的测量结果：每完成一次测量就记下测量的结果，并说一说记录长度、距离和粗细有什么不一样。

（3）可以利用上图中的表格继续扩充记录，也可以鼓励幼儿自己设计表格进行测量和记录。

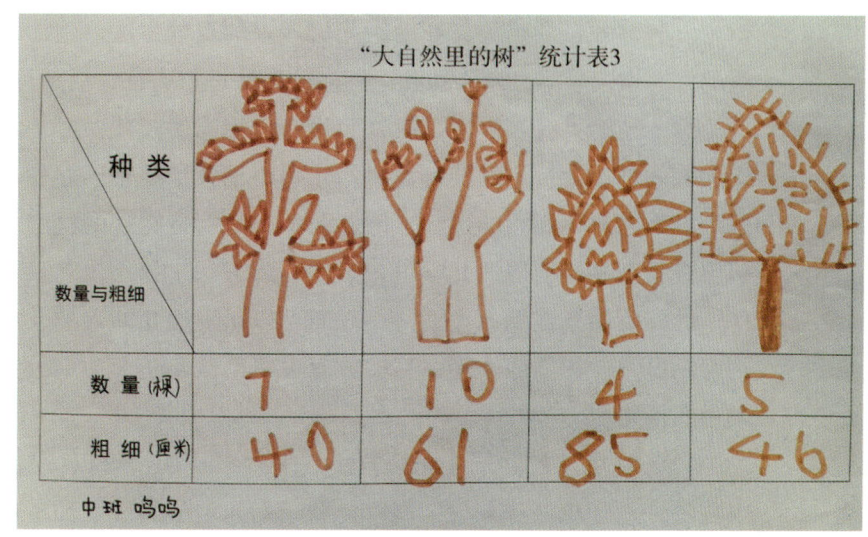

"大自然里的树"统计表3

种类 数量与粗细				
数量（棵）	7	10	4	5
粗细（厘米）	40	61	85	46

中班 呜呜

5. 摸摸树朋友

请幼儿自由地触摸每一棵大树，摸一摸树干、树枝、树叶，对比发现其中的不同。摸摸两棵相同品种的树，静静地感受它们的相同与不同之处，进一步对比以感知树的多样性以及大自然的神奇。

6. 画喜欢的树

请幼儿带上画板和画笔到户外写生，画出自己最喜欢的一棵大树，可以自由选择写生的位置和角度，感受写生的乐趣。结束后，请幼儿为作品起名字并在幼儿园公共区域布置展览，邀请其他班级的小朋友或爸爸妈妈欣赏展览。

观察指导要点

（1）点数对大班的幼儿来讲并不难，但是幼儿园里的树分布在不同的地方，并且排列可能没有一定的规律；有大树，也有不起眼的小树；有的幼儿园的树木很多……这样的点数既会引发幼儿参与点数活动的兴趣，还会让很多幼儿感受到一定程度的挑战，也会涉及点数方法的运用。

活动中，教师应给予幼儿充分的时间。当幼儿遇到困难时，应组织幼儿相互交流讨论，分享各自的经验，帮助幼儿梳理好的点数方法，例如，可以分区域点数、给数过的大树做记号等，允许幼儿运用多种方法进行验证，活动可以分多次进行。

（2）植物具有多样性，没有两片完全相同的树叶，但是相同品种的树木之间有很多相似之处。大自然的神奇需要幼儿耐心细致地观察，寻找不一样的树正是幼儿进行细致观察和对比观察的过程，因此教师应该营造宽松的氛围，给予幼儿充足的时间和机会进行观察，引导幼儿学习一定的观察方法，如比较观察、顺序观察、多角度观察等。最好为幼儿提供放大镜，一方面可以激发幼儿的兴趣，帮助幼儿更加清晰地看到树叶的脉络、树皮的纹理；另一方面也帮助幼儿学会使用放大镜，感受工具在探究活动中的作用。

（3）对幼儿来讲，分类的方法是多种多样的，可以按颜色、高矮、大小、形状、名称等，教师应该持开放的态度，给予幼儿足够的理解和尊重。在这个环节中学习分类的方法很重要，因此教师应给予幼儿分享交流的机会，让幼儿在分享中了解分类的多样性，也包括分类的层级，如幼儿园里的树可以分为大树和小树，大树可以分为杨树、银杏树和柳树，小树可以分为冬青树和木槿树等。

分类的过程既有利于幼儿进一步观察与感知树的特征和异同，又有利于幼儿调查统计。统计时，教师可以先帮助幼儿汇总调查分类的结果，然后与幼儿共同协商分类的内容并设计表格、记录答案，重要的是让幼儿参与并看到将分类、调查的结果梳理成表格完成统计的过程，逐步学会统计的方法。

（4）幼儿测量大树有多粗就是在学习测量粗细，也就是测量周长，是长度测量的一种类型。与测量桌子的长短不同的是，树干是圆圆的，需要软质的材料进行测量。当然，也可以不用任何工具和材料，用自己的手臂搂一搂、用自己的手掌量一量都可以。教师首先要保护幼儿参与测量的兴趣，其次应该提供丰富的材料供幼儿选择作为测量工具，如粗细不一的绳子、毛线、纸条、丝带、围巾、布料、柳树条……也可以请幼儿从户外玩具中寻找适宜的材料作为测量工具。

记录测量结果时可以直接在测量工具上做记号，然后通过对比工具上标记距离的长短来比较粗细，这也是测量粗细的一个特点。测量活动可以分多次进行，建议教师在每一次测量活动的过程中或者结束后组织幼儿谈话，让幼儿说一说自己使用的测量工具和方法，并不断帮助幼儿梳理经验。若选择短的测量工具，运用时需要注意"首尾相连"和连续计数；若选择较长的测量工具，运用时需要注意做好测量标记，或者在测量之后，再用较短的工具量一遍，记录下来。若树干的粗细是绳子的长度，那么可以再用积木块量一量，有几块积木那么长。

（5）儿童不仅可以通过观察发现每一棵大树的不同之处，还可以通过触摸感受、分辨其中的不同，这也是幼儿感知物体的方式和学习方式，有助于提高幼儿感官的敏感性。摸摸"树朋友"的过程中，教师应提醒幼儿注意安全，不要划伤手指，还可以建议幼儿闭上眼睛触摸，静静地感受树干、树皮、树叶、花朵等不一样的质感、肌理带来的不一样的触觉。

（6）写生时，允许幼儿自由选择写生的位置、角度，允许幼儿用各种绘画形式表现。因为写生的过程就是幼儿亲近自然的过程，是幼儿观察大树的过程，也是幼儿感受美、表达美的过程。在布置画展的过程中，应尊重幼儿的意见，鼓励幼儿相互交流讨论，确定画展的布局、内容和表现方式。

拓展与替代

（1）将《愿望树》《两棵树》《一棵大树的旅行》等图画书投放到区域中，请幼儿自由翻阅，丰富幼儿对大树的认识，感受生活中人们和大树之间相互依存的关系。

（2）如果幼儿园里树很少，那么教师可以带幼儿在附近社区或公园进行这样的活动；如果是农村的幼儿园，那么教师可以带幼儿在附近的村庄或田地里调查树木。

家庭延伸活动

（1）鼓励幼儿用同样的方法观察、调查、了解社区公园或者自己家中种植的各种植物，进一步丰富认知，感受植物的多样性。

（2）请幼儿尝试测量、对比多种物品的粗细，如茶叶罐、花盆、水杯、水桶、水壶等，积累测量周长的经验。

相关经验

- 体验在大自然中进行观察、测量、调查、探究、统计的乐趣。
- 能够通过观察、触摸等方法感知、对比大树的相似与不同。
- 能够根据不同的标准进行分类，并在分类的基础上进行调查和统计。
- 能够选择生活中的一种或者多种材料作为测量工具测量物体的周长。
- 学习首尾相连的测量方法，尝试用完整连贯的语言描述测量的过程和结果。
- 喜欢写生活动，敢于用自己独特的方式表达对大树美的感受。

核心科学概念

- 调查是统计和分析的前提，通过明确调查目的、调查时间和地点，对调查对象进行或全面或专项的调查。
- 通过调查能得到丰富的资料和数据，需要根据调查的内容将资料和数据进行分类和汇总，并用适宜的表格清晰明确地呈现调查结果。
- 统计的结果能帮助我们看清被调查内容的本质，获得某些现象发生发展的规律或解决生活问题的方法和途径。

探究过程与方法

（1）在给树分类时，需要幼儿梳理在观察、触摸过程中对树的特征的感知，需要说清分类的理由，而这样的过程能更好地帮助幼儿深入地探究树，因此分类既是幼儿进行科学探究的方法，也是幼儿科学探究的能力之一，同时是统计的基础。清晰的分类能够帮助幼儿更好地完成统计并呈现结果，有助于幼儿养成"调查（观察与测量）—分类—统计"的探究意识和能力。

（2）测量在我们的日常生活以及工作的方方面面都有可能用到，对幼儿来讲也是一种必备的技能，因此测量活动应该在幼儿真实的生活中开展，如测量大树的粗细、影子的长短，甚至是同伴的高矮、衣服的肥瘦等，有助于幼儿理解测量的有趣和有用，积累有关测量的有益经验。

（3）由于测量工具的材料大小、粗细、长短、软硬不一，因此使用它们进行测量的过程，也是幼儿学会选择适宜的工具测量不同物体的过程。幼儿在这个过程中学习正确的测量方法，发现测量工具和测量结果之间的关系，梳理有关测量的经验。同时，自然测量是幼儿学习运用标准测量工具进行测量的准备阶段，有助于为幼儿后期的学习打好基础。

> **教师困惑与对策**
>
> **困惑**：统计对幼儿来讲是一种新鲜的体验，那么如何帮幼儿学会统计的方法呢？
>
> **对策**：统计是在充分调查的基础上进行的，而调查需要幼儿到环境中看一看、听一听、摸一摸，也可以找别人问一问，甚至需要搜集图书、图片、视频等资料……以"幼儿园里的树""户外玩具""我们班的图书""幼儿园里的老师"等作为调查统计的基本内容，贴合幼儿的生活，符合幼儿的经验和兴趣，让幼儿在真听、真看、真做的过程中获得各种资料和信息，在分类、计数、汇总的过程中学会统计。因此，教师应注意将统计活动与环境、生活、探究结合起来，而不是生硬地教授。在学习统计的过程中，教师应及时组织幼儿交流讨论，解决绘图、分类、计数等关键环节出现的问题，边讨论边统计，教师一方面要示范，另一方面要吸引幼儿参与统计过程中，逐步学会统计。

知识小百科

什么是统计调查？统计调查有哪些方式？

统计调查也叫"统计观察"，是一种有组织地搜集各种统计资料的工作。首先要明确调查目的，确定调查对象和调查表，规定调查时间和地点等，这是资料整理和分析的前提。按调查的组织方式，可分为定期统计报表和专门调查；按调查对象的范围，可分为全面调查（对调查对象的全部单位进行登记）和非全面调查（包括重点调查、抽样调查和典型调查）；按调查时间的连续性，可分为经常性调查和一次性调查；按取得调查资料的具体方式，可分为报告法、直接观察法和采访法等。调查时应根据调查对象的特点制定调查方案，如实反映，确保统计资料准确、全面。

幼儿园里的小动物

适合班级

小、中、大班

活动准备

（1）手持放大镜，观察箱（即动物养育箱，有透明玻璃门，能够任意调控温度），笔形手电筒，小铲子，小镊子，瓶子，旧鱼缸，纸盒，有关动物生活习性和喂养的图书、视频，白纸，笔，观察记录表，照相机。

（2）适合幼儿观察和搜集小动物的安全环境，如泥土地、树木、草地等。

活动建议

1. 猜一猜

请幼儿猜一猜，幼儿园里有什么小动物。他们可能想到自己养的小兔、小乌龟、蚕宝宝等。再请幼儿猜一猜，还可能有哪些小动物，请他们带着自己的猜想去寻找。

2. 找一找

请幼儿带着放大镜、观察箱等工具，到院子的草地、花池、种植园地等找一找，看看能找到哪些小动物，如蚂蚁、蚯蚓、蜗牛、菜青虫、蜘蛛、瓢虫、西瓜虫等。使用手持放大镜、笔形手电筒等工具仔细观察，发现小动物的外形特征，如蚂蚁的触角、蜗牛的吸盘、菜青虫身上的黑点等。如果幼儿园条件有限，那么幼儿可以在社区或公园里寻找小动物，并将自己找到和观察的小动物记录到表中（如表4.1）。

表4.1 小动物调查表

序号	我找到的小动物	找到小动物的数量	找到小动物的地方

3. 说一说

（1）请幼儿观察小动物的栖息地，说一说在哪里找到的这些小动物，如菜叶、树叶上的蜗牛、菜青虫，泥土里的蚯蚓（一般在雨后会从泥土里钻出来），树干上、地面上的蚂蚁，树叶下面的西瓜虫等。

（2）和幼儿一起讨论小动物的家和它们喜欢吃什么，哪些适合喂养，哪些不适合，为什么。可以投放《好饿的毛毛虫》系列，如《好饿的蝌蚪》《好饿的蚂蚁》《好饿的蜗牛》《好饿的蜜蜂》《好饿的蚯蚓》等，或者从网上寻找相关视频，帮助幼儿拓展相关经验。

（3）借助绘本，如《小蚂蚁的生活故事》《小瓢虫和草地上的伙伴》《小青蛙和它的伙伴们》以及《动物怎么说话呢》。或者借助一个小视频，调动幼儿的已有经验，围绕小动物的语言进行交流，如小动物是用什么与伙伴沟通的，它们特殊的"语言"代表什么意思，如小蚂蚁的触角、小蜜蜂的舞蹈、小蜗牛爬行的轨迹等。教师引导幼儿描述动物的行为，并讨论这些行为是怎样帮助动物生存的。

4. 养一养

（1）建造养育箱：用旧鱼缸、带小孔的盒子或者盆等，为小动物建造一个"家"。请幼儿讨论里面该放些什么、布置成什么样子才能适合小动物生活，如在找到小动物的地方挖一些泥土，放一些树枝、菜叶、小石头等，让养育箱尽量与小动物生活的户外环境看起来一致。如果幼儿缺乏相关经验，教师可以寻找一些资料讲给幼儿听。

（2）把户外找到的小动物带回班级喂养，最好不要超过一周。野生的小动物并不一定那么适应人工喂养，所以，为了保护小动物，观察和喂养一周后，教师应和幼儿一起将它们送回到原来生活的地方。

（3）喂养蚕宝宝：为幼儿购买蚕卵、桑叶等，请幼儿仔细观察、记录蚕的一生要经历的四个不同时期"卵、幼虫、蛹和成虫"，用不同的形式记录，如照片、录像、绘画等（扫描二维码可见视频《蚕的一生》）。

5. 学一学

组织幼儿开展动物模仿游戏，学一学小蚂蚁、小蜗牛、毛毛虫爬行的样子，如小蚂蚁爬得很快，蜗牛爬得缓慢，毛毛虫靠身体的一弓一缩来前进。再用身体的不同部位表现小蜗牛、小蚂蚁触角来回伸缩的样子等。教师还可以和幼儿一起创编动物模仿操或者动物小律动。

6. 秀一秀

组织幼儿开展多种形式的动物表征活动，比如，可以用画笔绘画蜘蛛的网，以及蚯蚓、蜗牛、蚂蚁行走的路线；可以开展手工活动——"织网"；可以用黏土或纸黏土、橡皮泥捏出不同造型、形态各异的小动物……为幼儿的上述作品举行展览，或者鼓励幼儿表演唱歌、律动（如《小蜘蛛》《蚂蚁搬豆》《蜗牛与黄鹂鸟》）、动物模仿秀等。

观察指导要点

（1）找小动物时，教师一定要提醒幼儿注意安全，不要轻易动不认识或没见过的小动物。一般不直接用手触碰小动物，可以用小棒、小网等工具把动物装进观察箱。同时，要注意观察周围路况，避免磕碰。

（2）幼儿在观察小动物时会遇到许多问题，教师或者家长要为他们提供充分观察的机会和条件，鼓励幼儿仔细观察小动物的外形特征，并引导他们用不同的形式大胆表达观察到的现象，提出自己的疑问。也可以在班级内设置一面问题墙，展示幼儿表征的问题和持续探究的活动轨迹。

（3）幼儿在观察时，教师要尽量将讨论话题从单纯的描述转移到动物的运动、行为和如何满足自身需求的关系上。可以这样开启话题"为什么你认为……""我想知道……"从而鼓励幼儿表达自己的想法，拓展相关经验。

（4）养蚕宝宝时，可以请幼儿用拍照、录像或者绘画的形式记录蚕宝宝每个阶段的生长发育状态，最后用这些照片和绘画做成一个展板或者一本书，这样便于幼儿回顾和交流。

（5）带回来养的小动物要确定无毒、无危险、生命力强，最好是幼儿户外活动时自己寻找到和感兴趣的小型动物，如蚂蚁、蚯蚓、蜗牛、菜青虫等。养育箱要透明或者有观察孔，便于动物呼吸和幼儿观察。

拓展与替代

（1）在只有塑胶和硬化地面场地的幼儿园，幼儿很难发现小动物，教师可以组织幼儿到周围的小树林、小公园去寻找小动物。也可以在树上设置"小鸟的家"，为鸟儿放置粮食和水，便于幼儿观察。

（2）有条件的幼儿园可以为幼儿购买"蚂蚁城堡""小动物的进化图"，让幼儿观察它们不同阶段生活的样子。资金缺乏的幼儿园可以用挂图或者自己绘制"蚂蚁洞穴图""生长周期图"请幼儿观看，也可以从网络下载有关小动物的视频资料，满足幼儿的好奇心，支持幼儿的探究活动，帮助幼儿拓宽经验。

（3）关于动物的绘本非常多，教师可以与幼儿一起阅读《动物宝宝成长图画书》生命篇、自立篇等，与幼儿讨论书上的内容，引导幼儿将自己对生命周期的理解与绘本进行比较。

家庭延伸活动

（1）与幼儿一起探究其生活的周边环境，关注附近的动物，与幼儿一起讨论动物的特征、生活环境和生存需求，如蚂蚁搬家、燕子低飞、蜻蜓成群、雨后出现蚯蚓等自然现象。

（2）邀请有养动物经验的家庭成员与幼儿谈谈自己是如何照顾动物的。周末和假期可以请幼儿家长将生物养育箱的小动物带回家照顾。

（3）带领幼儿出游时，让幼儿尽情地观察各种小动物，亲身感知动物世界的神奇与有趣。

相关经验

- 学会使用放大镜、小铲子、小棒、小网等工具寻找和观察小动物，记录小动物的特征，发现每种小动物的生活地点和环境因素以及它们的与众不同之处。
- 学会观察一种或者多种动物的生命周期，讨论动物在生命周期不同阶段的变化，能用语言、身体动作和绘画、泥工等形式表征小动物不同生命周期的特征和行为。
- 形成对生命高度尊重的态度，尽量不破坏小动物的栖息地，不打扰它们的生活。知道如果需要喂养小动物，就应尽量为它们准备接近它们自然生活的环境和条件。
- 萌发对动物的好奇心和求知欲，具有创造性表达和表现的基本能力。

核心科学概念

- 不同的小动物有不同的生活环境，它们的行为特征、运动轨迹与它们的生活习性有关。一些动物的行为发生改变，可以预告天气情况，如燕子低飞、蚂蚁搬家等。
- 动物都有自己的生命周期，在不同的阶段会有不同的特征和变化。有的是变态动物，如蝴蝶、青蛙、蚕等；有的是不变态动物，幼虫和成虫变化不大，如螳螂、蜗牛等。
- 实地观察和探究是我们了解户外小动物的主要方式和方法，这样的实地调查有助于我们形成对周围环境和小动物进行细致关注的态度与行为。

探究过程与方法

（1）幼儿乐于观察小动物的外形特征，探究小动物如何运动、如何进食、如何保护自己，善于提出各种各样的问题，并且会积极主动地寻求答案。对幼儿园里的小动物的观察和持续探究，既有助于幼儿学习实地观察的方法，激发其对动物探究的浓厚兴趣，又能满足幼儿的好奇心和求知欲望，拓展相关经验，帮助幼儿基于自己的探究形成认知。

（2）3—6岁幼儿对动物的观察一般很少能持续一个完整的生命周期，在幼儿园组织的比较系统的观察、调查、喂养过程中，幼儿有机会观察到一种动物生长发育的全过程，结合资料的查阅、绘本的阅读、教师组织的讨论交流等活动，幼儿有机会对动物的生死过程有一个完整的了解，逐渐形成关于动物生命现象的思考和认知。

教师困惑与对策

困惑1：幼儿园里全部是硬化或者塑胶地面，找不到泥土地，更找不到小动物，怎么办？

对策：可以在班级的饲养区喂养小动物，如蜗牛、乌龟、蚕等；可以在户外活动时请幼儿观察飞到幼儿园的小动物，如麻雀、蝴蝶、蜜蜂等；也可以在墙角、花池旁、树干上找一找西瓜虫、蚯蚓或者小蚂蚁等进行观察。此外，还可以在班级内投放关于小动物的各种书籍、视频等供幼儿阅读欣赏。

总之，要创造各种条件和机会，让幼儿观察和探究动物，这是幼儿生命科学教育不可或缺的重要一环。

困惑2：许多幼儿园认为养小动物太脏了，而且防疫部门经常来查，出现传染病怎么办？

对策：幼儿天生喜欢饲养小动物。饲养小动物可以培养幼儿细致的观察力和辨别分析能力，帮助幼儿了解动物的生活习性和行为，让幼儿富有爱心，形成对生命的正确态度等，有利于幼儿的全方面发展。此外，饲养小动物还可以让幼儿远离电子产品。所以，成人要理解幼儿，不能因为个人原因剥夺幼儿饲养小动物的权利。我们可以选择比较安全和卫生的小动物来养，如乌龟、蚕、蜗牛等。它们制造的垃圾很少，只要我们按时进行清理，就会有效抑制细菌的产生。因此，成人只要妥善处理，即可避免传染病的发生。

困惑3：幼儿对小动物的死亡感到伤心、恐惧、不能理解怎么办？

对策：首先，教师一定要重视、理解和尊重幼儿的感受，以同理心来接纳其情绪，不要"回避"或者"搪塞"幼儿，也不要简单地强迫幼儿不去想，不要哭，忘掉它。

其次，安慰和开导幼儿，可以抱抱他，给他以温暖和依赖感。教师可以和幼儿一起回忆小动物给自己留下的美好回忆，讨论小动物死去的原因，从中吸取经验教训，懂得珍惜，更加关爱小动物，以后尽量避免类似的事情发生。

再次，和幼儿一起为小动物举行一场"告别仪式"。对幼儿来说，小动物是他心爱的宝贝，他希望小动物死后也能被好好对待，所以成人一定要尊重幼儿的感受，妥善处理小动物的尸体。比如，一起将小动物放在一个纸盒里，选一个合适的地方埋葬它，说一些告别的话语等，这样的仪式有助于缓解幼儿的悲伤情绪。

最后，对幼儿进行生命教育，客观地解释"死亡"。成人应该通过多种形式科学地向幼儿解释死亡，如观察树叶四季的变化、一朵花的绽放与凋零；饲养小动物的经历；交流家中亲人的离世；观察动物世界的视频等。教师应该相信幼儿的理解能力，让他们了解死亡是生物界的一种自然现象，这样有利于幼儿的心理健康和成长。此外，还可以结合有关生命教育的绘本，如《獾的礼物》《一片叶子落下来》《活了100万次的猫》《爷爷变成了幽灵》《安德烈的愿望》《祝你生日快乐》《当鸭子遇见死神》等，帮助幼儿体会和理解生命的历程，懂得珍惜和敬畏，形成尊重生命的意识。

📖 知识小百科

蜗牛喜欢什么样的环境？为什么在它经过的地方留下黏糊糊的东西？

蜗牛生活在陆地上，需要潮湿的环境。如果不下雨，蜗牛就整日藏在石头阴影下或树桩的缝隙处，只在晚上出来活动。如果是雨后，我们在墙角、树下、草丛、菜叶上，常常能够找到蜗牛。蜗牛的身体很柔软，外面生有一个螺旋形的贝壳，用于保护它软软的身体。蜗牛有肌肉很发达的腹足，这是它的运动器官。腹足中有足腺，能够分泌黏液，使腹足经常保持湿润，避免爬行时受到损伤。蜗牛在墙壁、树叶等处爬过以后，总是留下一条清晰的痕迹，就是足腺分泌的黏液形成的。它留下的白色痕迹是用来寻找方向的，让自己在遇到危险的时候，可以快速回到原来的地方。

为什么说蚂蚁是大力士？

一只蚂蚁能够举起超过自身体重 400 倍的东西，还能够拖运超过自身体重 1700 倍的物体，所以蚂蚁是当之无愧的大力士。那么小小的蚂蚁为什么能有如此大的力气呢？原来蚂蚁脚爪里的肌肉是一个效率非常高的"原动机"，比航空发动机的效率还要高好几倍，能产生相当大的力量。并且，供给"肌肉发动机"的是一种特殊的燃料——这种"燃料"并不燃烧，却同样能够把潜藏的能量释放出来转变为一种力量。这就是"蚂蚁大力士"的奥秘。

户外玩具有多少

适合班级

中、大班

活动准备

玩具统计表、笔、相机等统计记录工具；各类户外玩具若干。

活动建议

1. 我最喜欢的户外玩具

请每名幼儿向大家介绍一种自己最喜欢的户外玩具，要说清楚玩具是什么，为什么喜欢它，如"我最喜欢幼儿园的三轮车，因为它可以带着小朋友去兜风""我最喜欢足球，因为踢进门去的感觉特别爽"等。

2. 户外玩具有多少

教师与幼儿交谈"你知道幼儿园的户外玩具有多少吗"引起幼儿的探究兴趣，开始清点户外玩具。

（1）幼儿自由数：教师先放手，让幼儿自己数，观察幼儿数玩具的方法。

（2）分类数玩具：当大多数幼儿数不清时，教师可以引导幼儿将玩具进行分类计数。可以先统计玩具类别，看看户外玩具有哪些

种类，然后两名幼儿一组，选一种玩具来数；也可以几名幼儿一组，在分类的基础上，根据颜色或形状进行点数。点数时，可以一个一个地数，也可以两个一组数等。

3. 玩具爱干净

请幼儿讨论玩具脏了怎么办，用什么方法让玩具变干净，如何进行清洗消毒。根据幼儿的生活经验，他们可能看过老师或者家长清洗玩具，可以先互相交流，对于幼儿不知道的玩具清洗消毒方法应鼓励幼儿去调查，可以咨询班级老师、园长、后勤管理的老师，也可以通过网络查询，然后互相交流结果。

玩具清洗消毒的方法如下：塑料玩具可以用水冲洗，用配比浓度较低的消毒液浸泡消毒；毛绒玩具一般不要用水直接泡洗，可以用浸了洗涤剂的海绵擦拭，对于脏污程度严重的，可以用软毛刷子轻轻刷洗，然后在太阳下暴晒消毒；其他类的玩具可以通过阳光暴晒、紫外线消毒等方式进行清洗消毒。

幼儿可以参与清洗、搬运、晾晒、归类整理等工作，体验做小主人的感觉。

4. 我会玩玩具

在户外创造性地玩玩具中，每次活动结束时请幼儿介绍一种自己喜欢的玩具的玩法，并为同伴进行现场展示，看谁的玩法多，而且具有创造性；教师也应引导幼儿交流在玩玩具的过程中遇到过什么问题，有什么发现或者应该注意什么等问题。

5. 我来做玩具

请幼儿搜集相关材料，和同伴或者家长一起自制一件玩具。如用布做成沙包、降落伞、流星球，用矿泉水瓶做成保龄球，用大纸箱做成山洞，用水桶做成隔离墩等。在户外活动时，大家一起分享自制的玩具，感受游戏的乐趣。

> **观察指导要点**

（1）幼儿点数玩具时，教师要引导幼儿学会观察，运用适宜的方法进行分类统计，

让幼儿学会科学的思维方式和做事顺序。同时鼓励幼儿有计划、有目的，做事要坚持，有始有终。玩具特别多的幼儿园可以分几次来统计，由简到难，逐渐增加统计的难度，教师不断与幼儿探究点数和记录的方法，推动活动层层递进。

（2）玩具爱干净的活动，重点是引导幼儿发现玩具的清洗方法，初步了解玩具的材质、大小不同，其清洗方法也不太一样。教师应让幼儿参与部分玩具的清洗工作，如塑料积木的擦洗、球的清洗、大型玩具的冲刷等。在参与的过程中，让幼儿体验清洗玩具的不容易，知道要爱护玩具。清洗时最好穿上防护服，不要将自己打湿。

（3）户外玩具的玩法多种多样，教师应引导幼儿大胆尝试，发挥想象力和创造力，拓展玩具的多种玩法。在充分体验玩法的同时，引导幼儿向同伴表达清楚玩具的玩法和自己的探究发现。交流时，教师需要提醒幼儿注意倾听别人的介绍，因为可以从别人那里得到启发。比如，为什么小车开起来总是跑偏，为什么我的积木搭不了那么高等。

（4）玩具的制作并不是一件非常难的事，可简单、可复杂：一张报纸揉搓到一起就可以做成报纸球，一条绳子加一个沙包就可以变成流星球……教师应根据幼儿的年龄特点，信任和支持其创造性制作。不管最后玩具质量和水平如何，只要幼儿能表达出自己的制作思路和玩具功能，教师就要给予肯定，尤其要肯定幼儿的积极动脑设计和动手制作，千万不要以玩具的功能和结果来评判幼儿是否成功。玩具的制作还应该吸引家长的参与，让家长和孩子一起参与玩具的制作，让家长意识到这个过程对幼儿发展的价值。

拓展与替代

（1）户外玩具较少的幼儿园，可以让幼儿点数室内的玩具。

（2）除了玩具外，幼儿园里的其他物品都可以用来点数、统计，如图书、灯、橱柜、桌椅等。幼儿还可以点数教师和小朋友的人数。

家庭延伸活动

（1）与幼儿一起进行玩具整理归类活动，将每一类玩具送到适合的"家"，并点数玩具的数量。

（2）与幼儿一起数一数家里的各类物品有多少，如图书、勺子、鞋子等，并统计谁的鞋子最多或哪类图书最多等。

相关经验

- 学会用观察、分类、计数等方法调查玩具的种类和数量，提高点数、统计技能。

- 能大胆清楚地介绍自己喜欢的玩具名称、玩法及主要特点,发展概括能力和表达能力。
- 丰富和拓展玩具的多种玩法,知道玩完玩具要及时整理,玩具需要定期清洗消毒,养成爱护玩具的好习惯。
- 愿意和大家一起玩玩具,不独占,不抢夺,体验与同伴分享玩具的快乐。
- 充分发挥想象力,大胆设计、制作自己喜欢的玩具,也可以将不同的替代物应用到游戏中,改善游戏的效果。

核心科学概念

- 生活中的很多地方都用到计数。计数的方法有很多,可以从左往右数,也可以从右往左数;可以是一一对应点数,也可以两个两个累加点数,还可以按群计数。对于数量较多的物品,可以先分类,再计数。
- 玩具多种多样,它们的颜色、形状、大小、材质及功能各不相同,其制作方法和清洗方法也不相同,科学管理玩具有助于对玩具的保护。

探究过程与方法

(1)幼儿数学知识的习得与生活紧密相连,是建立在经验基础上的主动建构与探索。而玩具是孩子们最亲密的伙伴,数幼儿园的玩具,发现数玩具的各种方法,幼儿对此很感兴趣,这就是幼儿自主探究学习和发现的过程。当他们通过自己的努力数出玩具的总数时,幼儿不仅会获得计数的各种方法,而且能获得极高的价值感和成就感,在这样的活动中,过程比结果更重要。

(2)在户外数玩具的过程中,幼儿需要观察、比较、分类、计数,也需要合作与交流,这一系列的探究过程不仅能帮助幼儿自主思考、尝试解决问题的多种方法,而且有助于幼儿养成积极的学习品质,在幼儿期埋下科学思维和科学素养的种子,为今后的生活、学习与成长奠定坚实的基础。

教师困惑与对策

困惑1:户外数玩具时,有些幼儿光玩不数怎么办?

对策:爱玩是幼儿的天性,面对这么多的玩具,他们玩是正常的,教师不要着急,索性让他们玩够之后再数。数时不用要求全班一起行动,可以分组进行,可以今天数,也可以明天数。玩具就在户外,每天游戏结束都可以引入数玩具的活动。数玩具的活动最好自然而然并借助于好玩的游戏情节进行，幼儿没有负担，数起来会更加感兴趣，有效果。教师千万不要让幼儿带着任务有负担地数，这样可能会适得其反，容易打击幼儿对数数活动的兴趣。

困惑 2：每次游戏结束收整玩具材料时，幼儿总是拖拖拉拉，而且弄得乱七八糟，老师自己收拾不是更快速、方便吗？

对策：活动结束后，将玩具材料放回原处，这既是一种良好的习惯，又是一种必备的生活技能。参与收整玩具，既能培养幼儿科学管理物品的能力，又能培养幼儿的责任意识。同时，收整玩具本身就是很重要的学习过程，幼儿在收整时，需要观察玩具的大小与形状，一一对应玩具橱柜的标识，分类摆放，叠放有序。这个过程可以发展幼儿的观察能力、一一对应能力、计数能力、分类与统计能力，所以教师不要代替，也不要剥夺幼儿自主学习、做小主人的权利。

📖 知识小百科

儿童玩具材质有哪些？各有什么优缺点？

儿童玩具若按主材料分类，主要有木制、塑料、橡胶、金属、泥石沙类、纸质、毛绒布艺等，其中，木制、塑料、毛绒是三个主要大类。木制儿童玩具主要用的是榉木、荷木、椴木、松木等原木，其中榉木造价最高，坚固耐用、抗冲击性强，玩具很耐摔。松木材质是最便宜的，也是最容易开裂的，所以松木一般都用来做玩具的配料。

好吃的食物

适合班级

大班

活动准备

（1）画纸、笔，清洗干净的小西红柿、苹果、香蕉、蓝莓、草莓等应季的水果，瓜子、核桃仁、花生、杏仁等干果，黄瓜、土豆、萝卜、芹菜、菜花等便于幼儿拼摆的蔬菜，黄豆、绿豆、黑豆若干。

（2）榨汁机、石磨、豆浆机、料理机、小盘子、安全水果刀等。

活动建议

1. 今天吃什么

组织幼儿开展"美食播报"活动，每餐前邀请一位幼儿向大家介绍要吃的食物，鼓励幼儿清楚、连贯、完整地介绍。活动开始前，请幼儿说一说：我们一天内在幼儿园要吃几顿饭？在什么时间吃？播报美食的时候要说些什么？激发幼儿播报每日饮食的兴趣，初步了解播报的基本内容（扫描二维码可见视频《美食播报》）。

2. 三餐有不同

请幼儿尝试设计表格并记录每天三餐吃的食物是什么，允许幼儿将记录表带回家，讲给父母听。也鼓励幼儿在家记录晚餐，如果是在幼儿园吃晚餐，可以随时记录，并请幼儿记录周末在家的一日三餐。

坚持记录一周后，请幼儿观察记录表，并进行有针对性的统计，如一周内一共吃了几种主食、蔬菜、水果等，早、中、晚三餐各吃哪种食物最多，间餐吃哪类食物最多等。之后，请幼儿说说自己的发现并进行讨论，如为什么三餐吃的食物不一样，为什么人们要搭配吃主食、蔬菜、鱼肉蛋，什么是合理膳食等，同时教师可以鼓励幼儿设计"我的健康食谱"，帮助幼儿关注饮食的合理搭配，了解健康饮食对自身身体的影响，养成良好的饮食习惯。

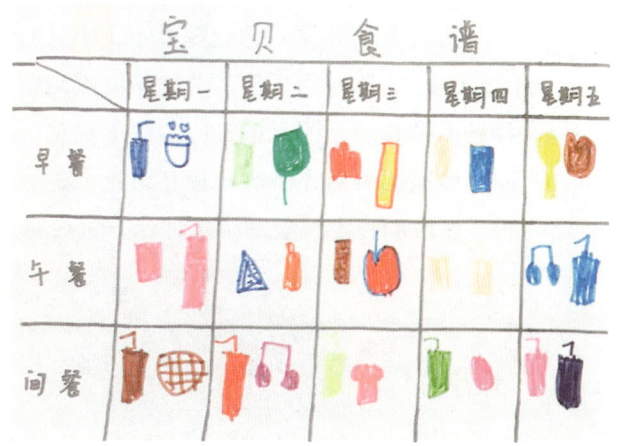

3. 水果与干果

教师和幼儿一起将活动室布置成冷餐会会场，并把准备好的各种水果、干果摆放在餐桌上，将水果去皮切成块或者片，将干果去皮，分类摆放在盘子中。幼儿自由选择喜欢的水果和干果进行创意拼盘。制作完成后，请幼儿品尝拼盘，然后说一说自己选择了哪些水果和干果，各选了多少种，水果与干果有什么不同等，并在冷餐会结束后汇总统计水果与干果的种类、数量，及其不同之处。

4. 我爱吃蔬菜

请幼儿选择自己最喜欢吃的3~5种蔬菜，做成蔬菜拼盘，相互交流和欣赏彼此设计的巧妙造型。幼儿也可以将喜欢的蔬菜混合在一起，再倒入沙拉酱，制作蔬菜沙拉。

制作完成后，请幼儿品尝并相互交流：我们吃的蔬菜是植物的哪一部分，如黄瓜是吃的果实、土豆是吃的茎、芹菜是吃的茎和叶子等。还可以组织幼儿进行讨论，如除了吃茎、叶子、根之外还可以吃植物的什么部分，并以此为主题鼓励幼儿进行调查（如表4.2），统计我们可以吃的植物的部分都有哪些，以及相对应的蔬菜及数量，帮助幼儿深入了解很多植物的根、茎、叶、花果都可以食用。

表 4.2　植物食用部分调查表

根	茎	叶	花	果

5. 种子变美食

请每名幼儿调查自己家中可以吃的种子，统计种子的种类和数量，并将调查表（如表4.3）带到幼儿园，供幼儿自由浏览和交流。请幼儿用干净、透明的塑料袋装几种种子带到幼儿园，布置成"种子展览会"自由参观展览，观察各种种子的特点和异同。展览结束后，请幼儿相互讨论：种子可以吃吗？可以做成什么吃？你吃过哪些用种子做成的食物？激发幼儿对种子的兴趣，初步了解种子与人类的关系。

表 4.3　种子美食调查表

种子＼美食	美食1	美食2	美食3	美食4	……
小麦					
水稻					
大豆					
小米					
西瓜子					
葵花子					
……					

有条件的幼儿园可以提供料理机、豆浆机、石磨等工具，鼓励和支持幼儿亲自尝试制作种子美食，如用料理机将种子磨成粉冲糊、用石磨把小麦磨成面粉蒸馒头等，帮助幼儿直观地感知种子变成美食的神奇过程。如果是农村幼儿园，那么可以用农家常用的烹饪工具制作种子美食。

主题四 小小调查员 123

6. 自制饮料

教师组织幼儿围绕"好喝的饮料"展开讨论，说一说自己喝过哪些饮料，爸爸妈妈是否同意我们喝饮料，为什么，哪些粮食、蔬菜或果实能够变成饮料，是怎样做的等，通过讨论激发幼儿调查各种饮料以及自制健康饮料的兴趣。

请幼儿观察榨汁机和石磨，说说哪些食物能用榨汁机榨成果汁，什么食物能用石磨磨成豆浆。在条件允许的情况下，请幼儿在幼儿园尝试榨出新鲜的蔬菜汁、水果汁，没有条件的幼儿园可以请幼儿回家制作果汁。

观察指导要点

（1）进行美食播报时，教师应该鼓励幼儿用完整、流畅的语言进行播报，同时请其他幼儿认真倾听。除此之外，还可以利用自由活动时间带幼儿查看幼儿园的食谱，相互说一说食谱的样子以及介绍的内容。如果幼儿园的食谱是纯文字的，那么可以建议幼儿园更换成照片、图片的形式，甚至是用幼儿的图画。

（2）幼儿调查、统计一日三餐的饮食时，教师应关注幼儿是否能够正确使用调查统计方法，对于不能正确绘制和使用统计表的幼儿给予指导。引导幼儿通过分享、交流一日三餐的调查结果进而关注每一餐饮食的种类和规律，如早餐多吃一些花卷、粽子、面包等花样主食、清口的小菜，搭配牛奶、粥或者汤；午餐和晚餐大多会吃主食、蔬菜，用鱼肉蛋制作的菜肴，再搭配一些水果等。

教师可以邀请有经验的厨师、营养师来到幼儿园，向幼儿介绍营养均衡的重要性和营养搭配的基本常识，没有条件的幼儿园可以搜集相关的视频播放给幼儿观看。在幼儿设计"健康食谱"时，尊重幼儿的选择和设计，允许幼儿将自己喜欢的可能不太健康的食物写进食谱，如油条、甜食、零食等，引导幼儿通过多次互动分享，发现问题，学会合理搭配，逐渐形成健康饮食的意识。

（3）在举办"水果干果冷餐会"和制作蔬菜沙拉前，教师应做好充分的准备，保证桌面、餐具、工具的清洁和安全，保证充足的时间和空间，支持幼儿根据自己的意愿制作和拼摆，引导幼儿在这个过程中进行细致的对比观察，发现水果与干果的不同，观察、了解蔬菜的特征。教师还可以请幼儿在活动前搜集有关可以吃的植物各部分的图书、图片，支持幼儿调查、了解更多可以食用的植物及其部位，便于与幼儿进行统计。

（4）在进行种子变美食的活动时，请幼儿调查自己家中可以吃的粮食，鼓励幼儿带各种各样的粮食到幼儿园，便于大家相互观察和交流。在变成美食之前，可以组织幼儿进行交流，调动其已有经验想一想种子可以怎样制作，制作成什么样的美食，或者先出示美食的图片，请幼儿猜想是哪种种子变成的，激发幼儿参与活动的兴趣。

在用种子制作美食时，注意使用料理机、果汁机、豆浆机等电器的用电安全，提醒幼儿不随便触摸电器的电源和开关。在等待制作美食的过程中，教师可以组织丰富的相关活动，避免消极等待。没有条件提供各种电器时，可以让幼儿观看制作视频或者在家中进行。

（5）在自制饮料的过程中，依旧要注意安全使用电器，确保幼儿的活动安全。活动前，可以先请幼儿以"饮料有哪些"为目的进行调查，了解售卖的饮料有哪些，鲜榨的饮料有哪些；还可以以"健康的饮料有哪些"为目的进行调查，了解健康饮料的种类、制作方法，爸爸妈妈同意小朋友喝的饮料有哪些，不同意小朋友喝的饮料有哪些，为什么等，并以此为依据组织幼儿交流讨论，逐渐明白用新鲜的蔬菜和水果以及各种粮食榨出的饮料是健康、有营养的。

拓展与替代

（1）调查自己家中或者超市中常见的食用油种类，尝试根据食用油的名称推测榨油使用的原料。请幼儿大胆将花生、豆子、芝麻等种子放到密封的油纸包或者透明塑料袋中，尝试用木槌反复敲打种子，观察种子经过捶打、挤压分泌出油脂的变化和过程。

（2）教师可以选择部分《舌尖上的中国》等介绍中国美食的纪录片给幼儿观看，帮助幼儿了解中国的饮食文化、餐桌礼仪，以及各地偏好的饮食等，激发幼儿深入了解、探究中国美食的兴趣。

（3）请幼儿搜集各种收获粮食、蔬菜、水果时需要用到工具的视频和照片，了解工具的多样性、使用方法以及为人们的生活和生产带来的便捷。搜集图片和视频帮助幼儿了解更多现代化的农业生产工具和机械，拓展相关经验。

（4）将绘本《一园青菜成了精》《子儿，吐吐》投放到语言区，请幼儿自由翻阅，或将其录制成音频投放到表演区，支持幼儿的创造性表演活动，感受童谣阅读与游戏的乐趣。

家庭延伸活动

（1）请幼儿为爸爸妈妈或者爷爷奶奶定制健康食谱，引导幼儿根据年龄和身体的健康需求设计个性化的食谱，了解良好的饮食习惯、合理的膳食搭配有利于人们的健康。

（2）在周末带幼儿逛菜场，进一步调查统计蔬菜的种类，发现更多可以吃根、茎、叶、花、果的植物有哪些，探究它们共同的特点是什么。

（3）和幼儿一起制作多种口味的饮料，大胆尝试混合 2~3 种水果或者蔬菜甚至是粮食，每进行一次尝试便记录一次，品尝每一种搭配的口味，感受其中的变化和有趣。

相关经验

- 愿意用完整、连贯、流畅的语言向他人介绍自己的一日三餐。
- 统计每一餐的食物种类和数量，并以此推断三餐饮食的特点、规律，初步了解合理膳食的含义。
- 能够大胆地使用蔬菜、水果、干果制作沙拉拼盘，并拼摆有特色、有创意的造型，感受生活艺术的美好，发展想象力和创造力。
- 能够初步看懂小家电上的标志，并在其提示下或教师的指导和帮助下大胆使用榨汁机、豆浆机等小家电，感受家用电器为生活带来的便捷。
- 能够使用正确的方法调查各种粮食、蔬菜、水果的种类和数量，并用分类、计数等方法完成统计，通过调查统计的结果获得有关饮食的知识或者结论。

核心科学概念

- 每种食物含有不同的营养，健康的饮食应该注重合理搭配，保证身体对多种营养的需要。
- 很多植物的根、茎、叶、花、果都可以食用。
- 享用美食的过程需要用到很多工具，如烹饪工具、榨汁工具、磨面工具、剥皮工具等，工具为我们的生活带来很多便利。

探究过程与方法

（1）一日三餐是我们日常生活中最重要的事情，人们根据节气种植粮食、蔬菜、水果,在地里松土、浇水、施肥、剪枝、搭架、除虫……然后收获、烹饪、食用,这其中既体现了自然的规律,也凝聚着劳动人民的智慧和汗水。幼儿通过调查自己的日常饮食可以深入认识各种可以食用的植物和收获、加工用到的工具,初步了解合理饮食与健康的关系等。将生活与学习有机结合起来,在生活中学习,在学习中热爱生活,这是幼儿学习的重要途径,是教育家陶行知生活即教育思想的体现,也是教师教育无痕的智慧。

(2)吃是幼儿最感兴趣的事情之一,活动中幼儿品尝水果、干果、蔬菜、各种主食等,不同的味觉刺激、多样的烹饪方法都充分激发了幼儿参与活动的兴趣。这样的兴趣是人生命本能的执着,是幼儿调查、了解、感知、探究的前提和动力,这样的情感体验有利于幼儿深入、持续地学习和探究。

(3)幼儿的学习不仅仅是学习知识,更重要的是学会学习。活动中调动幼儿的各种感官认识、了解各种食物,让他们亲自参与制作、亲身体验各种工具的使用,这样的过程能带给幼儿深刻的感受、在"做"的过程中发现问题,不断探究、深入调查,这是幼儿学习和思考的重要过程,也是幼儿学会学习的方式方法之一。

教师困惑与对策

困惑:如果幼儿园没有条件提供料理机、石磨等工具让幼儿一起制作美食怎么办?

对策:如果幼儿园没有条件提供料理机、石磨等工具,我们可以请爸爸妈妈配合,和幼儿一起在家中使用各种料理工具制作美食,或者在节日中组织主题活动,请有条件的家庭提供工具,大家一起在幼儿园进行美食制作和品尝的活动,还可以借用幼儿园食堂的各种工具进行食品、饮料的加工活动等。

📖 知识小百科

什么是食物金字塔?应该怎样合理饮食?

食物金字塔是人们根据人体健康需要设计出来的饮食图谱,因为外形很像金字塔,所以被称为食物金字塔。合理饮食,应注意以下几点。

(1)科学搭配:一是主副搭配,能够保证人们得到所需的全部营养,便于消化、吸收,增强体质;二是粗细搭配,有利于促进肠胃蠕动,减少脂肪;三是荤素搭配,有助于营养互补,防止单一饮食给健康带来的危害。

(2)膳食平衡:保证热量平衡、味道平衡、颜色平衡、酸碱平衡,这样才有利于身体健康。

（3）三餐合理：早餐吃好，可以摄入一些营养价值高、少而精的食品；午餐吃饱，保证充足的质与量；晚餐少而淡，并且下午6时左右进餐为宜。

大朋友小朋友

适合班级

大班

活动准备

白纸、画笔等。

活动建议

1. 幼儿园里的大朋友

教师可以就"幼儿园里有哪些大朋友"这个问题组织幼儿讨论，激发幼儿参与活动并进行调查的兴趣，如幼儿园里除了有许多小朋友还有哪些人？有多少？他们在做什么？有哪些大朋友是你认识的？

鼓励幼儿自由结伴去幼儿园的各个办公室或工作场所寻找、采访并记录。活动结束后，请幼儿交流分享，说一说自己找到了几位大朋友，在哪里找到的，他们在做什么，哪些大朋友做着一样的工作，你是怎样知道的。教师帮助幼儿将寻找的结果进行汇总统计，引导幼儿感知从访谈调查到统计的全过程和使用的方法。

2. 幼儿园里的小朋友

教师创设游戏情境："××餐厅来幼儿园给小朋友送礼物，想知道幼儿园里一共有多少小朋友？有多少男孩多少女孩？"鼓励幼儿说一说自己的班级里有多少小朋友，男孩女孩各有多少，怎样才能知道其他班级有多少小朋友等。

请幼儿自由组成小组，选择要调查的班级，一起完成实地调查和记录。调查结束后，分别请幼儿对照记录说一说自己的调查结果，看看大家的结果是否一样，再对全班的调查进行汇总，看看是否能得到有关全园小朋友数量的准确结果。

3. 采访一个朋友

教师可以组织幼儿说一说什么是采访，看过哪些采访节目，采访节目中的主持人是怎样提问题的等，帮助幼儿了解采访的形式和方法。如果幼儿缺乏相关经验，教师可以从网上下载一段采访视频让幼儿观看，之后再进行相关问题的交流。

鼓励幼儿说一说幼儿园里自己最想采访的人是谁，想提问哪些问题等，并尝试将自己想要采访的问题通过表征的形式记录下来，做好采访计划。鼓励幼儿 2~4 人一组，按照预定的采访计划进行采访，教师给予幼儿充足的时间完成采访，采访后可以请幼儿相互交流采访的过程以及发生的有趣的事情，说一说自己是怎样记录采访结果的。

4. 爸爸妈妈做什么

活动前，请幼儿通过采访的形式了解爸爸妈妈的工作并进行记录。活动中，请每名幼儿说一说自己的爸爸妈妈的工作，并将记录贴在黑板上，由教师帮助完成汇总、统计，请幼儿观察统计表并说一说自己的发现，例如，爸爸妈妈的工作是否一样，做相同工作的爸爸妈妈有哪些、有多少等。教师可以根据幼儿的发现进行追问，帮助幼儿进一步感知和了解统计的特点和作用，例如，统计表就是把调查记录的结果汇总到一起形成的表格，观察统计表能让大家更清楚、快速地看明白爸爸妈妈做哪些工作、一共有多少种工作，做相同工作的有多少人等。

5. 长大做什么

请幼儿自由组合，2~4 人一组进行相互采访，采访主题为：长大以后想做什么。然后设计一个表格记录每个人的姓名、性别和长大后要做的工作。采访和记录完成后，请幼儿整理记录单，将其张贴在一张展示板上，鼓励全班幼儿相互观察、交流，说一说同伴的理想是什么，并将每个小组的记录汇总在一个统计表中。统计结束后，请幼儿一起观察，说一说全班小朋友想做的工作有多少种，男孩想做哪些工作、女孩想做哪些工作，看看男孩与女孩的理想是否有区别。

观察指导要点

（1）在幼儿调查幼儿园里的大朋友之前，教师要组织幼儿进行深入的交流，帮助幼儿明确为什么调查，调查什么，去哪里能够找到大朋友，怎样做能够得到自己想要的答案等。这样的讨论一方面能激发幼儿参与活动的兴趣，另一方面能帮助幼儿明确调查的目的和任务，对不同能力和发展水平的幼儿给予支持。

教师要提前跟幼儿园各岗位的教师进行交流，获得教师们的支持，尤其是传达室、食堂后勤工作人员，帮助他们了解如何面对幼儿的采访，保证活动顺利、有效地进行。

调查过程中，教师应及时参与幼儿的调查中，关注幼儿在调查中遇到的问题以及解决问题的方式方法，调查结束后给予幼儿充分的时间分享。教师在汇总统计幼儿调查结果的时候，应让幼儿观察根据问题设计、绘制统计表的整个过程，帮助幼儿初步理解统计表能够"清晰地呈现调查结果"的特点和作用。

（2）在调查小朋友的数量时，教师创设的游戏情境不仅能激发幼儿的兴趣，更重要的是帮助幼儿明确调查的内容，同时有利于幼儿根据内容设计汇总表格。调查人数的方法有很多，如亲自到各个班级点数，也可以询问各个班级的教师，还可以先点数所有女孩的人数，再点数所有男孩的人数……教师应该尊重幼儿的选择，支持幼儿用自己的方法完成调查，结果不重要，重要的是幼儿在调查的过程中敢于走进其他班级与陌生的教师、小朋友交流，学会调查的方法并进行统计。如果幼儿调查的结果各不相同，教师不要公布答案，而是请幼儿相互交流，寻找出现问题的原因，再次调查进行对比验证。

（3）采访的过程中，需要小朋友当主持人向被采访的人提出问题并进行记录。教师可以通过组织幼儿观看幼儿采访的视频或者现场采访一位小朋友，帮助幼儿明白什么是采访，同时通过交流与互动，确定自己想要采访的人，采访前要预设采访的内容并进行表征，采访时可以给幼儿佩戴"采访证"，拿着玩具话筒或者用卡纸卷成话筒的样子，拿着采访单进行。可以边采访边记录，也可以采访结束后进行记录。记录时可以运用绘画、数字、符号等多种形式。

（4）从调查"幼儿园的大朋友"，教师示范统计的方法开始，到调查和统计"爸爸妈妈的工作"，幼儿尝试独立设计统计表并完成调查统计，都是在帮助幼儿学会统计，感知理解统计的特点与方法的过程。不管统计的内容和形式是什么，都应帮助幼儿明确统计不可缺少的要素：①统计前，需要进行调查。②统计时，需要将调查结果进行分类和梳理，如调查幼儿园小朋友的数量后，可以按班级的人数进行分类统计，小一班××人，小二班××人；调查爸爸妈妈的工作后，可以按工作的类别进行分类统计，如当警察的××人，当教师的××人等。③用具体的数字记录调查结果。帮助幼儿明白：统计能够帮助我们整理调查结果并得到一个总数；我们可以通过梳理和概括统计结果得到一个答案，如男孩喜欢将来当警察的更多。

拓展与替代

（1）搜集各种幼儿能够看懂的统计表投放到区域中，鼓励幼儿自由翻阅、交流，说一说统计的内容是什么，得到的结果是什么。

（2）鼓励并支持幼儿在生活中寻找，哪些工作需要统计、哪些地方需要统计，通过统计我们能够了解什么、知道什么等。例如，通过奥运奖牌榜的统计，能够快速了解各个国家获得奖牌的数量；通过观察班级值日生统计表，能够了解每一天做值日的小朋友有哪些；通过天气记录和统计，知道一个月或一年天气的变化趋势等。

（3）在幼儿进行科学实验的时候，可以统计小组甚至全班幼儿进行实验的次数和结果，感知统计在日常生活中发挥的作用。

家庭延伸活动

（1）邀请幼儿调查自己家中的人数，由幼儿决定调查的内容，例如，有多少大人，多少哥哥姐姐、弟弟妹妹，多少男人、女人等，调查结束后，设计统计表完成汇总统计。

（2）请幼儿统计自己家中的图书、小区的车辆或者其他自己感兴趣的问题。

相关经验

- 学习点数各种物品、材料、人员，并能够用数字进行记录。
- 敢于大胆地与教师和同伴进行询问、交流与互动，清楚地表达自己想要提出的问题，提升社交技巧。
- 在调查时能认真倾听对方的表达，运用多种方法表征、记录对方给出的答案。
- 了解调查的含义，明确调查的目的和方法，并能设计简单的调查表进行各种调查。
- 能够将调查结果进行分类、计数、汇总，学会统计的方法。

核心科学概念

- 调查是统计的前提，我们应该根据调查内容选择调查方式，例如，观察、测量、计数、询问、搜集资料等。

- 统计就是将调查结果进行分类整理，记录每一类别的数量、比例等，并用数字和表格的形式呈现出来。
- 数据是对客观事实的真实反映，对数据的汇总与统计能够帮助人们快速、直观地了解事实情况，并以此为依据做出正确的判断和决定。

探究过程与方法

（1）调查是幼儿对自己熟悉的人、事、物或者各种现象进行观察、记录、分类、计数的过程，通过调查可以得到能够反映真实情况的结果。这样的过程，有助于幼儿养成在细致观察和全面调查的基础上了解客观事实并得出结论的意识和能力，有助于幼儿养成实事求是的科学态度，逐步形成基于实证的科学思维。

（2）准确的数据能够客观真实地反映调查结果，获得数据的过程需要幼儿掌握点数、计算的方法，不论是点数幼儿园大朋友的数量，还是计算全园小朋友的总数，都是幼儿获得数概念、掌握计数方法的过程，有助于幼儿在解决实际问题的过程中学会计算方法，在使用计算方法的过程中提高计数能力。计数方法的多样性也有利于开阔幼儿的思路，丰富幼儿有关计数的经验。

（3）分类是3—6岁幼儿最常用的一种探究方法，也是一种探究能力，需要幼儿充分理解调查目的和要求，然后按照不同的特征或要求对调查结果进行归类。这个过程有利于幼儿发现调查结果的共性特征，得到调查研究的新发现，提升抽象概括的思维能力。

教师困惑与对策

困惑1：幼儿园太大、班级幼儿太多，外出进行调查、采访的过程中如何确保幼儿的安全？

对策：如果幼儿园太大，可以划分区域或者划分楼层请幼儿进行调查，比如，调查一楼中有多少大朋友、在操场中采访一位朋友等。如果幼儿园里的人太多，在调查或者采访的时候可以分组交替进行，活动前和其他班级的教师沟通，共同关注幼儿在活动中的安全。调查和采访前，教师可以组织幼儿讨论采访活动中的安全问题，梳理相关经验，例如，我们怎样做才能顺利完成采访？调查的过程中，如果遇到困难怎么办？如果找不到回班级的路线，可以向谁寻求帮助等。请幼儿自由结合成小组，结伴进行调查或采访。

困惑2：如果幼儿不会制定采访清单或者不愿意跟教师、同伴进行交流，无法完成采访怎么办？

> **对策**：教师首先要了解幼儿不会制定采访清单的原因，如果幼儿不知道采访什么问题，那么教师可以在采访前组织幼儿集体或者小组分享自己的问题，通过倾听了解同伴的问题以开阔自己的思路，梳理自己最想采访的问题；如果幼儿不会绘制采访清单，那么教师可以请幼儿观察同伴的采访清单，说一说同伴是如何绘制的，可以学到哪些方法，自己准备怎样绘制等。如果幼儿不善交流，不愿意提出问题进行采访，教师也应该理解，可以请他和自己喜欢的朋友一起完成采访，或者先去采访自己班级的教师、好朋友等熟悉的人，再去采访隔壁班级的教师、小朋友，最后采访陌生的教师和小朋友，逐步扩大交流范围、增加勇气、积累经验。总之，体验亲历采访的过程，感受采访的乐趣是最重要的。

📖 知识小百科

统计有哪些作用？

统计是采用科学的方法，搜集、整理、分析统计资料的一系列活动的过程。统计的结果应用于生活的方方面面，帮助我们解决生活中遇到的实际问题，实用性极强。例如，在幼儿园中，我们需要每天统计各个班级来园的人数，以此作为依据确定每天制作饮食的数量；运动会中，我们需要统计每位运动员在各自项目中取得的成绩，以便分析运动员的运动情况，从而更好地提高成绩；国家每 10 年进行一次人口普查，了解人口数量的增减。统计与调查密不可分，也与计数密不可分，对幼儿来讲是一种科学的学习方法、探究方法，能够帮助幼儿养成客观地搜集资料并以此为依据运用分类、点数、汇总等方法进行讨论、分析的习惯和能力，因此在幼儿园阶段开展统计活动是十分必要的。

我的四季服装

适合班级

大班

活动准备

（1）幼儿四季的服装，具有特殊功能的服装的图书、图片、视频若干，各种颜色的卡纸、亮光纸、不织布，各种形状的贴纸、纽扣、毛根条等材料若干。

（2）画纸、笔人手一份。

活动建议

1. 今天穿的是什么

组织幼儿围绕"今天穿的是什么"进行观察、展开交流，说一说自己穿的衣服、鞋子的颜色、款式、装饰等，自己最喜欢的设计是哪里，最喜欢的同伴的衣服是哪一件，为什么。之后，请幼儿进行统计，如每名幼儿服装的颜色、款式、装饰等，还可以增加统计的层级，不断丰富统计内容，如将颜色分为红色、黄色、蓝色，款式分马甲、短袖、长袖等。调查的对象可以分男孩和女孩。教师还可以鼓励幼儿调查幼儿园教师今天穿的衣服是什么，其他班级的小朋友今天穿的是什么，然后进行统计、汇总（如表 4.4）。

表 4.4 "今天穿的是什么"调查表

统计人： 统计时间：

内容		颜色			款式			装饰		
		红色	黄色	蓝色	马甲	短袖	长袖	花朵	小鱼	笑脸
同伴	男孩									
	女孩									
教师	男教师									
	女教师									

2. 男女服装

请幼儿分男女面面相对地坐下，边观察边交流，说一说男孩的衣服大多是什么颜色、有什么样的装饰，女孩的衣服大多是什么颜色、有什么样的装饰等。组织幼儿相互讨论：为什么男孩、女孩衣服的颜色、装饰的图案有所不同，各有什么样的规律等，引发幼儿关注不同性别的服装的特点。

鼓励幼儿观察并统计 10 位左右成人所穿的服装，根据统计结果说一说男女成人服装的不同和特点。

3. 我的四季服装

请幼儿找出自己四个季节的服装，先按季节进行分类，然后在每个季节的衣服中按颜色、款式、大小等进行二次分类，最后进行点数和统计。统计结束后，请幼儿进行排序，如按每个季节衣服的数量由多到少排、按不同颜色的衣服数量进行排序等。

看看自己哪个季节、哪种款式、哪种颜色的衣服数量最多，说一说为什么。

4. 具有特殊功能的服装

活动前，请幼儿搜集各种有特殊功能的服装的图片、图书或者视频，如潜水服、跳伞服、宇航服、隔热服、橄榄球运动员的服装等，活动中给幼儿充足的时间观察、比较，说一说这些服装的独特之处是什么，有什么特殊的功能，穿上这样的服装对人有哪些保护作用等。

有条件的幼儿园可以提供潜水服、游泳衣、消防员的服装或者布料，请幼儿看一看、摸一摸，感受其中的不同。没有条件的幼儿园可以请家长配合将相关的服装或布料带到幼儿园，或者搜集相关的视频，也可以邀请当地的消防员带着隔热服到幼儿园向幼儿进行介绍和分享。

5. 我是服装设计师

请幼儿当服装设计师，为自己设计喜欢的服装，还可以鼓励全班幼儿进行主题设计，如为爸爸、动物、不同的节日设计服装等。

鼓励幼儿设计服装时要通过颜色、标志、图案、款式等表现出不同服装的特点。幼儿可以将设计画在纸上，也可以把报纸、不织布当成布料进行设计、剪裁，选择各种彩色卡纸、亮光纸、毛根条等材料进行装饰。教师要给予幼儿充足的时间进行创作，尊重幼儿的创意和设计。

6. 服装秀

举办班级"服装发布会"，可以是"春季服装发布会""睡衣发布会"，还可以是"卡通乐园服装发布会"。每一名幼儿都是设计师，也都是小模特，展示各种风格、主题和季节的服装，可以展示幼儿自带的成品衣服，也可以展示幼儿自己设计的衣服。在发布会举办前，教师和幼儿一起投入各种准备工作中，确定主题，布置场地，准备音乐，设计海报，到各个办公室和其他班级邀请观众等，也可以邀请家长参与。活动后，可以将幼儿自己设计制作的服装投放到某个区域中布置成展览。

> **观察指导要点**

（1）调查"今天穿什么"是幼儿感兴趣的问题，尤其是调查教师和其他班级小朋友穿什么，幼儿更是兴致勃勃，因此在活动前，教师可以组织幼儿围绕"你想调查哪些人""调查结果如何分类""统计表怎样绘制"几个问题进行讨论，帮助幼儿明确调查统计的目的和内容，同时说一说到班外活动的路线，如何与教师、同伴交流等问题，确保活动的安全和顺利进行。由于调查的人数多，分类也较多，因此教师要重点观察幼儿分类、二次分类以及统计的过程，这样有助于幼儿得到清晰的统计结果。

（2）调查统计男孩女孩的服装，重点在于通过统计结果发现男孩、女孩服装各自的特点，帮助幼儿明白调查统计是在搜集资料的基础上发现问题、寻找答案，从而得到一个相对准确的结论的过程。因此在活动中，教师应观察幼儿之间相互交流的内容、分类调查的重点，帮助幼儿从颜色、款式、装饰的花纹、图案等方面进行细致的调查，逐步梳理男孩与女孩服装的特点与不同。

（3）调查男孩、女孩服装的特点是为了帮助幼儿通过调查结果得出服装与性别的关系，因此在幼儿观察、交流的过程中，教师应重点关注幼儿是否能够细致观察服装的颜色、款式、装饰图案的风格等，是否能够在调查全班幼儿服装特点的基础上得出结论，以便得到相对准确的答案。在调查爸爸妈妈的服装时，可以组织幼儿在离园时进行观察和调查，也可以调查社区中叔叔阿姨的服装。

（4）调查四季服装的过程中可能需要准备很多衣服，因此这个活动可以在幼儿园进行，也可以在家中进行。活动中分类及二次分类是重点，不论是教师还是家长都应支持幼儿分类的理由，给予幼儿充足的时间进行分类。在排序的过程中，教师或家长可以根据幼儿不同的能力给予支持，如为没有排序经验的幼儿确定排序的起点，减少需要排序衣服的数量，提供差别大的服装供幼儿排序等。

（5）不论是设计服装还是服装秀活动，都需要幼儿与同伴之间的交流互动和无限的创意，因此教师应尊重幼儿的每一个设计，给予幼儿宽松的氛围，鼓励"设计师"与"设计师"之间的交流，"设计师"与"小模特"之间的互动。同时，应提供丰富的操作材料和工具，允许幼儿自带各种装饰性材料进行设计和装饰，激发、保护幼儿的创造力和想象力。

拓展与替代

（1）了解中国服装演变、发展的历程，搜集树叶、树皮、羽毛、皮子、丝绸、棉布、纱等材料，布置成展览，邀请其他班级的幼儿参观。

（2）观察了解生活中各种职业的服装，如消防员、护士、军人、空乘人员的服装，观察它们的颜色、款式、标志和特点，说一说这样设计的理由。

（3）请幼儿以"未来服装"为主题进行设计，为从事不同工作，有不同需求的人设计服装，并向同伴进行介绍，说一说自己设计的亮点是什么，为什么这样设计等。

家庭延伸活动

（1）请幼儿分别调查、统计爸爸妈妈或爷爷奶奶四季的服装，之后说一说爸爸和妈妈（或爷爷和奶奶）四季的服装有什么不同，和自己四季的服装有什么不同，哪一个季节的衣服最多，为什么等。

（2）带幼儿逛布料市场，调查统计其中的布料有多少，各有什么样的特点，看一看、摸一摸感受其中的差异。

相关经验

- 能够细致观察并用丰富的词汇描述各种服装，感受服装的特征和多样性。
- 能够根据服装的材质、款式、季节等各种特征进行分类，学会分类及二次分类的方法。
- 尝试在分类的基础上进行统计，感知各种人员服装的特点。
- 观察、了解特殊职业服装的共性，并能根据服装的颜色、标志等特征推断其代表的职业。
- 了解有特殊功能的服装材质，感受现代科技在生活中的应用。
- 能够借助各种材料设计服装并进行展示，提升审美能力和创造能力。

核心科学概念

- 不同材质的布料厚薄、舒适度、透气性、保暖程度各不相同，因此人们会根据不同的季节、温度选择不同材质的布料制作衣服，提高穿着的舒适度以及生活的质量。
- 随着科学技术的发展，人们生产出各种有特殊功能的服装，如可以登上月球的宇航服、可以深入海底的潜水服、可以滑翔的翼装飞行服等。服装也在不断扩大人们生活的范围，支持人们对未知领域的不断探究。

探究过程与方法

人们对未知领域总是充满好奇心和探究欲望，对追求美好生活充满无限向往，因此人们开始制造工具，生产机械、电器，开启对月球、深海的探索。人们勇于探索，不断创新的精神正是科学精神之所在。活动中，幼儿通过观察、触摸各种有特殊功能的服装材质，搜集图片、图书、视频等资料，不断了解服装的特殊功能及其为生活带来的改变，感知科技进步对人们的生产生活产生的影响。尽管有特殊功能的服装不易搜集，能够让幼儿充分观察、触摸、感知的材质也不多，但是这足以打开幼儿全新的视野，激发幼儿了解、关注服装功能及其发展变化的兴趣，注入大胆想象、创新的活力。"我是服装设计师"和以"未来服装"为主题的创意设计活动也是如此，毕竟每一次新事物的产生都来自人们看似荒诞的想象和大胆的创造。

教师困惑与对策

困惑： 在幼儿设计服装的过程中，如果幼儿没有新奇的创意，或者只关注画出的服装美不美而不能赋予服装特殊的功能怎么办？

对策： 创造的过程一定是在丰富的感受和体验的基础上产生的，如果幼儿没有新奇的创意，教师可以多组织幼儿观察、欣赏各种各样的服装，交流对不同服装的感受，邀请幼儿亲身参与搜集各种职业具有特殊功能的服装资料，多引导幼儿观察与交流服装的特点、功能、对人们的保护等。

在设计服装之前，教师可以组织幼儿以"服装的特殊功能""未来服装为生活带来的方便"为主题展开充分的讨论，还可以讨论现代生活中有哪些困难，是否可以通过有特殊功能的服装来解决。例如，设计一件可以飞起来的衣服，在堵车的时候穿上，避免拥堵；设计一件夏季凉爽、冬季保暖，会自动调节温度的服装等。这样的讨论会不断激发幼儿的想象力，鼓励、支持幼儿大胆创新，幼儿设计服装时就不会仅关注外观的美丽，可能会慢慢关注到服装功能的创新。

📖 知识小百科

中国服装的发展过程是怎样的？

在现代社会中，服装已经不仅仅是为了遮体、避寒，还是生活态度、个人审美和魅力的表现。

中国人的祖先最初穿的衣服，是用树叶或兽皮连在一起制成的围裙。后来，每个朝代的服饰都有其特点，这和当时农、牧业及纺织生产水平密切相关。春秋战国时期，一般穿的是上衣和下衣相连的"深衣"式服饰，广大劳动人民一般穿的是大麻、苎麻和葛织物的衣料，统治者和贵族大量使用丝织物，部分地区也用毛、羽等纺织织物。湖南长沙马王堆古墓出土的西汉素纱禅衣仅重49克，可见当时已能用桑蚕丝制成轻薄透明的长衣。

隋唐两代，统治者对服装做出严格的等级规定，使服装成为权力的一种标志。随着中外交往增加，服式也互有影响，如团花的服饰是受波斯的影响；僧人则穿着印度式服装"袈裟"。从唐宋到明代，服式多是宽衣大袖，外衣多为长袍。近代，由于纺织工业的发展，可供制作服装的织物品种和数量增加，促进了服装生产。辛亥革命后，特别是五四运动后，吸收西方服式特点的中山服、学生服等开始出现。

来来往往的车

适合班级

中、大班

活动准备

（1）师幼一起搜集各种车辆的图片及视频，幼儿从家中带来自己的各种玩具车辆与小朋友分享。

（2）1~10 的数字每人一套，记录纸、统计表，橡皮泥，纸盒，各种纸，剪刀等。

活动建议

1. 门前来数车

（1）教师组织幼儿数一数幼儿园里的车，看看教师们上班的交通工具有哪些。数一数有几辆汽车、电动车、自行车等，在统计表上进行记录。

（2）带领幼儿到幼儿园附近路口数车辆。请幼儿观察一个红绿灯的时间可以过多少辆汽车、自行车和电动车。可以是对一个路口在不同时间段的观察，也可以是对一个路口不同方向的车辆的统计，还可以在同一时间到不同的路口进行观察记录，分别做好数量、车型的统计（扫描二维码可见视频《一起来数车》）。

2. 各式各样的车

请幼儿说一说自己知道的车，如大卡车、公共汽车、小轿车、救护车、警车、洒水车、消防车、电动车、自行车等，说一说它们分别是什么样子的，有什么不同。请幼儿对车辆进行分类，可以按照车子的大小、颜色、功能、车轮数量等维度进行分类。

3. 特殊的车

（1）特殊的车有哪些。请幼儿讨论交流，说一说哪些属于特殊的车，为什么，它们各有什么特殊功能。教师可以引领幼儿以救护车、警车、消防车、洒水车等车辆为例，观察和了解它们的颜色、外形、装置、标志符号、声音和作用等的特征和差异。

（2）听声音辨车辆。播放自行车的铃铛声，警车、救护车、消防车等车的喇叭声音，引导幼儿说出车的名称，并请幼儿模仿车子的声音。

（3）说儿歌记车辆。可以用儿歌问答的形式帮助幼儿了解生活中的各种车辆及其特殊作用，如下所示。

> 下雨车，下雨车，边下雨来边唱歌，请问这是什么车？（洒水车）
> 大嘴车，大嘴车，边吃垃圾边开车，请问这是什么车？（垃圾车）
> 盖楼房时运重物，长长手臂真神气，请问这是什么车？（大吊车）
> 身穿绿衣到处跑，全国各地送信件，请问这是什么车？（邮政车）
> 白色车辆画十字，抢救病人跑得忙，请问这是什么车？（救护车）
> 大红衣服穿在身，喷水灭火全靠它，请问这是什么车？（消防车）
> ……

4. 车牌的秘密

（1）车牌上面有什么。请幼儿观察车牌上的数字、汉字和字母，发现车牌有不同的颜色，底色有蓝色、黄色、绿色、白色和黑色，上面的数字或字母符号是白色或黑色等，警车还带着一个"警"字。

（2）请家庭中有车的幼儿说说自己家的车牌号是多少，车辆的颜色、品牌和外形特征是什么样的。可能有的幼儿会发现车子有前牌照和后牌照，它们的颜色、数字和文字是一模一样的。家里没有车的幼儿可以观察自己见过的车，车牌的颜色、数字、文字分别是什么。

（3）车牌的意义。请幼儿说一说车牌上的数字、颜色、文字分别代表什么意思，提醒幼儿通过调查、采访、查阅资料等途径寻找答案。

（4）给车辆制作一个合适的牌照。出示警车、公共汽车、大卡车、小轿车四种不同类型的车，请幼儿根据车型、功能等为车辆设计并制作一个合适的牌照。

（5）为车辆挂牌照。请幼儿给警车、公共汽车、大卡车、小轿车分别挂牌照，如公共汽车可以是黄色牌照，也可以是绿色牌照。

5. 制作一辆车

请幼儿了解车的基本结构，如汽车一般由车轮、车身、车门、车窗组成，车身内有方向盘、座位等。请幼儿自选不同的材料制作一辆车，可以用泥巴或者纸黏土捏，可以用纸箱、纸盒、易拉罐等材料制作，也可以用积木、雪花片、乐高玩具、毛根条等制作，还可以是木工制作。当然，也可以制作自行车、电动车、三轮车、滑板车等。

6. 车子展览会

将幼儿制作的车子和搜集到的各种车辆模型、资料进行展览。教师可以组织幼儿讨论布展流程，布展所需要的场地、材料等。请幼儿搜集各种车辆的图片、模型或视频资料，将自己绘画、制作的各种车辆布置在展会合适的位置。为自己的车子设计解说词，尽量介绍出自己设计车子的名称、制作材料、制作方法及它的主要功能，有哪些优点等，吸引参观者的兴趣。

观察指导要点

（1）组织幼儿进行数车辆这一活动时，教师一定要因地制宜选择适宜的地点，注意幼儿的安全。城市中的幼儿园如果地处市中心，距离十字路口较近，那么可以组织幼儿在院子内隔着栏杆数车辆；如果距离十字路口较远，可以采用小组活动，分别带幼儿去数；或者在幼儿园门口观察，用秒表计时，看30秒或者1分钟内有多少车辆经过幼儿园。没有条件去马路上数车辆的幼儿园，可以提醒幼儿在来幼儿园或者回家的路上，和爸爸妈妈一起数马路上的车，到幼儿园与大家进行交流和分享。

（2）对幼儿来说，特殊车辆没有固定种类，只要他能讲出自己认为它特殊的原因即可。教师不要限制幼儿的思维，局限在警车、救护车、消防车这几种车辆上。有条件的幼儿园可以将特种车辆请到幼儿园，请幼儿充分感知和观察，如扫地车、洒水车、降尘车（净化空气喷雾车）、警车、警用摩托车等。

（3）在发现车牌秘密的过程中，引导幼儿发现车牌照的千变万化，多种组合方式。如同样的数字，因最前面的汉字不同，它就代表了不同地方的车辆；前面所有汉字、数字、字母都相同，只有最后一位数字不同，也代表了不同的车辆等。车牌的颜色代表不同的车型，蓝色代表普通小型汽车，黄色代表普通大型车，绿色代表新能源车，黑色是指合资企业车，白色为警车或者军车。

（4）举办车辆展览会时，教师可以请幼儿从家里带来自己的各种玩具车辆，举办玩具车展览会。对于自己熟悉的玩具车，幼儿介绍分享的欲望会更强烈。除了关注车辆的功能特点，教师还应注意引导幼儿观察和了解车辆的结构特点。举办展览会时介绍自己设计车辆的与众不同之处，有助于鼓励幼儿发挥想象力，设计出具有特殊功能的车辆。

拓展与替代

（1）无法实际去现场数车辆的幼儿园，可以为幼儿提供一段视频，请他们观察车辆，统计数量，进行讨论等。

（2）为幼儿搜集各种车的品牌标志图，请幼儿观察汽车品牌的图案、颜色及造型，丰富幼儿的经验，拓展幼儿的想象。

（3）开展"我是小司机"之类的游戏，请幼儿扮演各种角色，驾驶不同类型的车，在游戏中了解并遵守交通规则。

家庭延伸活动

（1）在带领幼儿外出的路上，引导幼儿关注并讨论马路上各种车辆的外形、颜色、车牌号、标志及功能等，开拓他们的视野。

（2）有条件的家庭可以带领幼儿参观车展，认识更多的车辆；也可以到汽车修理厂请教专业技术人员，了解车辆的结构、功能等。

（3）与幼儿一起阅读有关车辆的绘本故事，如《宝贝挖掘机》《翻斗车好样的》《蓝色小卡车》等。

相关经验

- 运用多种感官，积极主动地感知和认识各种车，学习概括地表述不同种类车的外形特征，初步了解车的构造、标志及功能。
- 能对常见车辆进行细致的观察、分析，根据一定的特征对车辆进行分类。
- 对特种车辆具有浓厚的研究兴趣，了解各种功能的汽车与人们之间密不可分的关系，学会遵守交通规则。
- 在排排、记记、说说车辆号码的过程中感受数字排序的奇妙，知道自己家的车牌号码以及自己居住城市的车牌号开头汉字是什么，第一个字母是什么。
- 在设计和制作车辆的过程中，发展想象力、创造力和动手能力。
- 在车子展览会活动中，尝试合作布置展览、介绍自己的车，发展空间布局的审美能力、协商合作能力和语言表达的能力。

核心科学概念

- 马路上的车各种各样，由于人们在生活和生产中有多种需求，因此车的类别各不相同。除了用于出行的车辆外，还有建筑用车、军事用车、物资运输车等。
- 车牌号是标识车辆身份的号牌，车牌号对车的意义就像身份证号对人一样，它是由不同的文字、数字、字母组成的，不同颜色的车牌所代表的车型是不同的。

探究过程与方法

（1）马路上各种各样的车令幼儿应接不暇，他们对此具有浓厚的探究兴趣。观察、统计幼儿园或者家附近路口的车辆，可以帮助我们判断附近是否堵车，是否便于停车，以便选择适合的交通工具出行。这样的活动能让幼儿了解，观察和调查的科学方法与生活密切相关。

（2）带幼儿参观各种车辆，有助于拓展他们的经验和视野。观察汽车的过程，可以让幼儿学会用从整体到局部，从细节再到整体的方法欣赏汽车，结合外形、结构和色彩感受汽车的不同与所蕴含的汽车文化。

（3）特殊车辆对孩子来说具有神奇的魔力，他们喜欢车辆的造型，喜欢探究它们的声音，比如警车叫起来的震慑力、救护车叫起来的急促、消防车声音的悠远以及洒水车响起来的优美音乐，都给人特殊的信号和很强的辨识度。挖掘机、铲车及大吊车等是很多男孩喜欢研究的工程车，这些车辆的结构特点与其功能密切相关，用于解决现实生活中的实际问题。对于这些车辆的探究和调查，有助于幼儿了解科学与生活的关系，增强对科学的兴趣。

教师困惑与对策

困惑1：去马路上数车太危险了，领导、家长不同意怎么办？

对策：随着人们生活水平的提高，车已成为幼儿生活中必不可少的交通工具。他们对车辆具有浓厚的探究兴趣，满足幼儿观察、了解、交流、分析车辆的愿望，能够帮助幼儿形成积极的科学态度，对生活中的现象更加关注。所以我们要在保证幼儿安全的前提下，积极争取机会，让幼儿在现实生活中探究科学。

（1）教师可以采取小组活动，在不同的时段分批带幼儿外出数车辆。

（2）离马路近一些的幼儿园，可以在园内观察和数车辆，在大门口、楼顶平台、班级窗户前，只要能看到车辆的地方都可以进行。

（3）请家长带幼儿外出时观察记录，回到园内交流。

（4）实在没条件观察车辆，或者偏远地区的幼儿园，可以为幼儿提供视频进行观察和分析。

科学问题来源于生活，只有幼儿亲自感知和体验才能实现深层次的学习和理解性学习，也才能真正促进幼儿各方面的发展。

> **困惑 2：** 幼儿园在农村，看不到这么多车怎么办？
>
> **对策：** 其实车辆多少不是开展此次活动的关键，重要的是教师的观念。如果在农村，看不到那么多汽车，那么可以请幼儿观察自行车、摩托车、手推车、三轮车等，同样可以提出话题，引发幼儿的观察兴趣和探究欲望。

📖 知识小百科

马路上的车是靠什么动起来的？

马路上的车多种多样，是靠不同的动力系统来发动的。有人力车，如自行车、脚踏三轮车、小推车等；有电动车，主要靠充电来提供动力，如电动汽车、助力车、两轮电瓶车；还有烧油的汽车，汽油或者柴油是它们的动力来源；还有烧气的汽车，比较环保。还有一种新能源汽车，是采用非常规的车用燃料作为动力来源（或使用常规的车用燃料、采用新型车载动力装置），因为污染少，这种车辆一般挂绿色车牌。

生活中的垃圾

适合班级

中、大班

活动准备

（1）各种垃圾、垃圾桶的图片若干，回收箱、塑料瓶、旧报纸、纸盒、剪刀等。

（2）"生活垃圾大调查"记录表。

活动建议

1. 班级一天垃圾知多少

教师引导幼儿有意识地收集班级一天中的垃圾，再和幼儿进行观察和交流，看看自己班级所有小朋友一天会产生多少垃圾，以此类推，全园可能产生多少垃圾，引发幼儿对垃圾问题的关注。

2. 生活垃圾大调查

请幼儿周末时在家中进行观察，调查一下生活中的垃圾到底有哪些，并在表 4.5 中用自己喜欢的图画或符号做记录。

表 4.5 "生活垃圾大调查"记录表

序号	垃圾名称	在哪里发现的垃圾	谁制造的垃圾	备注

回幼儿园之后,教师组织幼儿一起讨论和分享自己的调查结果,鼓励大家说出自己在观察中的新发现。幼儿可能发现各种各样的垃圾,如爸爸妈妈做饭制造的垃圾:各种菜叶、牛奶袋等;厕所里的垃圾:卫生纸、头发等;日常生活中的快递盒子、矿泉水瓶、零食袋子、宠物制造的垃圾等。

3. 垃圾分类箱

有条件的幼儿园请幼儿观察自己的幼儿园、小区或者马路上的垃圾箱,没有条件的幼儿园可以搜集垃圾箱的相关图片、视频进行观察。

(1)垃圾箱的观察与分类:观察身边的垃圾箱的颜色、形状,包括上面的文字和符号等外形特征,了解其基本含义。

分类垃圾箱:引导幼儿初步了解我国分类垃圾箱的基本特点。蓝色的是可回收垃圾箱,绿色的是厨余垃圾箱,灰色的是其他垃圾箱,红色的是有害垃圾箱,黄色的是医疗废弃物垃圾箱。

同一种颜色的垃圾箱,上面也会有不同的标志,所以要认清垃圾箱上的标志:可回收物的标志是三角形,箭头是循环的;其他垃圾的标志也是三角形的,但是有两个箭头,方向都是朝下的;厨余垃圾箱上标注了果壳形状;有害垃圾箱上有个叉号,表示不要乱动。

(2)多种多样的垃圾箱:请幼儿说一说自己见过什么样的垃圾箱,如按材质分有塑料的、木头的、金属的、石头的、竹子编的等;按功能分有脚踏式的、翻盖式的、自动感应式的等;人们为了与环境融为一体,有些地方把垃圾箱设计成音箱、凳子、

树墩、篓子等样子。

4. 纸牌游戏：垃圾去哪里

把生活中的各种垃圾和垃圾箱绘制成纸牌，教师可以直接从网上下载图片，彩色打印出来加塑封就可以使用。纸牌游戏可以两个人一起玩，一人拿所有垃圾箱的纸牌，一人拿所有垃圾的纸牌，把所有的纸牌反过来随意抽，垃圾箱先出牌，对方需要根据垃圾箱的颜色和标志，从自己的牌中取出一张画有相应垃圾的纸牌，拿对了，就赢得对方的牌，错了就要把自己的牌送给对方，最后谁的牌多谁就是赢家。

5. 我会扔垃圾

在幼儿园和家庭生活中，有意识地让幼儿自己扔垃圾，进一步巩固和应用垃圾分类投放的相关知识。

6. 垃圾去哪儿了

组织幼儿讨论垃圾去哪里了。可以通过观看视频、请相关人员介绍等形式，帮助幼儿了解垃圾分类处理的常识，知道可回收垃圾经过综合处理后能够再利用，减少污染，节省资源；有的垃圾采取卫生填埋的形式，可有效减少对地下水、地表水、土壤及空气的污染；有的垃圾经生物技术就地处理堆肥，可以成为有机肥料；有害垃圾要经过单独的特殊处理。

7. 百宝箱

在每个班级门口放几个箱子，贴上标志，让幼儿将家中不用的废纸盒、矿泉水瓶、易拉罐等带来进行分类回收。每天有一个固定时间，教师和幼儿一起对百宝箱中的物品进行清点、分类、记录，并按照各个区域活动的需要和幼儿游戏的需要，投放在区域中。

8. 垃圾也是宝

请幼儿观察班级环境中的物品，看一看哪些东西是用废旧物品制作的，如用易拉罐做的沙锤、用矿泉水瓶做的保龄球、用纸杯做的各种小动物和花、用报纸做的户外游戏的各种道具等。教师还可以带幼儿欣赏用废旧物品制作的时装秀视频，支持幼儿任选废旧物品自制各种游戏用的玩具或表演用的服装道具等，如用报纸做纸球、纸箱变成娃娃家的家具，让幼儿体验循环利用废旧物品做游戏的乐趣。

观察指导要点

（1）在最初进行生活垃圾大调查及垃圾分类时，重点引导幼儿发现垃圾的材质不同，类别不同。至于幼儿将垃圾最终归到哪一类，不要刻意强调，只要幼儿能说出自己分类的理由即可。

（2）在垃圾调查的整个过程中，我们应该重点引发幼儿对垃圾问题的关注，引导幼儿学会观察和分析，并主动积极参与调查中，初步形成垃圾分类的意识和观念。

（3）关于垃圾分类的基本知识比较重要，但教师应注意避免简单的说教和死记硬背，应该注重在游戏过程中、在实际生活中让幼儿通过不断地亲身体验和操作获得这些基础知识。另外，小手牵大手，让幼儿带动家长关注垃圾分类的问题，并让每个家庭都逐步建立起少制造垃圾、垃圾要进行分类投放的意识，为社会贡献自己的力量。

（4）在与幼儿一起利用废旧材料制作物品时，应重点引导他们根据材料的材质、特征，巧妙进行再利用，这种活动既有助于培养幼儿节约资源的环保意识，又有助于推动幼儿的观察力、想象力和创造力的发展，比如用快递纸盒做垃圾桶，用喝过的饮料杯子做小动物玩偶等。

（5）在班级投放收集的废旧物品时一定要注意卫生和安全。在对垃圾进行调查时，提示幼儿尽量避免用手碰触，需要时可以戴上口罩。

拓展与替代

（1）没有条件直观探究的幼儿园，可以用相关图片代替，让幼儿认识各类垃圾分类标志，进行操作或游戏。

（2）可以带领幼儿一起制作各种各样的垃圾桶或者宣传牌，将其投放到幼儿园或社区中，进行环保意识和垃圾分类的宣传活动。比如，在空矿泉水水桶、食用油桶上刷漂亮的颜色使其变成垃圾桶，并在刷洗干净的餐桶里种上各种花等。

家庭延伸活动

（1）和幼儿一起记录家庭中一天产生的垃圾有哪些，填写"生活垃圾大调查"记录表，让幼儿用自己能看明白的图案和符号进行记录。

（2）与幼儿一起用废旧物品做一样手工作品，带到幼儿园进行交流和分享，看谁的创意更加独特。

（3）和幼儿一起制作垃圾分类宣传画，在社区中进行宣传，共同为垃圾分类做贡献。

相关经验

- 初步了解生活中垃圾的来源和特点，并能辨别垃圾分类箱的标志，学会基本的垃圾分类，即可回收垃圾、厨余垃圾、有害垃圾、其他垃圾。
- 能运用教师制作的调查表或自己制作的调查表进行生活垃圾调查和记录，并能运用记录表里的结果得出自己的结论。
- 能用连贯的语言表达自己在探索垃圾过程中的发现，提出自己的问题或观点。
- 感知废旧物品的再利用过程，创造性地运用废旧物品开展游戏，体验变废为宝的乐趣。

核心科学概念

- 分类是指按照种类、等级或性质分别归类。我们周围的人、动物、植物、日用品、幼儿玩具等都可以按照其内在性质或外在特征进行归类，这有助于我们更有条理地认识世界，让我们的生活更加美好。
- 可回收垃圾是指适宜回收和利用的垃圾，主要包括废纸、塑料、玻璃、金属和布料五大类，一般用蓝色垃圾容器收集。
- 垃圾增多会占用大量的空间，甚至污染土壤、空气和水，加重地球的负担，我们应该尽量减少浪费，少制造垃圾，做到垃圾分类投放，具有环保意识。

探究过程与方法

（1）生活中每天都会产生垃圾，引导幼儿调查生活中的垃圾，观察分析垃圾，参与垃圾分类活动。幼儿在这个过程中不仅会逐步养成垃圾分类的良好习惯，还会主动参与生活，发现和探究、调查和分类统计，学习主动思考，科学面对和处理生活中的问题。

（2）探寻垃圾从哪里来、到哪里去，有助于幼儿发现生活、垃圾、环境和人之间的关系。这个过程不仅会拓展幼儿的知识经验，而且有助于幼儿从整体的视角看待垃圾与生活。教师鼓励幼儿通过观察、讨论、记录的方式，和同伴一起制定减少生活垃圾的方案，在不断探究的过程中循序渐进地深入研究，可以有效培养幼儿健康的生活方式，树立环保的理念。

> **教师困惑与对策**
>
> **困惑1：**家长认为垃圾太脏，不让幼儿观察探究怎么办？
>
> **对策：**这是家长的一种误区，一方面，教师要向家长解释我们开展此项活动的意义，探究的"垃圾"是什么样的，我们肯定是在保证卫生的前提条件下进行的。另一方面，引导家长了解幼儿的年龄特点和学习特征，他们的科学经验是在科学探究过程中通过亲自操作、感知、体验获得的。所以，成人应该抓住日常生活中随时随地可见的扔垃圾、倒垃圾以及观察周围垃圾站的机会，让幼儿充分观察、调查和探究。这样才能让幼儿感受到人与环境的依存关系，并自觉地从力所能及的事情做起，争当"环保小卫士"，建立关爱环境的意识。
>
> **困惑2：**我们按照垃圾分类箱丢弃垃圾，可是垃圾车在运送时又将垃圾混在一起倾倒，这不是白费力气吗？
>
> **对策：**任何新事物的出现和习惯的养成都是需要一个过程的，垃圾分类是社会文明进步的一种表现形式，也是未来发展的必然趋势。由于各种条件限制，我们现在正处于起步阶段，有的城市已经开始试点，垃圾分类和垃圾处理有了明显的效果。从现在开始培养公民的垃圾分类意识，逐渐落实到行动，相信后面各类保障措施一定会落实到位的。我们每个人都应该具有"垃圾分类从我做起，保护环境人人有责"的意识和行动力。

知识小百科

垃圾桶是怎样区分的？它们的颜色和标志分别是什么？

垃圾桶一般有五种颜色。绿色垃圾桶上一般有果壳标志，是厨房垃圾回收桶，回收动物骨骼内脏、茶叶渣、果皮、废弃食用油、菜梗菜叶、剩菜剩饭、果壳、残枝落叶等。红色垃圾桶上有个"×"，是有害物质垃圾桶，回收废电池、电子产品、废油漆桶、水银温度计、废旧计算机、废旧灯管、打印机墨盒、过期药品、过期日用化妆品、杀虫剂、废旧小家电等。蓝色垃圾桶上有封闭循环的三角形符号，是可回收再利用垃圾回收桶，回收玻璃、牛奶盒、金属、橡胶、塑料、纸张、甲鱼壳等。灰色垃圾桶上是三角形下带着两个向下的箭头，是其他垃圾回收桶，回收烟头、贝壳、一次性餐具、污染纸张、纺织品、尘土等。黄色垃圾桶通常代表废旧医疗用品回收桶，一般用于卫生站、医院。

什么是垃圾分类？实施垃圾分类有什么意义？

垃圾分类，指按一定规定或标准将垃圾分类储存、分类投放和分类搬运，从而转变成公共资源。实施垃圾分类，能够有效提高垃圾资源的回收利用率，非常环保；物尽其用，提高垃圾的资源价值和经济价值；改善居民环境，让我们生活的街道、公共场所干净、整洁、有序。

主题五　声音的乐章

主题导引

  一般而言，人清醒着就能听到声音，声音的丰富多变就像这个世界一样充满魅力。置身在大自然中，我们会被风声、雨声、流水声、鸟鸣声吸引；置身在大都市，我们会被马路上的汽车声、人群声淹没；来到幼儿园，我们能听到孩子们的欢声笑语和教师们的温声暖语……对声音的探索是一种自然而然的行为，甚至婴儿也会追踪声音，关注外界的声音，发出各种各样的声音，感受声音的奇妙变化。本主题的活动不仅仅让幼儿有机会倾听、辨别各种声音，发展其听觉感知能力，也让幼儿有机会动手参与操作、实验和游戏，在亲身体验中感知声音的存在和变化，并能采用多元方式进行记录和表征，从而引发幼儿对于声音持续的探究兴趣，丰富其科学素养。

核心活动

- 声音宝盒
- 是谁在唱歌
- 声音的故事
- 给声音画像
- 传声筒

声音宝盒

> 适合班级

小、中、大班

> 活动准备

（1）带有各种声音的音频、视频，各种乐器、玩具，材质不同的瓶子、杯子等能发出声音的物品若干。

（2）各种录音工具，如手机、录音笔、照相机、录音机等。

> 活动建议

1. 聆听声音

带幼儿走进公园、来到院子中，或者在室内，闭上眼睛静静聆听，看每个人能听到多少种声音。请幼儿听到一种，就伸出对应的手指表示。1分钟左右睁开眼睛，互相交流自己听到的声音。幼儿可能会听到汽车的喇叭声、钟表的嘀嗒声、小鸟的鸣叫声、人的说话声以及蝉的叫声等，无论听到什么，幼儿都可以表达出来。这样的游戏可以在一日生活中反复进行。

2. 辨别声音

（1）谁的声音：教师播放音频或者现场用物品制造声音，请幼儿调动自己的已有经验，听后说一说是谁发出来的声音，或这个声音是怎么发出来的。播放的声音可以是自然界的鸟鸣、蛙叫、蝉唱、犬吠，可以是潺潺流水声、风雨雷电声或者空谷回声，可以是生活中的锅碗瓢盆声，还可以是现场乐器演奏或者电动玩具发出的声音等。

（2）验证声音：幼儿推测声音后，大家可以现场进行验证，让幼儿感受声音游戏的乐趣和声音产生的奇妙。

（3）表达感受：每听完一种声音后，启发幼儿大胆表达对声音的感受，提示他们用准确的词汇表达声音的大小、强弱，听后的感觉等。声音会给人情感上的强烈刺激，有些声音听起来让人感觉非常优美且舒服，有些声音让人感觉刺耳、不舒服，甚至烦躁。提醒幼儿不制造噪声。

3. 声音模仿

与幼儿一起玩模仿声音的游戏（扫描二维码可见视频《模仿动物叫声》）。

（1）教师发出一种声音，幼儿来模仿，这个声音可长可短，可高可低，可粗可细，节拍的数量也可以变化。

（2）运用身体部位发出声音进行模仿，如拍手、拍腿、拍肩、跺脚等，节拍数量、轻重、节奏都可以根据幼儿年龄特点进行变化。

（3）借助奥尔夫乐器进行模仿游戏，教师用一种乐器发出声音，幼儿可以选择同样的乐器来模仿，也可以自主选择其他方式模仿，如用嘴巴发声、拍手、拍腿等都可以，以此提高幼儿的盲听能力。

4. 收集声音

为幼儿提供不同的工具，如手机、录音笔、照相机、录音机等，请幼儿到生活、自然中录制各种声音。

（1）回来后与同伴交流和分享录制的声音，认真倾听，学会辨别。

（2）记录收集到的声音，学习分类统计。听到了多少种声音，自己感觉好听的声音有哪些，不好听的有哪些（如表 5.1）。

表 5.1 我收集的声音统计表

序号	收集到的声音	在哪里收集的	听到后的感受	备注
1				
2				

续表

序号	收集到的声音	在哪里收集的	听到后的感受	备注
3				

说明：1. 收集到的声音让幼儿用自己的符号来记录，他认为是谁的声音就画出谁的图案。

2. 听后的感受让幼儿自己判断是好听还是不好听，可以用笑脸或哭脸表示，也可以用"√""×"表示。

观察指导要点

（1）教师可以随时随地组织幼儿进行聆听声音的活动，可以在院子中散步时，也可以在幼儿疲惫或者兴奋不止时，把聆听声音作为一种让他们安静下来休息或者组织活动的方式。让幼儿闭眼聆听时，教师要注意观察周围环境，必须是安全的，有多种可辨别声音的地方。

（2）聆听的声音要多种多样，既可以是自然界的天然声音，也可以是人为制造的声音，可以是真实的声音，还可以是模拟的声音，应让幼儿充分打开听觉系统，通过聆听、辨别、猜想、验证，提高听觉的敏锐性。

（3）在验证声音的环节，有条件和有能力的教师可以为幼儿提供声音视频，配合图片或者实景欣赏，让幼儿视听结合，进一步感受声音的美妙和神奇，享受声音带来的美好体验。引导幼儿理解，声音可以影响人的情绪，尽量避免制造噪声，为保护环境和身体健康做出自己的努力。

（4）声音模仿游戏可以发生在师幼之间，比如，教师发出一种声音，幼儿模仿，或者反过来。玩这个游戏时，教师可以借鉴奥尔夫音乐教学的方法，调动幼儿感官全身心参与其中，并由易到难层层递进。游戏也会自然地发生在幼儿之间，教师不要把幼儿的模仿看成捣乱加以禁止，而是自然地引导幼儿对声音变化的关注。

（5）收集声音的工具可以多种多样，根据各地区的实际情况确定。在有条件的情况下，可以请幼儿提前学会录制工具的使用方法，然后互相交流不同工具如何操作。在条件有限时，教师收集声音，幼儿倾听、判断即可。教师要尊重幼儿的意愿，让他们学习用自己喜欢的符号记录声音记录表，只要能表达出自己听到的声音就可以。

拓展与替代

（1）请幼儿搜集更多的声音，可以是自然界的，也可以是各种常见的瓶瓶罐罐装上不同的物品制造的声音，还可以用纸盒、玻璃瓶、易拉罐等，用它们发出声音让幼儿来猜。

（2）没有条件收集声音的幼儿园，可以将幼儿带到现场进行实际体验和感受，那将是更好的聆听学习方式。

（3）与幼儿一起读一读关于声音的绘本故事，如《听，什么声音？》《春天的声音》《公园里的声音》等，通过绘本故事拓展幼儿的经验，生发更多的探究活动。

家庭延伸活动

（1）与幼儿一起在不同场所玩一玩听声音的游戏，如所居住的社区、公园、游乐场、超市、电影院等地方，看谁听的声音种类多，又表述清楚。

（2）与幼儿一起搜集家庭中的各种声音，分析不同声音的来源，大家一起讨论喜欢的声音有哪些，是从哪里来的，哪些声音不利于健康，如何避免噪声等。

（3）也可以经常和孩子玩声音模仿游戏，还可以声音加动作，增加游戏的趣味性。

相关经验

- 学习听辨、分析各种声音，养成乐于倾听、安静倾听的良好习惯。
- 能比较、区分声音的大小、强弱，并能用语言恰当表达自己对声音的发现和感受。
- 通过收集、探索、操作活动，对各种声音感兴趣。
- 具有倾听、分辨的能力，也能模仿别人的声音。

核心科学概念

- 声音是由物体振动产生的，通过气体、液体或者固体传播被人或动物的听觉器官感知。
- 声音可以分为乐音和噪声，有规律的、好听悦耳的声音叫"乐音"，无规律的、难听刺耳的声音叫"噪声"。乐音可以陶冶人的性情，给人以美的享受；噪声分散人的注意力，妨碍休息，甚至影响人的健康。

探究过程与方法

（1）日常生活中，无处不在、千变万化的声音使幼儿充满了好奇和浓厚的探究兴趣。引导幼儿闭上双眼，用耳朵静静地聆听，凭借听觉器官接受外界的各种信息，进而通过思维活动达到对周围世界的认知和理解，这对培养幼儿做事专注、正确理解别人所说的话语、及时正确地做出判断，采取恰当的回应方式等具有积极的意义。用心倾听是一种美妙的旅程，教师可以随时随地为幼儿提供机会进行这样的感知体验。

（2）幼儿在专注倾听自然界、生活中或者教师提供的各种声音时，能够打开自己的听觉系统，感知和发现周围生活中的各种变化。幼儿参与录制声音、收集声音等活动，也是学习使用简单的工具探究声音的过程；倾听—辨析—模仿—表征—创造，关于声音的一系列探究性游戏都有助于幼儿积累经验，学习分析、判断，形成自己的科学认识。

教师困惑与对策

困惑1： 幼儿倾听声音时总是偷偷睁开眼睛，不能集中精力怎么办？

对策： 倾听是幼儿接触社会、接收信息的重要手段，也是感知和理解语言的行为表现，可以促进幼儿听觉系统的敏锐性及语言的学习和发展。幼儿习惯于用眼睛认识世界，闭上眼睛他们感觉没有安全感，总是偷偷睁开眼睛是很正常的。一开始练习倾听时，教师可以借助眼罩、让幼儿双手捂上眼睛等方式辅助幼儿关闭视觉，打开听觉系统。另外，教师要精心选择倾听的内容，根据幼儿的兴趣和能力，选择不同的倾听内容，让幼儿喜欢听，愿意听，时间久了，幼儿就会形成良好的倾听习惯，这是一个循序渐进的过程，教师不要着急。

困惑2： 幼儿收集声音时用电子产品，会不会对其产生依赖？

对策： 信息时代，电子产品已经以各种形式走入千家万户，比如购物、聊天、视频、游戏等。让幼儿在收集声音时使用的录音笔、手机等，只是其中一个很小的方面。幼儿对新鲜事物有着好奇心与探索心，如果自制力比较弱，就可能沉迷于电子产品。如何让幼儿增强自觉性，有限度地使用电子产品是父母和教师都应该关注的重点。比如，多带幼儿到户外游戏，与其约法三章，规定每天使用的时间等，让孩子从小就知道如何安全、高效地使用电子产品。

📖 知识小百科

声音是怎样产生和传播的？

声音是由物体振动产生的，正在发声的物体叫声源。声音可以以声波的形式通过固体、液体、气体等介质进行传播，由于声音的传播需要介质，故其在真空中不能传播。

我们是怎样听到声音的？

物体振动产生声波，声波传递到我们的耳朵引起鼓膜的振动，由听觉神经传给大脑，所以我们听到了声音。不同声音的强度和频率组成各不相同，所以音色、音量、音调各不相同。

是谁在唱歌

适合班级

中、大班

活动准备

（1）各种能发出高低不同声音的乐器（可以是成品，也可以是自制乐器），幼儿熟悉的动画片中角色的声音音频等。

（2）幼儿可操作的材料若干，如矿泉水瓶、口香糖空瓶、小铁盒、纸盒、有厚度且不易碎的玻璃瓶（奶瓶、饮料瓶）等，豆子、花生、小米、皮筋、水等。

（3）记录表、水彩笔、录音设备、幕布等。

活动建议

1. 猜声音

教师创设情境，组织幼儿玩猜声音的游戏。

（1）猜物体发出的声音：教师用一块布遮挡，在幕布后用不同的物品发出各种声音，可以有节奏，也可以无节奏，请幼儿猜是什么发出的声音，是怎样发出的声音。如敲击响板、小鼓、纸盒、小碗，弹拨皮筋、吉他、钢琴，晃动瓶子，摇动水的声音等。

（2）猜动画片中角色的声音：教师播放音频，请幼儿猜是谁在说话，如孙悟空、猪八戒、哪吒、小猪佩奇、唐老鸭、喜羊羊等幼儿熟悉的动画片角色。

（3）猜不同年龄段人发出的声音：教师播放音频，请幼儿分别倾听婴儿的哭声、幼儿的说话声，成年人、老年人，男人、女人的声音等，了解人的声音因性别不同、年龄阶段不同会发生变化。

（4）猜教师或同伴的声音：请幼儿闭上眼睛（或戴上眼罩），由教师、幼儿轮流说一句话或者唱一首歌，请其他幼儿猜身边熟悉人的声音，说一说是谁在说话或者唱歌。

2. 声音实验

请幼儿操作生活中的各种材料，如矿泉水瓶、易拉罐、纸盒、纸杯、奶粉桶、茶叶盒等，尝试用敲击、碰撞、弹拨等不同方法探索材料，自由制造高高低低不同的声音。教师引导幼儿发现声音与物体的材质、数量、高矮、长短、力度大小等因素有关。

3. 声音变变变

请幼儿自主操作，反复实践，发现声音的高低、大小与物体的材质、数量以及外力大小之间的关系。

（1）不同大小颗粒的物品在同样容器内发出的声音不同，如在矿泉水瓶或者空盒内装上小米、绿豆、黄豆、花生等，幼儿晃动并分辨声音像什么，它的大小、高低如何。幼儿可能会发现"晃动装花生的矿泉水瓶发出的是哗啦哗啦的声音，比较大；装小米的瓶子发出的声音像沙锤，沙拉沙拉，比较小……"

（2）相同物品在同样容器内的数量不同，发出的声音不同，如矿泉水瓶内都装花生，因数量不同，发出的声音不同；在玻璃瓶内装水，因水位高低不同，声音的高低也不同。

（3）相同材质和数量的物品因外力不同发出的声音不同，如请幼儿用小棒敲击装有同样多水的玻璃瓶，倾听并发现由于用的力度大小不同，瓶子发出的声音大小也不同；弹动盒子上的皮筋，由于用的外力不同，弹出的声音大小也不同（扫描二维码可见视频《声音变变变》）。

4. 记录发现

请幼儿将声音实验和变化的发现记录在表中（如表5.2）。

表 5.2 "声音变变变"操作记录表

操作材料	装入的物品	物品多少	声音大小	使其发出声音的方法

观察指导要点

（1）教师引导幼儿玩猜声音游戏时，尽量采用多种形式，激发幼儿猜的兴趣。幼儿猜测每种声音后，教师要拿出发出声音的物品进行验证，同时肯定幼儿的大胆猜测和回答。

（2）提醒幼儿让同伴猜自己的声音时，说或者唱都不要暴露自己的名字信息，可以由易到难，一开始用原本的声音，之后变化音调和语气再说话，请幼儿来猜。

（3）在探索让物品发出声音的环节，教师要引导幼儿尝试用摇晃、碰撞、拍打、滚动等多种方法，让物体发出不同的声音。同时，提醒幼儿用听、说、想象、创造等方式，发现普通的生活材料也会产生各种独特的声音，激发幼儿的探索兴趣。

（4）在声音变变变游戏中，教师要引导幼儿边操作边倾听声音的变化，如"用什么方式会让物体发出悦耳的声音""哪个瓶子音调高，哪个瓶子音调低"等，引导幼儿探讨原因。

（5）提醒幼儿在敲击玻璃瓶时不要太用力，以免敲碎有危险。

（6）对于听声音的游戏，教师可以根据幼儿园的实际情况创造性地组织，不必拘泥于活动建议中的做法。

拓展与替代

（1）教师可以和幼儿一起玩听指令做动作的游戏，请幼儿闭上双眼，听教师指令，如"请你跟我拍拍手，啪啪""请你来拍三下肩"，幼儿要仔细听，既要听动作指令，又要听清数量。类似的游戏，教师可以随时组织幼儿开展，指令可以由简单慢慢变得复杂起来，层层递进。

（2）与幼儿一起读绘本故事《听，什么声音？》《鼓声咚咚咚》《声音怎么来的》等。

家庭延伸活动

（1）与幼儿一起利用家庭中的各种物品开展声音游戏，家庭中孩子喜欢的乐器、各种小玩具、生活用品等都可以用来发声。同样的物品可以发出不同的声音，不同的物品也能发出同样的声音，制造声音、模仿声音、猜声音的游戏都很有意思。

（2）带幼儿走进大自然，来到大海边，倾听天籁之声，让幼儿充分享受大自然声音的奇特与美妙。

相关经验

- 能根据物体发出的声音辨别出常见物体的材质、所用的数量、声音的变化等。
- 了解让物体发出声音的多种方法，大胆尝试，乐于探究，对声音充满好奇和浓厚的兴趣。
- 体验探索声音秘密的乐趣，乐于表达自己的经验与想法，与同伴分享自己的心得。

核心科学概念

- 物体因材质不同，振动的方式方法也不同，发出来的声音效果就不同。
- 同样材质的物品，因用的力度不同，里面物品数量不同，发出的声音也不同。
- 同样材质的物品，用的力度相同，里面物品数量相同，但盒子的空间大小不同，可能发出的声音也不同。

探究过程与方法

（1）生活中，各种各样的声音无处不在，大自然千奇百怪的声音和生活中各种物品发出的声音，让幼儿充满了好奇和探索欲望。让幼儿闭上眼睛用心聆听数一数有多少种声音，是培养他们安静倾听，用心感受，高度专注和大胆表达的良好途径。

（2）幼儿在边操作边探索的过程中，发现声音的千变万化，探究改变声音大小、传播方向及调控声音的方法与途径等，在不断地尝试、参与、发现、记录中感知声音的多样性，了解影响声音的各种因素，积累更多与声音有关的经验的同时，发展自己的探究能力。

教师困惑与对策

困惑1：幼儿在探究的过程中有可能辨别不出声音的变化怎么办？

对策：没关系，幼儿探究的过程就是学习发现的过程，教师和家长要认识到幼儿期的科学是"模糊科学"，不必用成人的标准去评判。幼儿不一定非要像成人一样按照既定步骤有序地探索，他们可以按照自己的兴趣和独特想法进行探究。无论幼儿如何分辨声音，是否能分辨出声音有所变化都没有关系，只要幼儿继续探究就很好。

困惑2：教师提供的材料很多，幼儿不使用或不知道怎样使用怎么办？

对策：针对任何科学探究活动的开展，教师可能都会提供一些必需的工具和材料，以更好地支持幼儿进行有目的的探究。如果幼儿不使用这些材料，教师就需要了解原因，对症寻找对策。比如，如果幼儿不知道如何使用奥尔夫乐器发出声音，那么教师可以直接示范，也可以和幼儿一起尝试，探索如何发出不同的声音；如果幼儿对教师投放的材料不感兴趣，那么教师可以以自己的兴趣和玩法吸引幼儿，也可以和幼儿一起讨论材料的使用方法，或者让幼儿彼此分享自己对材料的探索经验。另外，科学探究的材料投放并不是越多越好，有时候太多了反而可能分散幼儿的注意力，减弱探究的目标指向性，所以教师应该围绕关键经验和幼儿的兴趣投放适宜的材料。

知识小百科

为什么瓶子里的水高低不同，发出的声音就不同？

当用小木棒敲击玻璃瓶时，瓶子和水会发生振动，当振动通过空气传到我们的耳朵时，我们就听到了声音。由于每个瓶子里的水量不同，其振动频率不同，所发出的声音也不同。水越多，振动越慢，音调越低；水越少，振动越快，音调越高。编钟的工作原理与此类似，编钟的钟体小，敲击时，振动就快，音调就高；钟体大，音调就低。

各种乐器发出的声音为什么不一样？

因为每种乐器发声的方法不同，如吉他、钢琴、竖琴是靠琴弦振动发声的；笛子、管风琴等则是通过管内的空气振动发声的；鼓、锣、叉等打击乐器是靠敲击绷紧的皮革或金属发声的。不管哪种乐器，它们发出的声音与乐器本身的长短、大小有关，也就是与它们振动的频率有关，振动频率越快，发出的声音越高，反之，振动的频率越慢，发出的声音就相对越低。

声音的故事

适合班级

大班

活动准备

（1）模拟各种动物叫声、生活中各种声音的音频及视频。口技的音频和视频，任选一段故事视频，音频播放器一个。

（2）区域中的各种乐器、材料。

> **活动建议**

1. 欣赏配音

教师播放搜集整理的模拟各种动物叫声、生活中各种声音的音频，如鸟叫的声音、汽车的声音、炒菜的声音、钟表的声音等，请幼儿仔细倾听并说一说这是什么声音，如果幼儿的意见不统一，教师可以再次播放请幼儿倾听，然后说一说是谁发出这样的声音。

倾听过后，教师播放视频，请幼儿一边倾听一边仔细观察，说一说自己的发现，如鸟叫的声音是吹纸发出的声音、炒菜的声音是揉搓塑料袋发出的声音等。教师可以通过播放不同的声音模拟视频帮助幼儿感受其中的神奇，激发幼儿参与声音模拟活动的兴趣。

2. 我来配音

请幼儿到区域中自选多种材料并尝试发出各种声音，感知、辨别、梳理其中的特点，例如，不同材质的材料发出的声音不同，金属材质发出的声音多是尖尖的、清脆的，布料、棉花发出的声音多是低沉的，相同材质的材料用不同的方式发出的声音也不同，用手揉一揉、弹一弹、甩一甩等都会发出不同的声音。

教师鼓励幼儿在反复操作的过程中尝试模拟各种小动物的叫声或者生活中熟悉的各种声音，并向同伴进行分享、展示，感受模拟声音的快乐。

教师静音播放一段故事视频（如动画片《猫和老鼠》的片段），请幼儿说一说视频中发生了哪些事情，有哪些声音，鼓励幼儿自由组成团队，分配声音角色，然后各自寻找适宜的材料和方法模拟这些声音，最后每个团队尝试完整地配合视频模拟声音。在这个过程中，教师可以作为旁白加入幼儿的活动中，根据视频画面和模拟出来的声音讲述或者创编故事，和幼儿一起感受其中的乐趣（扫描二维码可见视频《我来配音》）。

3. 我的声音故事

请幼儿自由选择多种材料模拟发出各种声音，说一说模拟的是什么声音并尝试将这些声音创编成一个有情节的故事。教师鼓励幼儿向同伴讲述自己的声音故事，在相互分享、欣赏的过程中，说一说最喜欢哪个声音故事，为什么，谁选择的材料、模拟的声音最巧妙、最奇特等（扫描二维码可见视频《我的声音故事》）。

教师还可以请幼儿自由结合，共同协商、创编声音故事，并向同伴展示，组织全班幼儿进行以"我的声音故事"为主题的演出,共同制作海报、准备材料,邀请其他班级的幼儿和教师一起欣赏,感受模拟声音、合作创编的乐趣。

观察指导要点

(1)在欣赏配音之前,教师可以大量搜集各种声音模拟音频,给幼儿带来充分的听觉刺激,调动幼儿参与活动的兴趣,确保活动的顺利进行。教师搜集的声音应该是幼儿熟悉的生活中的声音、大自然的声音,内容越广泛越好、模拟声音的方式方法越多越好,让幼儿既熟悉又感到新奇。搜集的视频应该让幼儿既能听到模拟的声音又能看到如何模拟声音的过程,帮助幼儿充分感受模拟声音的神奇和有趣。

(2)在幼儿模拟配音的过程中,教师应给予幼儿充分的时间并营造宽松的氛围,允许幼儿选择自己感兴趣的材料、用各种方式尝试模拟声音。为了帮助幼儿更加清晰地听到自己模拟的声音,教师可以组织幼儿分区域、分组、分时段进行各种探究和尝试。在幼儿分组为视频配音时,教师应鼓励幼儿自由协商分配声音角色,不要进行过多干涉。

分配的角色是给幼儿的明确"任务",幼儿需要根据"任务"寻找适宜的材料,反复尝试各种发声方法。如果幼儿遇到困难,教师可以通过提供更有针对性的材料、给予充足的时间、组织幼儿交流分享等方法帮助幼儿应对困难。

幼儿合作为视频配音时,教师可以作为旁白加入活动,也可以鼓励幼儿边模拟边讲述故事,故事的长短、是否丰富不重要,重要的是幼儿之间的合作,以及配音时对材料的创造性运用。

(3)在讲述"我的声音故事"时,幼儿可以先创编故事然后尝试配音,也可以先尝试模拟各种声音再根据声音创编故事。在以"我的声音故事"为主题准备演出时,教师应在时间和材料上给予幼儿充分的支持,同时支持幼儿探究模拟声音的多种方法以及丰富的想象和创意,还可以尝试将幼儿讲述的"声音故事"录下来,作为最后演出的一部分,进一步激发幼儿的自信心和参与活动的兴趣。

拓展与替代

(1)请幼儿搜集并观看口技表演的视频,了解口技的神奇。

(2)鼓励幼儿尝试口技表演,感受其中的有趣。

(3)鼓励幼儿在户外场地、大自然中寻找落叶、树枝、果实等,通过踩落叶、滚树枝等方法模拟发出声音,感受利用自然物模拟声音的有趣。

家庭延伸活动

（1）请幼儿为爸爸妈妈、社区里的同伴表演"我的声音故事"，还可以邀请爸爸妈妈和同伴一起模拟各种声音，表演"声音故事"。

（2）请幼儿利用家中的各种物品、材料模拟声音，在确保安全的前提下尝试使用幼儿园没有的物品、材料，如厨房用品、生活用品等，看看还有哪些物品能够发出更多不一样的声音。

相关经验

- 对倾听和模拟生活中的各种声音充满强烈的好奇心，愿意参与各种配音活动。
- 愿意利用生活中的各种乐器、材料、物品探究发出声音的多种方法。
- 能够根据生活中各种声音的特点寻找适宜的材料并进行模拟。
- 能够大胆地模拟各种声音并将其串联在一起，展开想象，创编成丰富有趣的故事。

核心科学概念

- 不同质地的材料发出的声音不同，相同的材料用不同的力度、方式发出的声音也不同。
- 每一个发声体的材质、振动频率不同，因此产生的音色也不同，人们通常通过音色来辨别不同动物、物品和人的声音。

探究过程与方法

（1）模拟声音就是用一种或几种材料发出像另一种材料的声音，充满了神奇和乐趣，有时令人感到震撼和冲击。这样的过程能够激发幼儿强烈的好奇心，吸引幼儿不断尝试，在动手探究的过程中感受声音的奇妙变化。

（2）模拟声音的过程在于找到两种声音之间的共同点，因此需要幼儿仔细倾听、辨别音色的特点，并根据这个特点寻找适宜的材料，尝试运用各种方法，反复探究完成模拟。这样的过程有助于幼儿更加深入地感知不同发声体产生的不同音色，了解影响与改变音色的因素和方法，也有助于幼儿学习探究的方法，养成有目的地做事情的良好习惯，同时不断积累有关声音、音色的有益经验。

（3）不论是根据声音寻找材料进行模仿，还是制造声音讲述声音故事，都是幼儿创造性表达的过程，需要幼儿无限的创意和想象。同时，这也是将声音情景化、可视化的一种方式，能够帮助幼儿感知声音是充满感情的，即使不用词汇也能讲述故事，从而理解情感的表达是多种多样的，进而引发幼儿对戏剧的热爱。

教师困惑与对策

困惑：幼儿在模拟声音的过程中，总是不像怎么办？

对策：模拟声音的过程需要幼儿非常熟悉音色，了解各种材料发出声音的方式方法，同时找到两种声音的共同点，这需要幼儿细致地倾听，反复地探究，对幼儿来讲有一定的难度，教师应该给予理解。教师一方面不要急于让幼儿模仿，而是给予幼儿充分的时间，反复操作、探究，感知、了解制作各种声音的材料和音色，梳理各种发声的方式方法，另一方面尽可能提供多种材料、更宽松的氛围，支持幼儿的反复尝试和探究，然后再进行声音的模拟。即使幼儿模拟的声音不像，也要保护幼儿探究的兴趣，通过更换材料、交流讨论、改变发声方式等方法，逐步帮助幼儿学会模拟声音，从不像到相似再到逼真。

📖 **知识小百科**

什么是音色？

音色就是声音的特征，是指不同声音表现在波形方面总是有与众不同的特性，不同的发声体由于其材料、结构不同，发出声音的音色也不同，例如，钢琴、小提琴和人发出的声音不一样，不同的人发出的声音也不一样。人声的音色可以分为高音、中音、低音；器乐的音色可以分为弦乐器和管乐器，此外各种打击乐器的音色也是各不相同的。

给声音画像

适合班级

大班

活动准备

（1）多种有节奏的声音或音乐的音频。

（2）画纸、画笔人手一份。

活动建议

1. 倾听声音

教师营造安静的氛围，请幼儿倾听相对单一、重复的声音音频，如鸟鸣、蛙叫等各种动物的叫声；锯木头、切菜、汽车喇叭等生活中的声音；闪电、打雷等自然中的声音。静静地感受声音、节奏的不同等。教师还可以逐步播放更多不同节奏、音色的音频，让幼儿反复感知，激发幼儿倾听声音的兴趣。

2. 音乐动像

教师可以播放一段有快慢变化的音乐，请幼儿用不同的身体部位做出各种不同的动作表现声音的节奏，如用手指划出声音的节奏，通过拍手、拍肩、踏脚打出声音的节奏等。幼儿在用动作表示声音的节奏时，动作要跟上节奏的变化，节奏越快动作越快，节奏越慢动作越慢，还可以用双手打开、手指画圆等动作表示声音的时长。

3. 画出声音

请幼儿在纸上画出自己听到的声音的变化和节奏，鼓励幼儿用自己认为合适的线条来表示，可以是横线、折线、波浪线、螺旋线，甚至是各种线条、图形的组合。之后，请幼儿相互分享自己"画"出的声音，说一说为什么这么画，看看同伴画的和自己画的有哪些不同，相互说说为什么。

 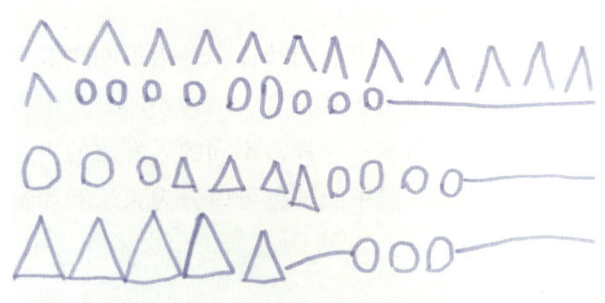

4. 听音乐画图谱

教师播放一段节奏鲜明的音乐，请幼儿安静倾听，然后将自己听到的节奏和旋律画在纸上，鼓励幼儿用多种线条、图形和组合表现其中的规律、变化，还可以用个性化的表征方式表现自己听到音乐后的感受和想象。画好以后，教师可以再次播放音乐，请幼儿边看图谱边用手指画出或用身体的其他部位做出动作表现音乐的节奏，还可以请幼儿边听音乐、看图谱，边创编讲述自己在音乐中感受到的画面和故事。

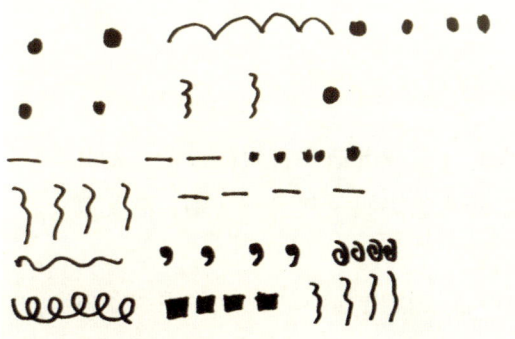 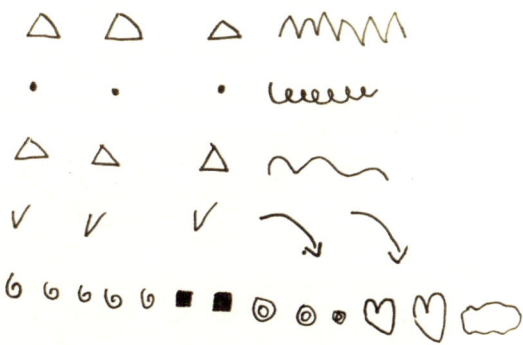

观察指导要点

（1）教师在播放音频的时候，可以先播放有节奏的、重复的音频，如动物的叫声、汽车喇叭的声音，这样便于幼儿找到声音的节奏。随着幼儿不断投入和对活动的熟悉，教师可以逐步播放连续几组重复的节奏或者有变化的节奏，更好地调动幼儿参与活动的积极性和主动性。教师在搜集音频的时候，注意音频节奏的多样性，要有长短、快慢的变化，赋予活动更多的趣味。

（2）不管用哪一种方式表现声音的节奏和旋律，教师都应允许幼儿个性化的表现，鼓励幼儿用不同的身体部位和动作、不同的线条和图形表达。教师应注意观察幼儿是否能够用正确的方式表现节奏的快慢和变化，可以通过组织幼儿相互展示、分享，让他们在对比的过程中感知、发现适宜的表现形式，从而学会表现节奏和旋律变化的正确方法。

（3）听音乐画图谱是幼儿在听节奏、表现节奏、画节奏的基础上用图谱自由表达对音乐感受的过程。即使是听相同的音乐，不同的幼儿也会有不同的感受，即使是相同的感受也会有不同的表现形式，因此教师应尊重幼儿对音乐的独特感受，鼓励幼儿用自己认为适宜的图谱表现音乐。在交流分享的过程中，教师可以组织多种形式，如听音乐看图谱做动作，听音乐看图谱讲故事，找出相同节奏、旋律的不同表现方式，感受表现音乐的多种形式。

拓展与替代

（1）请幼儿搜集与符号相关的图书、视频等资料，感知符号的特点及多样性。

（2）鼓励幼儿调查生活中的各种符号，如标志符号、动作符号、语言符号等，了解符号在生活中的应用。

（3）教师可以和幼儿一起欣赏音乐会视频，观察指挥家为乐队指挥时做了哪些动作，是如何用不同的动作表现音乐旋律变化的。幼儿也可以自己尝试做个小指挥家，伴随音乐模仿乐队指挥的动作。

家庭延伸活动

（1）举办家庭音乐会，爸爸妈妈播放自己喜欢的音乐或者演唱喜欢的歌曲，幼儿尝试用动作和各种线条、图形表现音乐，也可以邀请爸爸妈妈一起参与活动，感受其中的快乐。

（2）带幼儿到马路边，倾听过往车辆发出的声音，找出其中的规律并用线条画下来。

（3）有条件的家庭可以带幼儿到音乐厅欣赏音乐会，没有条件的家庭也可以借助网络、电视节目等方法欣赏各种音乐。

相关经验

- 喜欢安静倾听各种声音和音乐，有良好的倾听习惯。
- 能够在各种动物的叫声以及生活中的各种声音中找到蕴含的节奏和规律，并能通过拍手、拍腿、踏步或者用身体的其他部位做出动作进行表现。
- 能够用线条、图形等方式表现各种声音、音乐的节奏、旋律及其变化。
- 能够根据音乐的旋律特点绘制图谱，并创编、讲述一个完整的故事。

核心科学概念

- 每一种发声体都有自己独特的发声方式，因此生活中的很多声音都具有一定的节奏。
- 抽象的符号能够表示有规律、有节奏、有变化的声音或音乐。
- 适宜的符号能够将声音和音乐具象化，使其更好地传递信息，表达音乐的内容，如曲谱、图谱等。

探究过程与方法

（1）在大自然和我们的生活中，很多事物都有自己的规律，声音也是如此，动物的叫声、某种行为发出的声音以及音乐，都蕴含着独特的规律。寻找、发现各种声音的规律，既能帮助幼儿静下心来专注倾听，感受有规律的节奏、旋律带来的美感，还能提升幼儿的专注能力和对周围世界的感知能力。

（2）符号是一种载体，承载着交流双方发出的信息，是最早的文字，也是人类智慧的体现。人们根据自己的生活经验和需求，设计出各种符号。在现代生活中，各种各样的符号仍被广泛应用。幼儿倾听各种有节奏的声音、有变化的旋律，再通过多样的线条、图形表征出来的过程正是自主设计符号的过程，也是"感受—寻找规律和特点—概括表征"的过程，这需要幼儿有丰富的感受能力和概括能力，需要幼儿找到符号与声音、音乐之间的共性、规律和特点，逐步学会用抽象的符号进行具象的表达。在这样的过程中，幼儿的抽象逻辑思维能力和创造性表征能力得到提升。

教师困惑与对策

困惑：如果幼儿不能用适宜的线条、图形表现有节奏的声音或音乐，表现的方式方法比较单一怎么办？

对策：用抽象的符号表现不能看到、只能听到的声音和音乐对幼儿来讲具有一定的挑战性，需要幼儿有较强的感受能力以及抽象概括能力。教师要给予幼儿充分的时间以及交流的机会，鼓励幼儿通过欣赏音乐加深感受，在相互分享的过程中感知其规律。可以先尝试运用身体动作表达规律，再逐步尝试运用适宜的线条与图形表现有规律的声音和音乐的特点。

教师在提供声音和音乐时，应该具有层次性，按照由易到难、由短到长、由单一重复到具有变化的原则，帮助幼儿找到线条、图形与声音、音乐之间的共性，从而一步步学会用简单的符号表现有规律的音乐。

除此之外，教师也可以组织幼儿开展"寻找生活中的符号""奇特的符号"等活动，帮助幼儿了解符号的多样性，知道图形、数字、图画、线条、文字都可以作为符号传递信息，帮助幼儿积累经验、开阔思路，为幼儿的创造性表征打好基础。

📖 知识小百科

什么是节奏？

在自然、社会和人的活动中，节奏常与韵律结伴而行，使用反复、对应等形式把各种声音的变化加以组织，构成前后连贯的有序整体，有规律、有变化，给人美的感受，是音乐作品的重要表现手段。"给声音画像"活动，依靠对音乐节奏和旋律的感知与辨别，儿童得以运用动作、符号来表现形象。

传 声 筒

适合班级

小、中、大班

活动准备

（1）PVC 管，PVC 弯头，可以塞进 PVC 管的布条、棉花。

（2）不同材质的管子（海绵管、不锈钢管、塑料伸缩管）。

活动建议

1. 纸杯电话

请幼儿用纸杯、曲别针、棉线或者毛线自制传声筒，将绳子分别穿在纸杯底部，打上结，别在曲别针上，避免从杯子中脱落。两个人各拿一个纸杯话筒，拉直绳子，就可以通话了。一人在话筒开口说，另一人在话筒开口边用耳朵倾听。声音可以通过棉线振动远距离传过来。如果想要传声筒传声更清晰，就要将传声筒中间的绳子绷得紧些。

2. 自制传声筒（扫描二维码可见视频《传声筒》）

（1）请幼儿两人一组，用 PVC 管玩 "打电话" 游戏，感知声音在传声筒传声的现象，比较筒中传出的声音和真实的声音有何不同。

（2）请幼儿多人组合玩传声筒游戏。直筒的 PVC 管加上三通管就可以拼出有多个听筒的传声筒，幼儿多人一起玩 "打电话" 游戏，感受传声筒中声音传递的差异。

（3）请幼儿用不同材质的管子拼出不同长短、形状的传声筒，探索感知声音在不同材质、长短、形状的传声筒内有何异同。

有条件的幼儿园应允许幼儿将传声筒接到楼上楼下，或接到不同的活动室，甚至从室内到室外，发现声音的传递与管子长短、形状之间的关系。

3. 传声筒会变声

（1）请幼儿在 PVC 管里塞上布条、棉花等柔软的物品，比较塞上前后，PVC 管在传声上有什么不同，感知松软的物品具有吸音的效果。

（2）尝试在传声筒中塞上硬的物品，如塑料玩具、积木等，探究声音在传声筒中是否有所改变。

4. 传悄悄话

请幼儿 5~6 人为一组扮演"传声筒"，玩传悄悄话游戏，教师将所要传的话悄悄地告诉每队的第一名幼儿，然后各队同时开始传话。每名幼儿传话时只能让自己队里邻近的幼儿听到，不能让别人听见，看哪队传得又对又快。

观察指导要点

（1）在玩纸杯电话游戏时，教师应观察幼儿的兴趣点，引导幼儿发现线拉得越紧，纸杯电话传的声音越清晰。同时，提醒幼儿注意自己的音量，避免音量过大损伤同伴的听力。

（2）制作传声筒的材料不一样，或者传声筒的长度、形状发生改变，声音的传递就可能发生变化，也可能没有变化，所以教师在幼儿探索的过程中，可以请幼儿先猜测，根据自己的已有经验进行判断，再动手实验进行验证，得出结论。

（3）因为制作完成的传声筒要贴近幼儿的脸、嘴巴，所以教师或家长要提醒幼儿操作时注意安全，避免碰伤；提供的材料要适宜，游戏结束后将材料进行清洗消毒，使材料保持清洁。

（4）在传悄悄话游戏中，教师请幼儿传递的话要由简到繁，不断提高难度，让幼儿感到挑战性，保持积极的参与兴趣。此游戏不仅可以传递语言，还可以延伸为传递动作，或语言加动作，自由变化会带来很多游戏的乐趣。

拓展与替代

（1）与幼儿一起尝试用果冻盒、纸杯、纸盒、纸筒等制作有线电话，比较它们之间在传递声音上有无区别。

（2）尝试让幼儿用长短、材质不同的电话线（线绳、铁丝、毛线）做有线电话，请幼儿辨别声音的变化。

家庭延伸活动

（1）找回声：带幼儿去空旷的地方，如大山中、空旷的室内，对着远处的大山或者室内的墙壁大声说话或者呼喊，感受是否有回声现象。

（2）生活中有些物品是利用传声筒的原理制作而成的，如听诊器。如果有条件，应该让幼儿感受一下听诊器的神奇和作用，或者让幼儿玩听诊器玩具，或自制听诊器玩具用于游戏。

相关经验

- 能用多种感官探索不同形状和材质的传声筒，并根据自己的已有经验对传声结果大胆猜测，能用一定的方法验证自己的猜测。
- 感知声音可以通过多种介质进行传播，能用较清楚的语言讲述自己的观察和发现。
- 能与同伴一起利用适宜的材料自制大型传声筒，在解决问题的过程中学习探索和合作。
- 能集中注意力倾听同伴的语言并清楚地传递，养成认真倾听的习惯，提升倾听、记忆和转述的能力。

主题五　声音的乐章

核心科学概念

- 声音可以在气体、液体、固体等介质中传播，在不同的介质中传播的速度不同，所以我们听到的音量大小是不同的。
- 声音是由物体的振动产生的，以声波的方式传播，传播的方向是四面八方，而传声筒会把声音聚拢起来传向更远的地方。

探究过程与方法

（1）无论是纸杯电话还是传声筒都需要幼儿自己动手制作，所以本活动也属于科技小制作，参与制作的过程是幼儿探索发现声音传递现象的过程。每个幼儿都喜欢做出属于自己的玩具，在不断的尝试中感受自己的能力，并关注传声筒中声音传递的一系列变化，产生对声音的好奇心并持续探究。

（2）传声筒游戏至少需要两名幼儿一起制作，所以制作的过程不仅充满幼儿的合作探究和游戏，合作学习也会自然而然地发生。这会让幼儿感受到同伴游戏的乐趣，引发幼儿持续探究的兴趣。

教师困惑与对策

困惑 1：幼儿在探索过程中因为兴奋而远离了探究目标，怎么办？

对策：教师首先需要观察幼儿在做什么，对什么感兴趣，然后对幼儿的行为进行价值分析，看看在现有的幼儿感兴趣的活动中蕴含哪些显性和隐性的发展。如果教师观察到幼儿处于无所事事的状态，或者因为过于兴奋出现打闹的场面，甚至出现安全问题，教师就需要介入。当然，教师在介入之前要明确探究的目标，清晰地了解探究的步骤和层次，这样才能基于幼儿的现状给予适宜的指引，比如通过示范、合作探究、启发性提问、适宜的玩具材料、小型讨论会等方法引导幼儿。如果幼儿对材料陌生，不知该如何运用材料，教师就需要引导幼儿一起探讨材料和工具的使用方法。另外，教师在幼儿操作的过程中，要注意观察幼儿对操作活动的态度、反应，合理引导幼儿的兴奋度，使幼儿保持适度的兴奋，以积极的状态参与科学探究活动。

困惑 2：在制作不同材质、形状、长短的传声筒的过程中，幼儿只会模仿他人，缺乏创造性，怎么办？

对策：模仿是幼儿学习的一个手段，在幼儿没有自己的想法或者缺乏一定的技能时，通常会模仿别人。教师不要急于否定，应深入幼儿的制作和探究过程中，认真观察幼儿的行为，有时也可以教给幼儿一些必要的技能，比

> 如三通管、加长传声筒的使用，有针对性地指导幼儿学习工具和材料的使用方法。在活动开始前，还可以请幼儿先一起讨论或设计要制作的传声筒，并画在图纸上，再按照图纸进行制作，鼓励幼儿互相合作。如果大家设计的形式雷同，那么教师可以借助小视频或图片为幼儿提供一些独特的创意，丰富幼儿的创造思维。

📖 知识小百科

传声筒是如何产生的？

传声筒亦称"传话筒"，是一种具有实用性和娱乐性的古老工具，由中国人最先发明，是电话机最初的原型。生活中，电话、喇叭、耳机、听诊器等都是运用传声筒的原理制作出来的。

为什么纸杯做的"有线电话"能传递声音？

运用纸杯制作的"有线电话"是利用声音可以通过固体传播的原理制作而成的。当我们对着纸杯说话时，纸杯能够有效地将声音聚集起来，减少声音的扩散，并且让声音通过中间的绳子传递到另一端的纸杯中。纸杯之间的绳子绷得越紧，传声筒传声越清晰。

主题六　光影大世界

主题导引

太阳光平淡无奇，对我们却极为重要，我们无法想象离开太阳光的日子会是多么令人绝望。不仅人类需要，地球上的生物也都离不开太阳光，它是生命之源。光和影的相互依存和变化，会引发3—6岁幼儿强烈的好奇心和探索活动，也是他们游戏的内容，当然还是幼儿园课程永恒的内容之一。本主题的很多活动具有神秘感和吸引力，很多活动在室内或户外随时可以开展，也很容易延伸到家庭中，成为亲子游戏的内容。在开展这一主题活动时，教师不必拘泥于光影变化的科学原理，而应关注幼儿的探究兴趣，给予幼儿充足的机会自己动手寻找、操作、实验、验证、制作，启发幼儿的兴趣，发展幼儿的探究能力和科学思维能力。

核心活动

- 哪里有影子
- 会变的影子
- 百变魔镜
- 光影追踪
- 寻找彩虹

哪里有影子

适合班级

小、中、大班

活动准备

（1）有充足光源的地方，可以是阳光明媚的天气；也可以到光线较暗的房间。
（2）各种色彩的玩具、手电筒、灯等。
（3）记录表、水彩笔、粉笔、照相机等记录材料。

活动建议

1. 哪里有影子

组织幼儿一起玩找影子游戏，让他们说一说自己在哪里找到了影子，找到了谁的影子，如在院子里找到了自己的影子、同伴的影子、大树的影子、玩具的影子、小动物的影子等；在教室里找到了玻璃上娃娃的影子、桌子的影子、空调的影子等。请幼儿进行统计并记录在表中（如表6.1），看谁找的影子多。

表 6.1 我找到的影子

序号	在哪里找到的影子	影子的样子	共找到了几种影子	备注
1	院子里			
2	公园里			
3				

2. 为什么有影子

请幼儿仔细观察周围环境，想一想为什么会出现影子。引导幼儿发现只要是有光源的地方，就能看到物体的影子，如有太阳时，有月亮时，开灯的房间里，还有路灯下等。

3. 影子什么样

引导幼儿仔细观察不同物体的影子，发现影子的颜色、样子及大小变化。知道影子大都是黑色的，它只是一个轮廓，有很多细节在影子上看不到，影子的样子与物体本身的外形轮廓一致。影子还会随着物体离光源位置的变化而变化。

4. 一起画影子

请幼儿在操场上画影子，可以两人一组，一人摆一人画，交替进行；可以给其他物品画影子，还可以合作给一组物品或小朋友画影子，之后创作影子添加画，说一说影子像什么。知道影子会随着自己身体动作的变化而变化。

5. 快乐踩影子

请幼儿走一走，发现影子和我们一起动，我们走到哪里它就跟到哪里。带领幼儿在空地上玩踩影子游戏，一个人踩，一个人躲，踩到影子后互相交换再玩。引导幼儿讨论怎样才能踩到别人的影子或者怎样才能不被别人踩到自己的影子。

6. 影子不见了

启发幼儿发现怎样从有影子变成没有影子，把影子藏起来。比如，躲到树荫里、关上教室的灯、拉上窗帘，进一步感受没有光源的地方就没有影子，或者是把物品挪到阴凉处，放在很多光照在一起的位置上，发现物体在无影灯下也没有影子。

7. 影子连连看

组织幼儿玩影子连连看游戏，在屏幕或者纸上，请幼儿根据事物的形象找到相应的影子连起来（各种物品，由易到难）。

观察指导要点

（1）教师组织幼儿开展找影子活动时要给幼儿充分的时间去调查发现，然后做好记录，以便找到更多的影子。

（2）玩踩影子游戏时，引导幼儿不要盲目乱跑，要注意观察光源位置和同伴行动方向再追逐和躲闪。同时，提醒幼儿注意安全，避免相互碰撞。

（3）对于影子的观察和辨别，教师要为幼儿提供多种造型和多个角度的影子形象，引导幼儿细致观察、对比分析，发现影子与物体本身的不同之处。

（4）玩影子藏起来游戏时，引导幼儿仔细观察光源位置，知道可以通过遮挡光源、变化物体位置等方法使影子不见，培养幼儿创造性思维和逆向思维能力。

（5）注意活动中幼儿心理感受和心理安全，特别是在黑暗处进行游戏时，不要吓到幼儿。

（6）在户外观察时，提示和要求幼儿不能用眼睛直接看太阳，以免眼睛受伤。

拓展与替代

（1）可利用散步等户外活动时间，带领幼儿观察大树、大型玩具等各种物品的影子，观察它们的样子、长短等，拓展幼儿的思路。

（2）可以在区域中进行看影子猜动物、猜标志以及影子连连看等益智游戏，进一步锻炼幼儿的观察力和分析判断能力。

家庭延伸活动

（1）与幼儿一起阅读绘本故事《谁的影子？》《走开，大黑兔！》《影子是我的好朋友》等，进一步帮助幼儿巩固对影子的形成、特征的认知，体会故事的幽默与蕴含的科学道理。

（2）带幼儿外出旅游时，了解影子在电影、日晷、感应门以及高铁技术等方面的应用，让幼儿对影子在生活中的应用有进一步的感知与体验，激发其探究欲望。

相关经验

- 对新鲜事物感到好奇，能主动参与实践操作活动，获得有关"光和影子"的感性经验。
- 了解影子与光源的关系，探究影子随着光源位置的变化而发生的变化。
- 学会观察、比较事物与影子的差异和关系，能用连贯的语言大胆表达自己的想法和做法，与同伴进行经验交流和分享。

- 通过在阳光下表现影子、画影子系列活动，感受影子的变化和造型美，提高探究、合作能力。

核心科学概念

- 影子是一种自然现象，它的形成有两个必备条件，一是光源，二是物体遮挡。
- 影子的大小与物体离光源的远近有关。离光源越远，影子越小；离光源越近，影子越大。

探究过程与方法

（1）五彩缤纷的世界里，随处都可以看见物体的影子。影子时时刻刻伴随我们的同时，也带来了许多的问题和乐趣。引导幼儿学会细致观察、实际操作，了解影子形成的条件、特性，鼓励他们相互学习，自主发现。用提问、交流的方式思考、发现，使得他们对事物的了解更加条理化、清晰化，富有逻辑性。

（2）影子作为一种常见的自然现象，千变万化，充满神秘的色彩，时有时无、时长时短，有时有不同的颜色，有时即使看见了，依然抓不着。幼儿在观察与实验中，主动获取相关的科学知识及属于自己的感性经验，对于形成科学思维和积极向上的探索精神有着重要的意义。而成人，也要在这个过程中观察、理解、分析幼儿的各种行为，关注、关心幼儿的研究和探索过程，与幼儿一起学会观察生活、体验生活，做生活的有心人。

教师困惑与对策

困惑：幼儿在探究影子的过程中总是玩得很快乐，但不会细致观察，也不能较好地表达自己的发现怎么办？

对策：幼儿是天生的科学家，他们对万事万物都具有好奇心，随时准备敞开心扉接纳新事物，也愿意尝试任何事物。所以，尊重并保护幼儿的好奇心是我们首先应该做的。为幼儿提供相应的探究环境和条件，支持他们去观察现象、提出问题、做出假设、收集资料检验假设，最后推理和形成结论。这一系列的操作实践过程，是幼儿获取科学知识的过程，更是培养他们科学探究态度和科学精神的过程。

由于年龄特点，这个时期的幼儿具有探索、理解和解释其周围世界的各种现象的潜力，但是缺乏相应的科学探究能力和方法，因此需要教师用心思考，用适宜的方法引导。如提供相应的材料支持，用恰当的语言引导，用赞叹的语气鼓励，用游戏的氛围实践，给幼儿操作量表或者记录工具，随时提出具有挑战性的任务推进活动开展，让他们随时记录自己的发现，这样他们在分享和交流时就会有话可说。

幼儿时期，培养科学态度和科学精神远比获得科学知识重要得多，所以我们要树立正确的科学观，为幼儿科学素养的培养奠定坚实的基础。

知识小百科

光是直线传播的，如果有物体挡住光的传播就会出现影子。影子是一种光学现象，并不是一个实体。

无影灯是将发光强度很大的灯排列成圆形，合成一个大面积的光源，多应用于医疗手术中，它既能从不同角度把光线照射到手术台上，保证手术视野有足够的亮度，又不产生明显的影子，所以起名无影灯。

古时候，人们用影子的长短来计量时间、区分季节。随着科学技术的发展，影子的作用越来越大，应用范围越来越广。医生运用 X 射线或 CT 扫描，通过光线穿过人体留下影子来测定有没有病变或疾病的严重程度。人们看的电影、玩的手影游戏，都是利用了灯光、阳光照射产生的影子。

会变的影子

适合班级

中、大班

活动准备

（1）阳光充足的天气或者大纸箱做的小屋（至少能供 2 名幼儿进入），手电筒，大小不同的玩具若干。

（2）记录表、各种笔、照相机等。

（3）一间光线较暗的房间，适合进行手影和皮影戏表演的道具，如灯光、幕布、纸、剪刀、小棍等。

> 活动建议

1. **高矮不同的影子（同一时间不同物体的影子）**

请幼儿在同一时间观察不同物体的影子，发现影子的长短与物体的高矮相关。在同一水平面上，高的物体影子长，矮的物体影子短。

2. **不同时间的影子（物体不动光源动）**

（1）记录影子的变化（如表6.2）：请幼儿几人一组，选一个固定不变的标志物，在户外或者室内有阳光的地方选择三个时间段（上午、中午、下午），把太阳的位置、标志物影子的位置及样子画下来，看不同时间段影子有什么变化（扫描二维码可见视频《影子的变化》）。

表 6.2 会变的影子

时间	9:00	12:00	15:00
物体和它的影子			
说明	要画出太阳、标志物和影子三者之间的位置关系。		

（2）讨论影子的变化：和幼儿一起讨论，在不同的时间点，影子的位置发生了哪些变化，太阳的位置又发生了什么变化。帮助幼儿初步建立太阳位置变化与影子的位置变化之间的联系。

（3）光源在哪里：请幼儿根据物体与影子的图案辨别这是物体在什么时间的影子，进而判断光源的位置，进一步巩固幼儿对于光源与物体及影子之间的关系的认知。

3. **变来变去的影子**

请幼儿用手电筒当光源，进一步探究、验证光源位置变化与影子变化之间的关系。

（1）变换物体位置：请幼儿在光线较暗的活动室内开展实验，桌子上放一个玩具做标志物，一手拿手电筒（光源），一手拿玩具，探究光源不动玩具动时影子的变化。发现玩具离手电筒越近，影子越大越长；玩具离手电筒越远，影子越小越短，逐渐不清晰。

（2）变换影子方位：探究玩具不动光源动，观察影子的变化，发现让影子变换位置的方法是变换光源的位置。

（3）让影子站起来：让幼儿自由探索尝试，怎样让自己的影子站起来。一般影子都是在地上的，可以站在墙根，还可以借助"站"着的事物让自己的影子站起来。

4. 手影游戏

（1）请幼儿在光源下自由玩手影变变变游戏，变大小、变造型，看谁变的花样多。

（2）欣赏手影表演，组织幼儿看变化无穷的各种手影造型，让幼儿开阔视野，拓宽思路。

（3）充分发挥幼儿的创造性思维，进行创意影子造型比赛，看谁的手影造型变化多，联想丰富。

5. 影子剧场

（1）选取一段幼儿熟悉角色的皮影戏，如《西游记》《小哪吒》《龟兔赛跑》等，请幼儿观看影子剧表演，让幼儿进一步感受影子的形成，发现皮影戏的特征（道具、灯光、音乐、配音等），激发其表演欲望。

（2）请幼儿几人一组，共同商议皮影戏的主题、需要的角色，自己制作皮影戏的影子道具。教师可以提供背景、音乐和处理音效等。

（3）影子剧场表演：各组分别展示，介绍自己的皮影戏。

观察指导要点

（1）在记录不同时间段影子的变化时，提醒幼儿标志物不要变化，可以是自己的同伴，每个时间段都要站在相同的位置上，也可以是玻璃上贴着的卡通形象，还可以是一个固定不动的玩具。标志物的位置不要变化，观察发现影子因为时间的不同，其方位、长短都会发生变化。

（2）在探索影子变化实验前，教师可以先进行操作，对于探索过程中出现的问题提前考虑周到，这样才能针对问题进行指导。如光源的角度、物体的透光程度，是否能为幼儿的探究带来影响等。

（3）在玩手影和影子剧场游戏时，教师要事先调试房间光线的明暗程度，带幼儿欣赏有关手影和皮影的视频，积累相关经验，引导幼儿进一步拓展思路。

（4）教师要给予幼儿充分的尊重和引导，鼓励他们大胆探究，给予相应的支持，提高幼儿探究的浓厚兴趣，保持幼儿对科学的热爱和积极态度。

拓展与替代

（1）请教师或者家长与幼儿一起阅读绘本故事《我的小影子》《原来，小影子是我的》，进一步了解影子的样子与它的千变万化。

（2）鼓励幼儿继续进行"彩色影子""让影子拐弯"的探索活动。

家庭延伸活动

（1）与幼儿一起在户外广场或者月光下玩踩影子、画影子的游戏，增进亲子感情。

（2）带幼儿去看皮影戏，参观传统文化展览，让幼儿了解非物质文化遗产的相关内容，进一步激发幼儿对影子的探究兴趣和热爱。

相关经验

- 知道影子与物体、光源三者之间的关系。能通过改变光源、物体的位置、姿势和方向，改变影子的大小和形状。
- 学习用语言、符号等多种形式记录自己对影子的探索发现，体验解决问题的成就感。
- 巩固对物体角度和方位的认知，体验与同伴合作游戏及探究活动带来的快乐。

核心科学概念

- 影子的产生需要的基本条件：光源、不透明或半透明的物体遮挡住光线。
- 一天中，阳光下物体影子的方向是随着太阳方向的改变而改变的，影子总是和太阳的方向相反。
- 影子的长短变化是随着太阳在天空中的位置变化而变化的，太阳位置最高时影子最短，太阳位置最低时影子最长。

探究过程与方法

（1）"会变的影子"一系列活动，让幼儿通过观察发现影子与物体的密切关系，满足幼儿对影子变化的好奇心和浓厚的探究欲望。同时，在探究影子与人、物之间的关系过程中，进一步引发他们对周围事物变化的兴趣，培养幼儿善于发现问题，独立解决问题的能力。

（2）自主观察、记录和交流影子变化的过程，是培养幼儿专注、细致、判断、分析等良好学习品质的过程，是幼儿积累经验、提升经验的过程。幼儿可以分享自己的所看、所得、所思、所想以及解决问题的智慧，这有利于他们的全面发展。

教师困惑与对策

困惑：幼儿对影子变化不感兴趣，不愿意深入探究怎么办？

对策：幼儿的兴趣和探究点不稳定是非常正常的，受经验和能力的影响，他们还不知道如何深入探究，所以需要教师做充分的准备，进行有针对性的引导。

（1）材料准备要适宜，满足幼儿年龄特点和本活动的探究需要，在丰富性和动态性上下功夫。

（2）科学活动对幼儿学习品质和思维能力要求较高，所以需要教师适宜的介入和指导，不断助推探究活动的开展。但不要过度指导，否则会使幼儿因失去自由探索的空间而丧失兴趣。教师要留给幼儿独自操作、发现、验证的机会，让他们发现问题和探索解决的办法。

（3）教师要注意自己的言行，充分发挥对科学活动探究的榜样示范作用，从指导的语气、表情及提问上下功夫，激发幼儿探究的兴趣和欲望。教师语言的简练性、明确性和感染力，都会对幼儿的探究产生深刻的影响。

📖 **知识小百科**

皮影戏是如何利用影子进行表演的？

皮影戏，又称"影子戏"或"灯影戏"，是用兽皮（多是用驴皮），或用纸板制作影人，然后操作影人来表演故事的民间戏剧。表演时，艺人们在白色幕布后面，一边操纵影人，一边用当地流行的曲调讲述故事，同时配以打击乐器和弦乐，有浓厚的乡土气息。2011年，中国皮影戏入选"人类非物质文化遗产代表作名录"。

百变魔镜

适合班级
大班

活动准备
各种各样的镜子、凸透镜、凹透镜若干，各种勺子、门把手、不锈钢的物品等若干，足量的相同大小的平面镜，小玩偶人手一个，各种动物、卡通画的图片若干，放大镜、近视镜、望远镜、显微镜等多功能的镜子若干。

活动建议

1. 照照我自己

请幼儿大胆地在活动室、区角中寻找各种材料，如勺子、门把手、光盘、不锈钢物品等，试试看哪些材料能像小镜子那样照出自己的样子，感受其中的好玩有趣。活动后，请幼儿把能照出像的材料摆放在一起，进行对比观察，看一看、摸一摸材料有哪些共同的特点，说一说为什么这样的材料能够照出自己的样子。

教师可以帮助幼儿结合生活中的经验说一说还有哪些地方、哪种材料能够照出自己的样子，如车辆上的后视镜、可以反光的玻璃门、马路拐弯处的凸透镜等，感受镜子在生活中的多样和有用。

2. 镜子与像

为每名幼儿提供三面相同大小的平面镜和一个小玩偶，请幼儿自由操作探索，看看用镜子照玩偶能看到什么,有哪些变化,怎样做只能看到一个玩偶的像,怎样做能够看到许多玩偶的像等。

(1) 把玩偶放在一面镜子前能够看到一个玩偶的像。

(2) 把两面镜子面面相对摆放,并把玩偶放在两面镜子中间,就可以分别从两面镜子中看到许多玩偶的像。把两面镜子呈夹角摆放,并把玩偶放在夹角处,同样可以看到许多玩偶的像,轻轻改变两面镜子夹角的大小,会看到成像数量的变化,夹角越大看到的像越少,夹角越小看到的像越多。

(3) 把三面镜子面面相对摆好,将玩偶放在镜子中间,会看到相互反射形成的无数的像。

活动过后,请幼儿相互分享自己的操作过程和在探究中的发现,说一说自己感到最神奇、最有趣的地方是什么,并试着用自己的话说一说我们为什么能够看到许多玩偶的像。

3. 猜猜是什么

请幼儿自由结合四人一组,为每组幼儿提供八面镜子和一张动物的图片,将八面镜子组合成十字形并将图片放在镜子下面或者镜子上面,请四名幼儿分别坐在四个夹角上,透过镜子猜一猜图片上是什么动物。

4. 多功能的镜子

活动前请幼儿在生活中进行大调查并将结果记录于表中(如表6.3),看看有哪些特殊的镜子,它们各有哪些功能。完成调查后,将调查表带回幼儿园粘贴在区角中,鼓励幼儿相互观察、分享,了解生活中各种各样的镜子,如放大镜、近视镜、望远镜、显微镜、护目镜、后视镜等。分享时,鼓励幼儿说一说自己在哪里找到的,谁在使用,怎样使用,有哪些特殊功能等,帮助幼儿认识、了解更多的镜子。有条件的幼儿园可以将这些特殊功能的镜子投放到区域中便于幼儿随时观察,没有条件的幼儿园可以提供视频、图片。

表 6.3 生活中的镜子大调查

调查人: 调查时间:

种类	地点	谁在使用	怎样使用	特殊功能
放大镜				
护目镜				
后视镜				
……				

观察指导要点

（1）照镜子是每名幼儿都有的生活经验。在本环节中，不仅要照平面镜，还要寻找并使用生活中的各种材料照出自己的样子。因此，教师一方面营造宽松的氛围，在确保幼儿安全的前提下，允许幼儿自由选择并使用区角、生活中的材料，充分感受用各种材料"照镜子"的有趣。另一方面，教师可以提前在区角中有目的地投放各种质地、种类的光面材料，支持幼儿的探索。

（2）一面镜子成像、多面镜子反射成多个像的过程，是一个非常有趣且变化多样的现象，因此教师首先要提供丰富的材料，支持幼儿合作进行探究，同时不干预幼儿操作的方法和顺序，允许幼儿用自己的方式完成探索。例如，允许幼儿用不同的方式组合三面镜子，允许幼儿自己决定使用镜子的数量进行探索等。在活动后的分享中，重点引导幼儿分享多面镜子不同的摆放方式，梳理夹角大小与成像数量的关系，积累有益的经验。

（3）在"猜猜是什么"的环节中，教师应注意观察幼儿能否用流畅、完整的语言描述自己在镜子中看到的内容及其特点，能否用准确的语言描述自己观察到的颜色、形状、样子，同时要认真聆听同伴的描述，根据特点进行推断。

（4）"生活中的镜子大调查"可以在活动前进行，也可以在活动后进行，重点是调动幼儿寻找、了解各种镜子的兴趣。在确保安全的前提下，能够到不同的环境、场所进行调查。调查完成后，教师应组织幼儿以调查结果为依据进行交流与分享，加深对各种特殊功能的镜子的了解。

（5）用镜子进行探索时，一定要注意安全。镜子的边缘要光滑，另外提醒幼儿小心操作，不要将镜子碰碎，以免受伤。

拓展与替代

（1）提供足量的光面亚克力板，支持幼儿不断变化亚克力板的形状，观察成像的变化，梳理镜片形状与成像的规律。

（2）为幼儿提供万花筒，请幼儿玩万花筒、拆万花筒并细致观察，探究成像的原因。

（3）为每名幼儿提供一面凸透镜和一面凹透镜，请幼儿自由探索，更换叠放方式，观察成像的变化，感受其中的神奇。

家庭延伸活动

（1）带幼儿到游乐园等场所照哈哈镜，看哈哈镜和平面镜有什么不同，不同的哈哈镜之间又有哪些不同，照出来的像有哪些特点。

（2）带幼儿观看光影的艺术展览，让幼儿感受光影变化的无限魅力。

相关经验

- 能够大胆地寻找并使用各种光面材料，知道光面材料能够像镜子一样照出物体的像。
- 较强的动手操作能力，能够用多种方法玩镜子。
- 能够用准确的语言描述自己在镜子中看到的图画的内容和特点，也能够根据部分图片的内容和特点推断完整图片的内容。
- 知道生活中有各种不同造型、功能的镜子，给生活带来便利。
- 能够有目的地调查生活中的镜子，并表征、分享自己的调查结果和收获。

核心科学概念

- 镜子是一种表面光滑并且具有反射光线能力的物品。
- 镜子的种类繁多，被广泛应用在科技、生产、生活的各个领域，为人们提供便利。
- 两面镜子呈夹角摆放时，夹角越大成像数量越少，夹角越小成像数量越多。三面镜子呈夹角摆放时，我们会看到相互反射的无数的像。

探究过程与方法

（1）尝试用生活中的各种材料照出自己的样子，探究多面平面镜成像的特点是一个非常有趣的过程，不仅能够激发幼儿参与活动的兴趣，还能调动幼儿在生活中寻找材料、发现材料特点和共性的积极性，帮助幼儿在自由变化镜子的数量以及组合方式的过程中，梳理成像规律，对幼儿来讲，这就是探究的过程，也是幼儿学会自主学习的过程。

（2）根据图片的部分内容推断完整内容，这需要幼儿细致的观察能力、逻辑思维能力和推断能力。活动中"照镜子—看图片—猜内容"的过程，既激发了幼儿的好奇心，又促进了同伴之间的交流和讨论。

（3）我们的生活中有各式各样不同功能的镜子，它们被广泛应用在科学、医学、工业等各个领域，因此我们请幼儿进行"生活中的镜子大调查"活动。幼儿只有走进生活，才能真切地感受各种镜子的特点，发现镜子的特殊功能和应用。把幼儿的科学探究和生活紧密联系起来，才是激发幼儿进行科学探究最大的动力，也正是我们所说的"科学并不遥远,科学就在身边"。

> **教师困惑与对策**
>
> **困惑**:在"猜猜是什么"的环节中,如果幼儿不能准确地推断图片内容怎样办?
>
> **对策**:如果幼儿不能猜出图片的内容,教师应给予幼儿充足的时间观察和思考,支持幼儿相互交流和讨论,说一说自己看到的图片内容,也可以请幼儿通过更换观察位置、转动图片等方法,分别看看从其他夹角的镜子中能看到什么,并将每一部分图片内容组合猜出图片的内容,逐步学会通过部分图片的内容推断整个图片内容的方法。
>
> 图片投放时应遵循由简到难的原则,随着幼儿熟练程度的提升,教师可以更换图片内容、大小,增加图片内容的类别,增强活动的趣味性,激发幼儿参与活动的积极性。

📖 知识小百科

镜子有哪些种类?有什么作用?

镜子有平面镜、曲面镜两类,平面镜就是我们日常整理妆容的镜子。曲面镜包括凹面镜、凸面镜两种。这两种镜子主要用作衣妆镜、家具配件、光学仪器部件以及太阳灶、车灯与探照灯的反射镜、反射望远镜、汽车后视镜等。在科学方面,镜子也常被使用在望远镜、激光、工业器械等仪器上。

古代镜子和现代镜子在制作方法上有什么不同?

古时候人们在制作青铜器的过程中,认识了合金成分、性能和用途之间的关系,学会了人工控制铜、锡、铅配比,并利用这样的配比制作出铜镜。

现代的镜子是运用连续镀银、镀铜、上漆、干燥等工艺制作的,这样的方法使镜子得以大量地生产出来,走进千家万户。

光影追踪

适合班级

大班

活动准备

（1）小镜子人手一面，各种光面的材料，如勺子、光盘、亮光纸、易拉罐、锡箔纸等若干，各种其他材质的材料，如白纸、积木、雪花片、海绵等若干。

（2）彩色卡纸、水彩笔、剪刀、胶棒若干。

活动建议

1. 照出光斑

（1）在阳光明媚的时候，为每个幼儿提供一面小镜子并将幼儿带到户外活动场地，鼓励幼儿尝试用一面小镜子反射太阳的光斑，可以将光斑反射到楼房上、地面上等。

（2）为幼儿提供各种光面和非光面的材料，如勺子、光盘、亮光纸、易拉罐、锡箔纸；白纸、积木、雪花片、海绵等，请幼儿自由选择材料，看看哪种材料能够反射太阳的光斑，哪种材料不能反射太阳的光斑，并将材料进行分类（扫描二维码可见视频《谁能反射光斑》）。

活动后,组织幼儿谈话,相互交流反射光斑的方法,说一说能够反射光斑的材料和不能反射光斑的材料各有哪些特点,积累有关光面材料能够反射光斑的经验。

2. 花样光斑

为幼儿提供彩色卡纸、胶棒和剪刀,请幼儿剪出自己喜欢的小动物的造型,然后贴在小镜子上并试着反射光斑,鼓励幼儿观察光斑发生了哪些变化。

活动过程中,组织幼儿相互观察同伴剪出的小动物造型,说一说同伴剪出了哪些不同的造型,分别有哪些不同的剪法等。相互交流经验后,鼓励幼儿尝试用不同的方法剪出更多不同的造型。

3. 你追我赶

请幼儿用制作的各种花样光斑玩你追我赶游戏。制作花样光斑前,可以请幼儿自由结合形成小组,共同讨论、设计便于玩你追我赶游戏的光斑造型,如各种交通工具以及善于奔跑、飞翔的动物等(扫描二维码可见视频《你追我赶》)。

(1)请幼儿两人一组,一人拿镜子制造花样光斑,一人去追,感受四散追逐光斑的乐趣。

(2)幼儿根据光斑造型,可以以小组为单位,根据分工玩追光斑游戏。例如,一条食物链上的动物,或者是故事中的多个角色等。

(3)幼儿一边追逐光斑一边根据光斑的角色以及追逐光斑过程中发生的有趣的事情创编故事,感受追逐光斑、与同伴交流、互动的有趣。

观察指导要点

（1）在幼儿反射光斑的过程中，教师应重点观察幼儿的操作过程，看幼儿是否能够通过调整小镜子的角度反射光斑，对于有困难的幼儿，可以建议他们更换材料，或者鼓励他们相互交流、示范找到反射光斑的方法。在使用各种生活中的材料反射光斑时，教师应提供丰富的不同质地的材料，并鼓励幼儿尝试操作各种不同的材料，这样便于幼儿发现材料的特点，找到其中的共性。需要注意的是，教师应提醒幼儿注意活动中的安全，不要将光斑反射到自己或者同伴的脸上、眼睛上。

（2）花样光斑一方面是指造型的多样，可以是任意幼儿喜欢的人物、动画角色、故事中的角色甚至是幼儿自己创编设计的角色，另一方面是指制作方法的多样性，可以是镂空的剪法，即保留边框把需要的造型剪掉，也可以保留需要的造型，把边框剪掉。活动前，教师可以将各种动画形象、交通工具的图片张贴在主题墙或者区角中，鼓励幼儿自由观察，还可以将两种剪纸的方法做成步骤图并请幼儿细致观察，鼓励幼儿试着画一画、剪一剪，为活动做好准备。

（3）在玩你追我赶游戏中，教师应创设宽松的氛围，允许幼儿自由结合，设计角色和情境，根据游戏内容创编角色对话和故事。教师不必过于严格地要求幼儿的对话是否流畅，情节是否生动，重要的是幼儿能够感受其中的乐趣。

拓展与替代

（1）请幼儿继续在家中寻找更多适宜反射光斑的材料。

（2）搜集有关太阳和月亮的资料，探究"月亮不会发光我们却能看到光芒"的原因。

（3）请幼儿搜集各种不同的镜子，如凸透镜、凹透镜等，探究不同的镜面反射的光斑是否相同。

家庭延伸活动

（1）利用周末带幼儿到户外玩光斑追逐游戏。

（2）为幼儿提供一个大纸箱，用手电筒代替太阳光，在纸箱内用小镜子反射光芒，感受其中的乐趣，还可以用多个小镜子反射光芒，探究其中的不同和变化。

相关经验

- 能够用小镜子或者生活中各种光面的材料反射太阳光。
- 能够在操作中对比发现材料的质地不同，反射出的光斑清晰度不同。反射物的造型不同，光斑呈现状态也不同。
- 了解剪纸的多种方法，能用两种方法剪出各种造型的图案。
- 创造力和想象力丰富，能够根据需要设计各种造型、角色，或者根据不同的光斑造型和游戏情境创编故事。
- 手部协调，能够灵活地控制各种材料并将光斑反射到任意地方。

核心科学概念

- 太阳光是最重要的自然光源，它普照大地，给世界万物带来色彩，同时给动物和植物提供生长所必备的条件。
- 像光盘、亮光纸这样有光面的材料可以像镜子一样反射太阳的光芒，在自然界中，平静的水面也可以发生光的反射现象。
- 太阳光照射在镜子上会形成反射角。反射的角度不同，反射的光芒和位置会随之改变，因此在反射光斑的过程中，改变镜子的角度会改变光斑的位置和大小。

探究过程与方法

（1）自古以来，中国人便有"夸父追日""后羿射日"的传说，遥远而又神秘的太阳始终激发人们的好奇心和探究欲望，激励着人们不断地了解、揭秘自然。幼儿用镜子反射太阳光的过程，就仿佛把遥不可及的太阳带到幼儿身边，在探究的过程中，将幼儿与自然紧密地联系起来，激发幼儿探索自然、揭秘日月星空的兴趣。这也正是《指南》所提出的"亲近自然，喜欢探究"的含义。

（2）日常生活中有很多光的反射现象，这也是物理科学中光与影的重要内容。幼儿用各种材料反射出光斑、灵活而又准确地将光斑反射到不同的位置，通过反复操作在你追我赶的游戏中获得"胜利"，激发了幼儿参与活动的乐趣，同时是幼儿探索光线、反射角与反射光线之间关系的过程，有利于提升幼儿的探究能力，为日后学习反射定律积累经验。

（3）准确地反射光斑，需要幼儿手腕动作的灵活与协调，制作花样光斑则需要幼儿绘画、剪裁出各种造型，这样的过程既需要幼儿有较强的动手操作能力，也是顺利开展科学探究活动的有力保障，有助于增强幼儿在探究活动中的自信心。教师不要包办代替，而要给予幼儿充足的制作时间，进而有效提升幼儿的探究能力。

教师困惑与对策

困惑： 在制作花样光斑的过程中，幼儿的创造力不强，出现模仿同伴的情况怎么办？

对策： 由于幼儿的年龄特点，模仿同伴的现象很常见也很正常。如果幼儿积极参与活动，投入制作，即便是模仿同伴，教师也不必担心，要给予幼儿充足的时间进行制作。活动前，教师可以和幼儿一起搜集各种动物、交通工具、动画卡通形象的图画启发幼儿，观察阴文剪纸和阳文剪纸的方法并将制作步骤图贴在区角便于幼儿观察和练习。活动后，可以组织幼儿相互欣赏，介绍制作方法，推荐最有创意的制作方法等，不断开阔幼儿的思路，鼓励幼儿大胆地设计和制作，感受"独特创意"带来的新鲜感和自信心。

幼儿创造能力的提升需要宽松的氛围、开放的思路、及时的鼓励以及持续的制作和尝试，因此教师应该注重在日常生活和活动中对幼儿创造能力的培养和提升，而不是仅仅聚焦在某一个活动中。

知识小百科

什么是光的反射？

光的反射是一种光学现象，光在传播过程中遇到不同物质的阻挡，光的传播方向发生改变并折返回来的现象叫作光的反射。

寻 找 彩 虹

> **适合班级**

大班

> **活动准备**

白纸、水盆、镜子、三棱镜、光盘、手电筒、光面的勺子，水彩笔、油画棒、水粉颜料、水粉笔、毛线、毛根条、纸巾、水彩颜色水若干。

> **活动建议**

1. 户外观察彩虹

夏季雨后若天空中出现彩虹，就应立刻提示幼儿观察，因为彩虹转瞬即逝。平时阳光晴好的时候，用给花草浇水的皮管子往空中喷水，也会看到彩虹。

2. 寻找彩虹

通过各种方式搜集彩虹的图片、视频、儿歌、故事等，了解彩虹的形状、颜色，以及形成彩虹的原因等，如描写彩虹的诗词："赤橙黄绿青蓝紫，谁持彩练当空舞？"；描写彩虹的歌曲：《彩虹的微笑》；与彩虹有关的绘本故事：《彩虹的尽头》《彩虹色的花》等。

3. 制作彩虹光（扫描二维码可见视频《制作彩虹光》）

（1）探索制作彩虹光的方法：自主选择制作彩虹光的材料，如手电筒、镜子、光盘、光面勺子等，尝试用自己的方法制作彩虹光。每一种材料都试试，说一说自己是怎样做的，是否看到了彩虹光。

（2）向幼儿推荐制作彩虹光的方法，请幼儿尝试。

用光盘制作彩虹光：找一张干净的光盘，光面朝上放在阳光充足的地面上，围着光盘慢慢变化观察的角度，就可以看到彩虹光。

用三棱镜制作彩虹光：将三棱镜放在阳光充足的窗边或者户外，不断调整三棱镜的角度就可以看到彩虹光。

用白纸和水制作彩虹光：在透明玻璃杯中装满一杯清水，放在阳光充足的窗台上，在地板上放一张 A4 大小的白纸，白纸的位置正好在阳光透过水杯照射到的地方，就可以看到彩虹光。

用镜子和水制作彩虹光：在阳光下放一盆清水，将镜子竖立在盆边并对着一面墙，这时会在墙面看到彩虹光。

4. 布置彩虹美术展

请幼儿自选工具和方法绘制彩虹，如用各种画笔画彩虹、用黏土捏彩虹、用毛线粘彩虹、用扎染的方法染彩虹等，然后布置成彩虹美术展，邀请爸爸妈妈和其他班级的小朋友参观。幼儿可以扮演讲解员，向大家介绍自己寻找彩虹、制作彩虹和布展的过程以及自己的发现和有趣的事情等。

观察指导要点

（1）在户外观察彩虹对天气情况有一定的要求，一般是在夏季的雨后，因此教师应多关注天气预报，如遇合适的天气，可以带幼儿到户外共同期待并观察彩虹，如果未能观察到彩虹，那么可以组织幼儿围绕"为什么没有看到彩虹"进行讨论，进一步鼓励幼儿搜集关于彩虹的资料，了解产生彩虹的原因。如果不是在夏季进行活动，那么教师可以用皮管子往空中喷水，和幼儿一起观察彩虹，感受其中的快乐。教师在喷水的过程中，注意安全并使用干净的自来水，避免淋湿幼儿。

（2）寻找彩虹的过程是幼儿查找资料了解彩虹的过程，鼓励幼儿通过翻阅书籍，查找图片和视频，倾听儿歌、故事等多种形式了解彩虹，而不局限在科学领域的认知。

（3）制造彩虹光的过程，重在引导幼儿借助各种材料进行开放式探究。教师一方面可以引导幼儿大胆选择自己需要的材料，另一方面应该尽可能放手，鼓励幼儿自主操作材料并反复尝试，探究如何让彩虹的颜色呈现出来，因此不要急于向幼儿推荐制造彩虹光的正确方法。教师提供的材料应该有助于幼儿制作彩虹，支持幼儿专注探索制造彩虹光的多种方法，充分感受制作出彩虹光时的惊喜。

（4）准备美术作品展的过程正是幼儿表征彩虹，梳理有关彩虹经验的过程，教师应提供丰富的操作材料，鼓励幼儿大胆创作，支持幼儿分享、讲述自己的收获。

拓展与替代

（1）制作糖果彩虹：将彩虹糖在平底盘中摆成一个大圆，然后在彩虹糖上滴温热的水，彩虹糖的颜色就会随着水流向盘子的中间，看上去就像一道美丽的彩虹。

（2）自由阅读绘本故事《彩虹的尽头》，感受故事中到彩虹尽头寻找宝贝的经过和快乐。

家庭延伸活动

（1）在阳光明媚的日子里，带幼儿去喷泉边、瀑布旁或者公园喷水池旁寻找彩虹。

（2）留心观察生活中有哪些物品在阳光下会反射出彩虹光，如阳台上装水的玻璃器皿、各种镜面的物品等。

（3）允许幼儿在家庭中选择各种材料，用自己的方式探究更多制作彩虹光的方法。

（4）请有条件的家庭带幼儿到户外，用水管喷水的方法制造彩虹，继续感受其中的神奇和乐趣。

相关经验

- 能敏锐地观察彩虹的产生和变化，并能够用准确的词汇描述彩虹的样子。
- 能够用多种方法制作彩虹光，学会使用各种材料，不断尝试。
- 能够借助网络搜集有关彩虹的资料，扩充自己的认知经验。

核心科学概念

- 彩虹是一种常见的自然界光学现象，当太阳光照射到飘浮在空中的小水滴时，光线被小水滴折射成了赤橙黄绿蓝靛紫七种颜色。
- 在阳光下，变换镜子的角度可以折射出像彩虹一样的光。

探究过程与方法

（1）大自然总是带给我们万千的变化，彩虹就是一种并不常见却又非常神奇的景象，绚丽的颜色和独特的形状吸引着幼儿在大自然中寻找彩虹，观察彩虹，并感受其中的快乐。这样的过程，能够将幼儿和自然紧密地联系起来，激发幼儿喜爱大自然的美好情感和探究自然现象的兴趣。

（2）制作彩虹的过程是幼儿学会选择并有效利用材料、提高动手操作能力的过程，一方面需要幼儿根据材料的特点进行反复尝试，通过操作、探究积累正确选择材料的经验，另一方面幼儿用自己的方式发现彩虹带来的惊喜远比了解彩虹产生的原因有趣得多，这样的过程有利于促进幼儿感受探究带来的快乐，树立自信心，产生持续探究的兴趣。

（3）搜集资料是幼儿进行科学探究的一种方法，也是幼儿主动学习的一种能力。幼儿了解彩虹时，通过搜集科普图书、相关视频、绘本故事等资料，甚至走进气象馆，与专业人员互动等多种形式不断丰富相关知识、积累经验，这既是了解彩虹的过程，也是学会搜集资料、学会学习的过程。

> **教师困惑与对策**
>
> **困惑**：在制作彩虹的过程中，如果幼儿总是看不到彩虹，因而放弃参加活动怎么办？
>
> **对策**：不论选择哪一种材料制作彩虹，都需要有耐心，需要幼儿观察光线，不断地调整各种材料的角度才能看到彩虹，这个过程对于幼儿动手操作的能力、专注程度和耐心都提出了较高的要求，因此教师应该密切关注幼儿的操作过程，了解幼儿的困难，通过幼幼互动、师幼互动有效地帮助幼儿解决困难。活动后，邀请幼儿一起梳理操作、探究经验，用有趣的探究过程和结果不断地吸引幼儿参与活动。

知识小百科

彩虹是如何形成的？

彩虹还有另一个名字，叫作"天虹"，也叫"虹"，是气象中的一种光学现象。因为空气中有水蒸气，水蒸气是由大量的小水滴形成的，当太阳光照射空气中的水滴时，光线被折射及反射，在天空中形成拱形的七彩光谱，色彩艳丽，我们便称之为"彩虹"。彩虹常常在夏季雨后天刚转晴时出现，冬天气温较低，下雨较少，空气中的水含量也少，所以冬天一般不会出现彩虹。

主题七　玩具动起来

主题导引

有人说"玩具是孩子的天使",所以每个孩子从出生开始收到的最多的礼物就是玩具。幼儿园把游戏视作幼儿的基本活动,所以特别关注玩具材料的配置。随着时代的发展,幼儿的玩具发生了极大的变化,材质更加多元,造型更加精美,颜色更加绚丽,功能更加多样,还蕴含着丰富的科学元素。因此,利用各种各样的玩具开展的探究性游戏活动,一定深受孩子们的喜爱。本主题聚焦于让玩具动起来,探究玩具的动力系统,如声控、电控、磁力、惯性等,更重要的是让幼儿有机会通过自己的实验、操作和游戏,引发玩具材料的变化,感受科学的神奇,也在积极动手动脑的过程中感受自己的力量。

核心活动

- 旋转陀螺
- 不倒翁
- 跷跷板
- 磁性玩具
- 沉浮玩具
- 斜坡上的车

旋 转 陀 螺

适合班级

小、中、大班

活动准备

（1）成品陀螺若干，陀螺面的图案及所用材质尽量不同。

（2）不同形状的硬纸板、塑料片，多种蔬菜、水果片，光盘、木片、玩具等物品，适合做陀螺中心轴的物品（小棒、牙签、火柴棍、粗细适中的笔等），剪刀、锥子、水彩笔等。

活动建议

1. 玩陀螺，了解陀螺的种类和玩法

（1）提供各种成品陀螺，请幼儿自由玩一玩，尝试用多种方法让陀螺转起来，感知体验运用抽、拉、拧等不同的方法都可以让陀螺转起来。

（2）让幼儿自由结伴，进行陀螺比赛，看谁的陀螺转得稳，转得久。

2. 做陀螺，探索影响陀螺旋转的因素

（1）制作不同形状的陀螺：请幼儿自选三角形、方形、梯形、菱形及圆形等硬纸板做成陀螺面，然后转一转、玩一玩、比一比，看不同形状的陀螺转起来有什么不同，哪种形状的陀螺转得稳且持续的时间长。让幼儿通过探究和比较，了解陀螺面的形状会影响陀螺的转动。把陀螺面叠加，看陀螺转动的稳定性是否有变化。

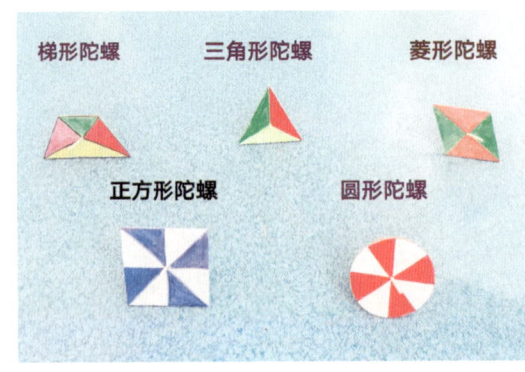 

（2）制作中心点位置不同的陀螺：请幼儿将陀螺的中心轴放在不同的位置，如一

个在中心点，一个不在中心点，发现陀螺中心点的位置不同、用力大小不同，陀螺转起来的状态不同。

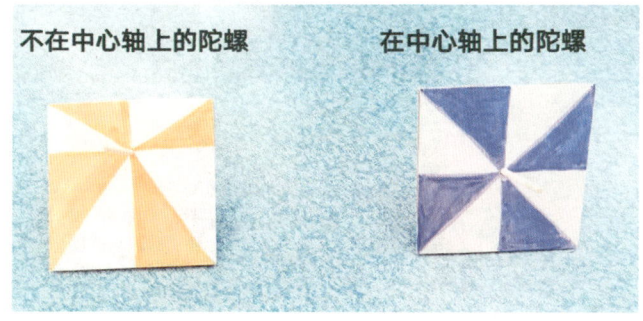

（3）制作重心高低不同的陀螺：鼓励幼儿制作重心高低不同的陀螺，对比感知重心高低不同，陀螺转起来的状态也不同。

（4）自制花色不同的陀螺：在圆形纸板表面设计并绘制不同颜色（单色、多色）、不同形状（三角形、圆形、爱心、螺旋等）、不同花纹（点、线、中心扩散形、中心环绕形）的图案，探索发现陀螺旋转起来后图案的奇妙变化。

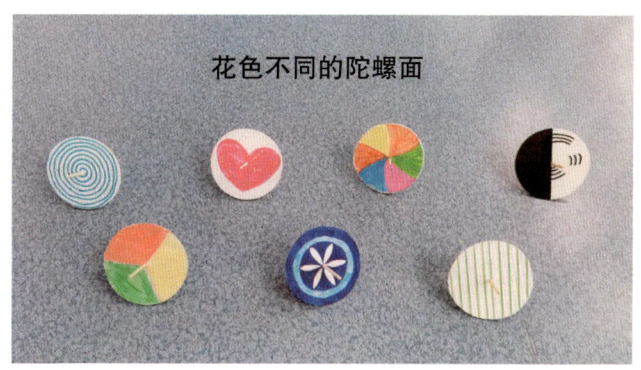

3. 做花样陀螺

支持幼儿从室内外自由选择各种材料，如木板、塑料片、小玩具、瓶盖、土豆片、光盘等，并创造性地运用它们制作各种花样陀螺，探究让陀螺转得更长久的方法。

4. 趣味陀螺比赛

请幼儿选一个自己最喜欢、最满意的陀螺，与同伴一起进行转陀螺比赛，看谁的陀螺转得稳、时间长。提示幼儿可以选用记分牌记录输赢的次数，学习记录与统计。同时，鼓励幼儿不断改进自己的陀螺，持续探究陀螺的多种制作方法。

观察指导要点

（1）玩陀螺的过程中，教师重点观察幼儿玩陀螺的兴趣点在哪里，是否能自主发现陀螺材质、图案及玩法的不同，是否能关注到使陀螺转动起来的不同方法及用力大小给旋转状态带来的变化。

（2）做陀螺时，教师要尊重幼儿的意愿，给予他们充分探究的时间，有反复试误的机会。同时，引导幼儿探究陀螺面的形状、中心点的位置、重心高低的改变，以及陀螺面花纹的变化，让幼儿体验到陀螺的千变万化和自主探究获得成功的喜悦。

（3）教师应持开放的态度，支持和鼓励幼儿选择班级各种物品进行探究，如纸盒、水彩笔、小汽车、积木块、拼插玩具等，同时提醒幼儿不要选择易碎的物品游戏。引导幼儿时可聚焦在如何改进玩具能让其旋转更长时间，支持幼儿持续玩下去。

（4）经常组织幼儿进行游戏的分享和交流，会吸引更多的幼儿参与陀螺的探究性游戏中，也利于游戏持续深入地走向复杂多变。

拓展与代替

（1）发现更多适宜做陀螺面的材料，如各种瓶子的瓶盖、橡皮塞，也可以用薄木片、塑料圆片或者雪花片玩具代替。

（2）中心轴可以用去掉尖的牙签、小棒、各种笔及直的树枝等代替，中心轴的粗细要根据中心点的大小来确定。

（3）在生活中注意观察，会发现立体的东西也可以转起来，如风车、呼啦圈、车轮、玩具等。

（4）关注生活中各种转动的现象，如理发店门口的标志，杂技表演碗、盘的转动，舞蹈演员的转动等，知道转动现象在生活中无处不在。

家庭延伸活动

（1）与幼儿一起玩陀螺玩具，或者试试看家庭中还有哪些物品可以转起来。

（2）与幼儿一起找一找生活中还有哪些物品像陀螺一样可以旋转，如摩天轮、车轮、风扇、风车等。

（3）与幼儿一起玩"迷迷转"游戏，以自己的身体为轴，体验转动游戏的乐趣。

相关经验

- 初步了解陀螺的基本结构，体验自制陀螺的过程和方法，感知陀螺游戏的乐趣。
- 能使用生活中的多种材料创造性地制作陀螺，感受自制玩具的乐趣和成功感。
- 引发幼儿对生活中转动现象的关注和兴趣，拓展相关经验。

核心科学概念

- 陀螺需要外力的作用才会旋转，转动的时间长短与用力大小有关，转动的方向与用力方向一致。
- 陀螺转动时间的长短受陀螺面形状、中心轴的位置及重心高低等因素的影响。
- 陀螺旋转起来时，陀螺面上的点、线、面及色彩会发生奇妙变化，这是视觉暂留和色混现象产生的结果。

探究过程与方法

（1）玩各种陀螺符合幼儿喜欢玩游戏的心理需求，不同材料的使用、多种方式的尝试，都会不断激发幼儿探究陀螺的兴趣，有利于丰富幼儿对陀螺的种类、材质、转动方式及状态的感知，从而提升幼儿持续关注、对比观察和实验的能力。

（2）制作陀螺需要幼儿开放性地选择多种材料，透过对不同材料的对比观察，深入关注不同材料、不同制作方法对陀螺转动稳定性和持续性的影响。这样的过程既需要幼儿了解材料的特性，又需要幼儿细致地完成制作，更重要的是，要有耐心、坚持不懈。幼儿在反复尝试、不断改进的过程中梳理经验、不断挑战，这正是持续探究的过程。

（3）幼儿不断改进陀螺的过程，是探究如何改变陀螺旋转的速度、平稳度和时间长短，感知作用力的大小与陀螺转速及状态的变化的过程。他们每一次都有不同的发现，能够排除干扰因素，找到问题所在，直接指向有意义、有目的的探究。这个过程，正是培养幼儿科学兴趣、求知态度，形成科学思维的重要过程。

教师困惑与对策

困惑：如何保持幼儿持续探究陀螺的兴趣和热情，推动研究的深入？

对策：可以采用分享交流的形式，让幼儿充分展示自己的陀螺，通过现场介绍、实践操作等形式，介绍自己的陀螺的优势，同时引导幼儿发现同伴的陀螺的与众不同，激发其不断尝试的热情。

也可以组织陀螺设计大赛，让幼儿发挥创造性，设计各种各样的陀螺。教师根据幼儿的活动需要提供丰富多元的材料，支持幼儿改变材料的组合方式，推进活动的进一步深入。

还可以进行分类陀螺游戏对抗赛，教师引导幼儿通过与同伴比赛，或者与教师比赛等活动形式，推进活动开展。在幼儿遇到困难时，教师不要太急于提供帮助，应该学会等待，让他们有反复试误的机会，最终体验到获得成功的价值感。

📖 知识小百科

为什么陀螺转得越快越稳定？

陀螺是中国古老的儿童玩具，是在地上转的回转体。陀螺在旋转的时候，不但可以围绕它自身的轴线转动，还能围绕一个垂直的轴做锥形运动。陀螺运动是一种动态平衡现象，高速旋转时能保持转轴方向不变。转得越慢，摆动角越大，稳定性越差；转得越快，摆动角越小，稳定性也越好。所以要让陀螺旋转起来，必须不断地施加外力，一旦失去外力的帮助，陀螺很快就会倒下来，因为陀螺的支点太小，无法支撑自身的重量。

为什么陀螺转起来后感觉颜色变了？

物体在快速运动时，我们的眼睛仍能暂时保留物体消失后的影像，这样的现象叫作视觉暂留，我们看到快速旋转的彩色陀螺颜色发生变化就是因为视觉暂留，人眼跟不上其飞速变化，所以会出现图案改变或色混现象。

不 倒 翁

> 适合班级

大班

> 活动准备

（1）各种不倒翁玩具若干，圆底的玩具、蛋壳、沿横切面切开的海洋球或乒乓球若干，大米、花生、轻黏土若干，螺丝、螺母若干。

（2）教师自制的不倒翁一个。

（3）彩色卡纸、毛根条、双面胶、画纸、画笔每组一份，记录表每人一张。

> 活动建议

1. 好玩的不倒翁

活动前请幼儿搜集各种各样好玩的不倒翁玩具并投放到区角中，支持幼儿观察、把玩不倒翁，感受不倒翁不倒的有趣现象。在观察的过程中，鼓励幼儿相互交流，说一说不倒翁的外形有哪些共同之处，例如，都有一个圆圆的底、漂亮的外形等。

2. 制作不倒翁（扫描二维码可见视频《制作不倒翁》）

（1）请幼儿观察教师自制的不倒翁，说一说自制不倒翁是什么样子的，由几部分组成，每一部分用了哪些材料、有什么特点等，激发幼儿自制不倒翁的兴趣。

（2）提供丰富的操作材料，支持幼儿独立制作不倒翁。

制作不倒翁的材料主要分三部分：

- 可以做不倒翁底部的蛋壳、圆形玩具、半圆形积木、半个海洋球、乒乓球等；
- 可以装入不倒翁中的轻黏土、磁铁、小石块、沙砾、豆子、花生等；
- 制作过程中用到的透明胶、双面胶、剪刀等工具。

鼓励幼儿在制作的过程中大胆选用各种材料，或者大胆加工各种材料，例如，沿乒乓球、海洋球的横截面剪开，把纸杯剪成圆环等。通过对比观察，相互交流，逐步梳理不倒翁不倒的秘密，知道制作不倒翁要用圆形的或者有弧度的材料做底，并且要在底部固定一个有重量的材料，才能摇晃不倒。

（3）请幼儿用各色卡纸、水彩笔、毛根条等材料装饰不倒翁，发挥想象设计不同的不倒翁外形，可以是可爱的娃娃、各种小动物，或机器人、小怪兽等。

制作完成后，请幼儿向小伙伴展示自己制作的不倒翁，介绍选用的材料和制作的步骤，还可以把不倒翁玩具和相关制作材料投放到区角中，鼓励幼儿持续观察和探索。

3. 摇摆物品大寻找

鼓励幼儿在班级区域、幼儿园户外、社区、家庭等地方寻找像不倒翁一样能够摇摆的物品或玩具，如摇椅、木马、半月摇、水果包装托、圆形食品礼盒等。在寻找、观察的过程中，发现底部有弧度的物品和材料都可以摇摆。

观察指导要点

（1）建议幼儿到多个地方去寻找，如玩具店、超市的玩具购物区、大型游乐场等，激发幼儿参与活动的兴趣，为幼儿了解不倒翁、制作不倒翁做好充分的准备。同时，寻找的过程也是幼儿观察不倒翁、玩不倒翁和探究不倒翁的过程。此外，教师应在一日生活的各环节为幼儿创造观察、交流、发现不倒翁秘密的机会，引发幼儿探究的兴趣和欲望。

（2）影响不倒翁不倒的原因是多方面的，能够制作不倒翁的材料也不是唯一的，因此教师不要急于在一个活动中完成制作，也不要急于教给幼儿正确的制作方法或者让幼儿刻意模仿教师的范例完成制作，而是要给予幼儿充足的时间，不断更换材料大胆尝试。幼儿可以决定制作的顺序、选择的材料，可以创造性地设计各种造型。如果幼儿有设计制作步骤图的经验，那么可以请幼儿进行设计并尝试根据制作步骤图完成制作。过程中，教师不要过多干预，而是帮助幼儿在充分观察感知的基础上进行设计和制作，也可以试着从记录制作步骤或者过程开始，逐步学会设计图纸的方法。

（3）生活中可以摇摆的物品有很多，可以邀请爸爸妈妈配合，带幼儿到不同的地方去寻找，观察它们摆动起来的样子和不同的速度，了解它们在生活中的应用。

拓展与替代

（1）请教师为幼儿提供一种内部是一组螺丝和螺母的不倒翁（教师可以用热熔胶将带有螺母的螺丝粘在不倒翁的底部，也可以给幼儿提供轻黏土，用轻黏土将螺母螺丝连接在一起），鼓励幼儿自由探究变换螺母在螺丝的不同位置，观察不倒翁摆动幅度和速度的变化，感受其中的不同和有趣。通过反复操作得出结论：螺母在螺丝上的位置越靠上，不倒翁摆动的幅度越大，速度越慢；螺母在螺丝上的位置越靠下，不倒翁摆动的幅度越小，速度越快。

（2）为幼儿提供硬卡纸、光盘、呼啦圈等材料，鼓励幼儿将它们两两相对固定，做成半月摇的样子，感受制作小玩具的自豪感和趣味。

家庭延伸活动

（1）和幼儿在家中寻找各种圆底的材料制作不倒翁，感受亲子共同制作玩具的温馨和美好。

（2）鼓励幼儿在生活中寻找与不倒翁相似的玩具或用品，如摇摇马、半月摇、摇椅、笔托、水果托等，试着玩一玩，并观察其外形特点。

相关经验

- 有较强的观察能力，能够在生活中发现与不倒翁有相同原理的各种物品及其外形特征。
- 能大胆地拆、装不倒翁，或选择多种材料进行制作，探究并发现不倒翁不倒的秘密，提高动手制作的能力和创造性解决问题的能力。
- 能与小伙伴一起协商、交流或合作完成不倒翁的制作，尝试表征和表达，发展交流与合作的能力。

核心科学概念

- 不倒翁可以抵抗外力干扰而保持平衡，这就是平衡的稳定性。当不倒翁受到外力的作用时，就会失去平衡，在外力解除后，不倒翁还能自行恢复到平衡状态。
- 上轻下重的物体稳定性高，也就是说物体的重心越低越稳定，生活中我们会利用这样的原理增加物体的稳定性，如立式电风扇、话筒架、汽车站牌等。
- 放入不倒翁中的物品有一定重量且固定在一个点上，不倒翁的重心就会稳定，所以不倒翁不倒，如粘在不倒翁底部的钢珠、磁铁、黏土等；反之，凡是放入的物品不牢固、重心不在一个点上，不倒翁就会倒下不起，如散乱的小米、沙子、滚动的珠子等。若把小米、沙子、滚动的珠子等都固定在底部，也会成功制作成不倒翁。
- 不倒翁的重心越低，其摆动的速度越快；重心越高，其摆动的速度越慢。当然，不倒翁摆动的速度也与外力的大小有关。

探究过程与方法

（1）幼儿探究不倒翁不倒的秘密并完成制作的过程，是一个从开放到聚焦的过程，从观察各种造型的不倒翁玩具到寻找材料制作不倒翁，从发现不倒翁底座的特点到逐一尝试，更换作为不倒翁重心的各种材料，在抽丝剥茧、逐步深入探究的过程中，幼儿渐渐明白不倒翁不倒的秘密，也将关注的重点从不倒翁的好玩有趣转移到不倒翁为什么不倒的探究性思考中。这样的过程是幼儿基于动手操作的自主学习过程，更是我们所说的通过寻求事实证据进行假设、验证的科学学习过程，即用科学的思维做科学、学科学。教师应该珍视这样的过程，营造宽松的氛围，提供丰富的、不同层次的材料支持幼儿的探究。

（2）整个活动都在动手操作的过程中进行，幼儿在观察、触摸、感知、对比中，既了解材料的共性特点，又能发现各种材料对制作不倒翁的影响，同时幼儿是在反复操作的过程中进行探究的，一方面可以激发幼儿的兴趣，更好地调动其探究的积极主动性，另一方面可以提升幼儿的专注能力，养成不怕困难和失败，勇敢挑战的良好品质。

（3）STEM[1] 教育理念中提出了"工程"这个概念，工程是运用技术进行设计、解决问题、制作产品的过程，对3—6岁的幼儿来讲有一定的难度。在幼儿园阶段，很多制作和探究活动适合先做，积累感性经验，再进行计划、设计、表征，正如活动中幼儿在玩不倒翁的过程中观察、感知、发现不倒翁的特点，在制作的过程中揭秘不倒翁不倒的秘密，并尝试完成设计、制作、调整和再制作的过程。这样的过程符合幼儿的年龄特点和认知水平，也有利于幼儿循序渐进地养成工程学思维。

教师困惑与对策

困惑：在制作不倒翁的过程中，需要用到很多材料，包括像小米、豆子等不容易操作和整理的材料，如果幼儿在操作的过程中频频出现打翻材料的情况怎么办？

对策：不论是制作不倒翁还是其他物品，或者是开展各类操作探究活动，教师都需要提前考虑好材料的投放问题，如材料的种类和数量，投放的位置、次序等。在投放像小米、珠子这样数量多又细小的材料时，教师可以选择用高一点的盒子或者小碗装，同时投放大小适宜的勺子，便于幼儿取放。除此之外，教师还可以为每组幼儿提供放置剪刀、胶带等工具的盒子以及盛放纸屑等废弃材料的垃圾桶，便于幼儿整理。

操作探究中，幼儿很容易兴奋，打翻材料是很正常的事情，教师应给予理解，不应因此责备幼儿，应营造宽松的氛围支持幼儿的探究，不要让幼儿因为怕打翻材料而失去探究的兴趣和积极性。

在日常活动中，教师可以在区角中投放各种材料提高幼儿的动手操作能力，如系纽扣、喂豆豆、包装礼盒等。不管是科学探究活动还是美术活动、生活活动，教师都应在活动后和幼儿一起整理收纳，帮助幼儿养成操作后及时整理的良好习惯。

知识小百科

什么是不倒翁？

不倒翁是中国古人发明的一种儿童玩具，最早的记载出现于唐代，它的样子像人，上轻下重，轻轻地触碰就会让它摇摆但不会倒下，俗称"扳不倒"。

---

[1] 指科学（Science）、技术（Technology）、工程（Engineering）和数学（Mathematics）。

不倒翁为什么不倒？

虽然不倒翁的身体很轻，但它的底部有一块较重的铅块或铁块，使得它的重心很低。除此之外，它的底座相对宽大而且平滑，当它倾斜向一边时，重心和桌面接触点不在同一条垂直线上，在重力的作用下不倒翁就会摆动。例如，当不倒翁向左倾斜时，重心在接触点的右边，不倒翁就会在重力作用下向右倒；当不倒翁向右倾斜时，重心又跑到接触点左边，不倒翁则向左倒。不倒翁倾斜得越厉害，摆动就越明显。当不倒翁倾斜程度越大，重心离开支点的水平距离就越大，重力产生的摆动效果也越大，使它恢复到原位的力量也就越显著，因此不倒翁就像我们看到的那样是推不倒的。

跷 跷 板

适合班级

中、大班

活动准备

（1）幼儿有玩跷跷板的经验。

（2）各种跷跷板的图片，长短、厚薄、形状各不相同的大型积木，轮胎、滚筒，尺子，常用积木，不同大小、材质的玩具，记录表，水彩笔等。

活动建议

1. 玩跷跷板

请幼儿玩户外的各种跷跷板，体验玩跷跷板的感觉。没有跷跷板的幼儿园可以让幼儿事先到游乐场中玩耍，或者观看视频、图片等。玩过之后，请幼儿互相交流，跷跷板是什么样子的，玩跷跷板是什么样的体验。

2. 自制跷跷板

（1）请幼儿利用户外的各种玩具，开动脑筋制作跷跷板，如用木块、轮胎、滚筒、玩具等搭建底座，在上面放长木板或梯子等搭建成跷跷板。请幼儿探索底座放在木板的什么位置才能使木板保持平衡，逐渐发现底座只有在木板的中央位置才能保持平衡。

（2）探究用更多材料和方法制作小型跷跷板，如用尺子、小积木块、小玩具等。

3. 平衡游戏

（1）请两名幼儿分别坐在跷跷板（木板一定要能承受得起幼儿的体重）两端一上一下玩游戏，探究发现幼儿体重和跷跷板状态的关系。一是跷跷板支点不变，两边幼儿通过改变坐在木板上的位置来使跷跷板保持平衡。二是幼儿不动位置，通过改变支点的位置保持跷跷板的平衡。

（2）在跷跷板两边分别放上不同数量的积木，观察记录积木数量与跷跷板状态的关系。在记录表 7.1 中记下跷跷板支点的位置及积木块数与跷跷板的状态。

表 7.1 "跷跷板平衡游戏"记录表

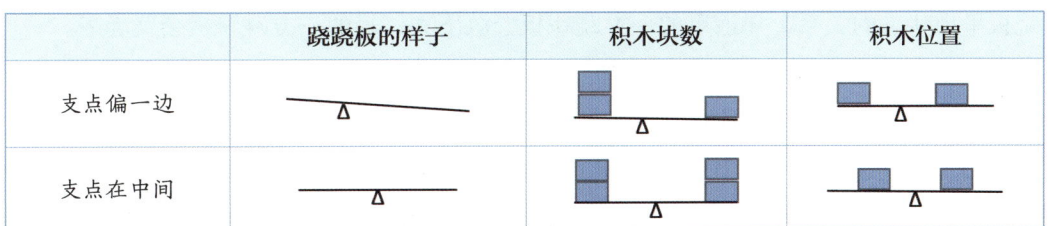

	跷跷板的样子	积木块数	积木位置
支点偏一边			
支点在中间			

4. 玩具弹跳游戏

在桌面自制跷跷板上玩玩具弹跳游戏（如毛绒小人、小动物等），请幼儿将小玩具放在跷跷板的一端，幼儿用手轻轻按压跷跷板的另一端，使小玩具弹跳起来。在玩的过程中发现玩具弹跳的高度与用力大小及玩具离支点远近的关系。在安全的环境中，可以组织幼儿比赛，看谁的玩具跳得最高。

5. 比比哪个玩具重

教师请幼儿动脑筋想办法，借助跷跷板和积木比较两个玩具的轻重。可以提醒幼儿将一个玩具放在跷跷板的一端，另一端放积木，通过对比积木数量比较玩具的轻重，将结果记录在表 7.2 中。

表 7.2 "比比哪个玩具重"记录表

	跷跷板的样子	积木块数	谁轻谁重
玩具小熊		4	比较重
玩具小猫		3	轻
玩具恐龙		5	最重

寻找各种天平秤并将其投放区域，供幼儿自由玩，在玩的过程中感知两边物体重量的差异，以及如何保持平衡。

观察指导要点

（1）在玩跷跷板时，引导幼儿发现跷跷板底座的位置在哪里，两边物体重量与跷跷板呈现状态的关系。知道重的一方跷跷板会沉下去，轻的一方跷跷板会跷起来。

（2）幼儿在自制跷跷板时，教师要观察幼儿在探究过程中是否关注到支点位置与木板平衡的关系，引导幼儿选择适宜的材料搭建跷跷板。

（3）平衡游戏中，比比哪个玩具重，可以根据幼儿的年龄阶段，对比 2 个、3 个或者更多，也可以让幼儿按照轻重排序等。有条件的幼儿园可以购买类型不同的平衡秤让幼儿探究，也可以和幼儿一起自制平衡秤。

（4）玩弹跳游戏时，教师要提醒幼儿注意安全，所用的玩具最好是毛绒玩具或者比较轻的小玩具，避免掉落时砸在头上受伤。同时，引导幼儿关注用力大小、支点位置等对玩具弹跳高低的影响。

拓展与替代

（1）自制跷跷板的材料有很多，如牙膏盒、报纸、硬纸板、木板等。

（2）对比轻重时，选择的玩具或者积木可以用幼儿园现有的物品代替，如雪花片、硬币、橡皮泥玩具或者小盒子等。

家庭延伸活动

（1）和幼儿在外出游玩时玩跷跷板，体验杠杆平衡游戏的快乐。还可以经常玩小石块垒高游戏，感知物体的平衡。

（2）鼓励幼儿用牙膏盒、积木、橡皮泥等自制平衡小玩具，并与幼儿一起进行平衡或者弹跳游戏比赛，动手动脑的同时增进亲子感情。

（3）和幼儿一起关注生活中与平衡有关的现象，如平衡车、滑板、杂技中的独轮车、摩天轮、摇摇马等。

（4）与幼儿一起找一找生活中运用杠杆原理的现象，如跳水运动员的踏板、大吊车的长臂等。

（5）与幼儿一起阅读绘本故事《跷跷板》《我也想玩跷跷板》《跷跷板，跷不起来了》等，从故事中拓展有关健康、安全、数学等方面的经验。

相关经验

- 在玩跷跷板的过程中获得有关平衡的经验，初步了解物体平衡状态与物体本身的重量、支点位置及物体离支点的距离等因素有关。
- 在探究跷跷板平衡的游戏过程中具有问题意识，逐渐积累发现问题、解决问题的经验。
- 关注身边的科学现象，能运用计数的方法比较、分析和推理，探寻物体间平衡和轻重的关系。
- 能与同伴沟通合作，学习运用多种材料创造性地制作平衡玩具，体验一起制作及游戏的成就感与快乐。
- 能够关注生活中的科学现象，了解杠杆原理在生活中的广泛应用与发挥的作用。

核心科学概念

影响物体平衡的主要因素有：物体的重量、支点及物体离支点的距离。在离支点相等距离的杠杆两端挂上相等重量的物体，杠杆将保持平衡；挂上不相等重量的物体，重的一端将下沉。在离支点不相等距离处挂上相等重量的物体，距离远的一端将下沉。

探究过程与方法

（1）幼儿玩跷跷板的过程，是一个体验快乐，不断探究的过程。随着跷跷板一上一下运动，幼儿能体验到与同伴共同游戏带来的乐趣。在玩的过程中，幼儿能发现跷跷板的平衡状态与两边物体的重量有关，会随着物体离支点距离的变化而变化，找到更多使跷跷板保持平衡的方法，这些千变万化的现象都会使幼儿产生浓厚的探索欲望。

（2）选择多种材料自制跷跷板，让幼儿在动手做的过程中进一步感知和体验跷跷板平衡的秘密，也是幼儿深入探究跷跷板两端力量，以及支点位置对平衡影响的过程。制作跷跷板的探究过程，是幼儿打开思路、迁移经验的过程，幼儿可以从中很容易地理解杠杆原理的最基本内容。幼儿在与物质材料和环境的相互作用中，不断建构和丰富已有经验，为他们今后理解抽象的科学知识提供了具体的经验支持，这也将成为幼儿持续进行科学探究的动力源泉。

（3）跷跷板的现象在生活中非常常见，寻找生活中运用杠杆原理的工具、玩具和日用品等活动能调动幼儿关注生活、了解生活的积极性，知道许多和我们生产、生活息息相关的事物中都蕴含这一科学原理，有利于幼儿在生活中养成主动学习和探究问题的习惯。

教师困惑与对策

困惑：幼儿在玩跷跷板的过程中只关注现象，不愿意做记录和对比实验怎么办？

对策：首先，教师要明确，幼儿对玩跷跷板感兴趣是非常正常的，也是符合幼儿年龄特征的必然现象。他们关注玩的过程和出现的现象，在其中体验成败的得与失，这是科学活动给幼儿带来的最直观体验。激发幼儿探究的欲望和兴趣，提高探究能力，丰富探究经验，这才是我们在幼儿科学活动中最关注的一点，也是最终的目的。

关于科学记录，教师要有正确的认识。首先，不是任何活动都需要进行记录，如果记录阻断了幼儿的探究兴趣，妨碍了幼儿的操作过程，成为一种负担，我们就可以不记录。其次，如果活动确需记录，教师也不要奢求幼儿一开始就感兴趣，从最初鼓励幼儿动手记录开始，不管结果怎样，只要记录了就给予表扬。然后运用多种方法引导幼儿关注，让他们在对比分析的过程中发现科学记录表有助于记录科学现象和过程，循序渐进地引导他们逐渐养成记录的习惯。最后，教师要有目的地引导幼儿分析运用科学记录表，让他们感觉到记录表的重要性和价值，收集探究活动的信息，得出合理的结论。如"比比哪个玩具重"这一环节的记录表，一目了然的积木数量有助于幼儿分析、推断出玩具的重与轻，它就发挥了重要作用。这样的记录有助于幼儿养成良好的科学态度和探究习惯，相信教师也能够通过适宜的方法帮助幼儿对记录感兴趣。

📖 知识小百科

为什么小朋友在跷跷板上能把大人撬动起来？

我们通常见到的跷跷板是一种儿童玩具，在跷跷板的两头可以分别坐一位小朋友，一人上去，一人下来，非常受小朋友喜爱。如果小朋友能在跷跷板上把大人撬起来，那么一定是移动了跷跷板中间的支点，当支点与小朋友之间的距离越远时，小朋友就越省力，从而能够把大人撬起来，这样的跷跷板利用了杠杆原理。古希腊科学家阿基米德有一句流传很久的名言——"给我一个支点，我就能撬起整个地球"，所说的就是这个意思。

生活中还有什么地方用到了杠杆原理？

杠杆分为 3 种，第一种是省力杠杆，如羊角锤、开瓶器、核桃夹、手推车等；第二种是费力杠杆，如筷子、镊子、钓鱼竿、脚踏板、扫帚、船桨、裁衣剪刀、理发剪刀等；第三种是既不省力也不费力的杠杆，叫等臂杠杆，如天平、定滑轮等。

磁性玩具

适合班级

中、大班

活动准备

不同形状的磁铁、各种磁力玩具若干；各种纸箱、纸盒，不同厚度的纸板、不织布板、木板等，足量的曲别针；同款玩具小汽车人手一辆；纸和笔人手一套，剪刀、胶水。

活动建议

1. 磁性物品大调查

请幼儿调查生活中的各种磁力现象，寻找带有磁力的物品和玩具，并将自己的发现记录在调查表 7.3 中。调查结束后，教师可以将幼儿的调查表展示出来，供幼儿随时交流与分享，有助于幼儿对磁力的认识，了解磁力在生活中的作用。

表 7.3　生活中的磁性物品大调查

调查人：　　　　　　　　　　　　　　　　　　　　调查时间：

类别	时间	地点	形状	作用
玩具				
工具				
生活用品				
……				

（1）好玩的磁力玩具。教师组织幼儿根据自己的调查相互交流，说说自己找到了哪些磁力玩具，是怎样玩的，玩的时候看到了哪些神奇有趣的现象等。

（2）生活中的磁力。教师请幼儿相互说一说自己在生活中找到了哪些带有磁铁的用品，它们是什么样子的、有什么作用等，通过寻找、记录和分享，进一步了解生活中的磁力现象和发挥的作用。

2. 磁力实验（扫描二维码可见视频《磁力有大小》）

（1）磁力有大小。为幼儿提供几块磁铁和足够量的曲别针，鼓励幼儿尝试用磁铁吸引曲别针，并尝试让曲别针"串"成一条"长蛇"，看看一块磁铁能够吸起多少曲别针，感受不同磁铁的吸力大小不同，并初步感知曲别针被磁化的现象（靠近磁铁的第一个曲别针被磁化后会具有一定的磁性，所以它会吸起第二个曲别针，以此类推）。

（2）有穿透力的磁铁。为幼儿提供不同厚度的纸板、不织布板、木板等材料当作"小舞台"，用卡纸绘制一个玩偶的形象，并在玩偶上固定一个曲别针，一手拿"小舞台"，一手拿磁铁，尝试让玩偶移动和旋转起来，鼓励幼儿大胆更换其他质地且厚度不一的材料做"小舞台"，进一步感受磁铁的穿透力，对比不同材质、厚度对磁铁穿透力的影响。

（3）同极相斥、异极相吸的磁铁。

① 汽车大赛。为每名幼儿提供一辆同款小汽车，磁铁若干，请幼儿制作一辆磁铁小车，尝试借助磁力让小汽车动起来。制作完成后，请幼儿和同伴一起玩磁铁小汽车，说一说磁铁小车是怎样被推动的。鼓励幼儿将同伴的磁铁小车都推动起来，看看最多能够推动多少辆小车。

请幼儿探究如何让磁铁小车吸在一起，说一说推动磁铁小车和吸引磁铁小车的秘密是什么。

② 快乐的小跳蛙。为幼儿提供环形磁铁、一个能够套进环形磁铁的"⊥"形支架、一只小青蛙纸偶，并将小青蛙的底部粘在一个环形磁铁上，将粘有小青蛙的环形磁铁套进支架上，反复探究如何让小青蛙跳起来，怎样做能够跳得高。

（4）磁化现象。为幼儿提供一个中心轴是铁制品的陀螺或者将磁铁粘贴在陀螺面的中心、一小段铁丝，转动陀螺并让陀螺在铁丝上旋转，观察铁丝在陀螺下来回穿梭的有趣现象。鼓励幼儿将铁丝变成不同的形状、图案，观察陀螺沿各种图案、图形转动的过程（扫描二维码可见视频《磁化现象》）。

（5）沙中寻宝。将细沙装在透明塑料盒里，拧紧盒盖避免细沙洒出来。请幼儿用磁铁在塑料盒外壁移动，仔细观察看看能够在沙中探寻到什么"宝物"。活动前也可以在沙中放入更小的磁铁、铁屑、曲别针等，观察磁铁能够透过沙子吸起磁铁或铁制品的现象。

（6）制作电磁铁。为幼儿提供一段电线、一节电池、一个螺丝、若干曲别针，请幼儿自由探索如何用螺丝将曲别针吸起来，怎样做能够吸起更多的曲别针（扫描二维码可见视频《制作电磁铁》）。

制作方法：将电线缠绕在螺丝上，电线两头连接电池，然后用螺丝吸铁就能够将曲别针吸起来。电线缠绕得紧一些，吸起的曲别针就多一些；缠绕得松一些，吸起的曲别针就少一些。也可以用增加电池数量，使电力增大的方法吸起更多的曲别针。

3. 制作磁力玩具

带幼儿进行过多样的磁铁实验后，鼓励幼儿根据磁铁的特性设计并制作磁力玩具，可以独立制作，也可以和同伴一起完成。制作前鼓励幼儿将自己的设计绘制成图纸，然后选择自己所需要的材料，依据设计完成制作。制作后玩一玩自己的玩具，还可以邀请其他小朋友一起玩。

活动结束后，将幼儿制作的磁铁玩具投放到区域中，鼓励幼儿相互观察同伴制作、探究的玩法，感受其中的乐趣。

观察指导要点

（1）在"磁性物品大调查"活动中，教师可以提前将调查表提供给幼儿，请幼儿有目的地进行调查，鼓励幼儿边观察、调查边完成记录。记录的过程中，用自己的方式记录清楚调查的时间、地点，尤其是含有磁性的物品的特点及作用，为后面的探究活动做好充分的经验准备。

调查结束后，教师可以组织幼儿进行交流和讨论。讨论时，可以分类别讨论，如磁铁玩具有哪些，怎样玩等；生活中的磁性物品有哪些，给我们的生活带来哪些方便等。这样的交流可以帮助幼儿梳理调查结果，也可以丰富幼儿对生活中的物品的认识，不断地开阔眼界，因此教师应创设宽松的氛围，支持幼儿大胆地相互交流。

（2）磁铁的实验非常有趣且丰富，本主题从磁力的大小、磁铁的穿透力、磁铁同极相斥异极相吸的特性、磁化现象、磁极、电磁铁等几个方面支持幼儿进行有目的的探究性实验。当然，教师也不必拘泥于这几个探究活动，还可以根据磁铁的这几个特性进行其他的探究活动，帮助幼儿充分感知和探究神奇有趣的磁力。

在进行探究性实验的过程中，教师应提供丰富的操作材料，支持幼儿的自主探究。当幼儿遇到问题或者不同的意见时，教师不必急于揭示答案，可以鼓励幼儿将自己的发现和问题进行记录并展示在班级"问题墙"中,引发全班幼儿的好奇和关注,支持幼儿持续进行探究、操作、交流和互动,不断探寻问题的解决方法和答案。

(3)制作磁力玩具是幼儿在了解磁铁特性的基础上,动手创作多样磁力玩具的过程。首先,教师应为幼儿提供充足的时间和材料,支持幼儿的创作;其次,教师应该肯定幼儿的各种想象和设计,鼓励幼儿大胆尝试并验证自己的创意;最后,幼儿完成制作后,可以通过举办"自制玩具展览会""我的玩具真好玩"评选活动等,鼓励幼儿尝试表征和展示自己的玩具,将自制的玩具分享给其他幼儿,感受创新创造带来的快乐,增强自信心。

拓展与替代

(1)有条件的幼儿园可以组织幼儿到科技馆体验各种磁力玩具和磁力实验,没有条件的幼儿园可以请家长带幼儿去体验。

(2)请幼儿通过翻阅图书、上网等多种方式搜集有关磁铁的内容,了解更多磁铁在生活中以及各行各业中的应用,拓宽视野。

(3)教师和幼儿一起搜集有关磁悬浮列车的资料,了解磁悬浮的特性及其在生活中的应用。

家庭延伸活动

(1)和幼儿一起制作磁铁玩具,感知制作和玩自制玩具的乐趣。

(2)和幼儿一起根据"磁性物品大调查"的结果进行讨论,说一说磁铁还可以运用在生活中的哪些地方,并试着制作生活中需要用的带有磁铁的物品,为生活提供便利,例如,为自己制作带磁铁的笔袋,为奶奶制作带磁铁的针线盒等,制作完成后鼓励幼儿送给有需要的人。

相关经验

- 能够发现生活中的磁力现象,愿意了解磁铁在生活中的应用,不断丰富对磁铁的认识和理解。
- 喜欢进行实验探究,能够通过不断的操作和验证探究磁铁的多种特性。
- 能够正确使用各种工具并完成实验和制作,提高动手操作能力。
- 能够根据磁铁的特性大胆设计各种好玩的磁力玩具和物品,并用流畅的语言向同伴分享玩法和制作过程。

核心科学概念

- 磁铁能够产生磁场，具有吸引铁、镍、钴等金属及其制品的特性。
- 磁铁有不同的形状，如方块磁铁、瓦形磁铁、异形磁铁、圆柱形磁铁、圆环磁铁、圆片磁铁、磁棒磁铁、磁力架磁铁等，磁铁的特性不会因为形状的改变而发生变化。磁性的大小与磁铁的大小无关。
- 磁铁的两端分别指向地球的南方和北方，指向北方的一端被称为北极，在磁铁上用"N"表示，指向南方的一端被称为南极，在磁铁上用"S"表示。
- 磁铁与磁铁之间，同名磁极相排斥、异名磁极相吸引，也就是同极相斥、异极相吸。

探究过程与方法

（1）科学需要从生活中来再到生活中去，要想让幼儿充分感受科学的神奇、探究的乐趣就一定要把幼儿带到生活中去。磁铁在生活中广泛应用并给我们的生活提供了众多的便利，大到磁悬浮列车，小到家里的门吸，是我们熟知但却容易忽略的，因此在本主题活动中，请幼儿进行有关磁铁应用等方面的调查，可以帮助幼儿发现并真切地感受到磁铁在生活中的实际应用，从而积极地投入磁性物品的制作活动中。这样的过程有利于幼儿感受到解决生活中实际问题的快乐，认识到科学是有用的，科学就在我们身边。

（2）幼儿园的科学小实验具有突出的探究性游戏特征，反复的实验操作有助于幼儿逐步感知和理解事物或现象背后的原理。在进行磁力实验时，幼儿反复操作和比较实验，发现其磁力的大小和穿透力，探究磁铁的两极及其特性。实验的过程也是教师支持幼儿不断经历"假设—实验验证—得出结论—交流讨论"的过程，可以帮助幼儿得出结论，并建构科学思维。

（3）玩玩具是幼儿非常喜欢的活动，玩自己设计、制作的玩具会更有兴趣并充满自豪感。幼儿动手制作玩具，既是对磁铁特性的了解，又是基于磁铁特性的再运用，还是幼儿提高动手操作能力，发挥想象力，培养自信心的过程，因此教师应该珍视并给予大力的支持和肯定。

教师困惑与对策

困惑 1：在进行磁力实验的过程中，教师如果不是非常了解磁力实验或者没有丰富的材料支持幼儿的实验怎么办？

对策：如果教师对于磁力实验了解得不多，那么可以上网、翻阅专业书籍搜集相关的活动方案，也可以借助网络搜索"磁力实验"，观看相关视频和文字，了解更多的磁力实验。如果没有丰富的操作材料，那么教师可以挖掘多方资源搜集足量的磁铁，再配以卡片和水彩笔就可以完成很多实验。有关磁力的探究性游戏都需要借助磁铁进行，因此幼儿园应该尽可能为班级配置足够数量的各种形状和大小的磁铁，所需要的其他材料可以从生活中寻找，如小汽车玩具、纸板、木板、电线、电池、曲别针、沙盒等。

困惑2：在活动中，如果幼儿不会设计、制作磁铁玩具怎么办？

对策：制作一种新的磁铁玩具需要幼儿充分了解磁铁的特性，以及磁铁在玩具中的应用，并在此基础上发挥想象力和创造力完成制作。因此，对幼儿来讲有一定的难度，并且需要一段较长的时间来进行，教师应该给予理解。

除此之外，教师还可以通过以下几个方法支持幼儿的创造。

（1）制作新玩具之前，给予幼儿充分的时间进行与磁铁相关的实验，不断探究磁铁的特性，丰富对磁铁的认识和了解，积累有益经验。

（2）提供丰富的操作材料，激发幼儿创造的兴趣，支持幼儿的反复尝试和制作。

（3）鼓励幼儿合作完成制作，体验集体智慧的力量。

（4）在幼儿制作的过程中，不论是外形的改变还是玩法的创新，教师都应给予及时的鼓励，支持幼儿在班级中展示，让幼儿感受创造的信心和快乐。

📖 知识小百科

人们是怎样发现磁现象的？

古时候，人们就发现了磁石特性，在《山海经》中有相关的记载。战国时期，人们在探寻铁矿时常会遇到磁铁矿，也就是磁石，《管子》中最早记载了这些发现："山上有磁石者，其下有金铜。"在汉代以前，人们把磁石写作"慈石"，比作相互吸引，看作母女。同时人们也发现：慈爱的石头能吸引它的子女，不慈爱的石头就不能吸引，也就是我们说的"同极相斥、异极相吸"。

磁铁可以怎样分类？

磁铁可分作"永久磁铁"与"非永久磁铁"。通常我们所说的永久磁铁可以是天然产物，即天然磁石，也可以由人工制造，其中最强的磁铁是钕磁铁。非永久性磁铁是指只有在某些条件下才会有磁性的磁铁，如电磁铁就是利用电流来强化其磁场的。

什么是电磁铁？

电磁铁是通电产生电磁的一种装置。在铁芯的外部缠绕与其功率相匹配的导电绕组，这种通有电流的线圈像磁铁一样具有磁性，它也叫电磁铁。我们通常把它制成条形或蹄形，以使铁芯更加容易磁化。电磁铁与生活联系紧密，如电磁继电器、电磁起重机、磁悬浮列车、电子门锁、智能通道匣、电磁流量计等。

沉浮玩具

适合班级

小、中、大班

活动准备

（1）大水盆若干，各种不同材质的物品，如雪花片、矿泉水瓶；积木块；纸盘、纸杯；铁盒、磁铁；石头、树叶、毛线球、圆珠笔、轻黏土等；各种蔬菜、水果若干。

（2）纸和笔人手一套，剪刀、胶水。

活动建议

1. 谁沉谁浮

请教师和幼儿一起为沉浮实验做准备，例如，在水盆中盛好水，自主选择实验中需要的不同材质的物品，准备好实验记录表等。实验开始前，教师和幼儿一起观察各种材料，了解它们的质地，同时鼓励幼儿大胆猜想，如猜一猜哪些材料能浮在水面上、哪些材料沉入水中，并把猜想记在记录表 7.4 中。

表 7.4　沉浮实验记录表

记录人：　　　　　　　　　　　　　　　　　　　　　　　　　　　　记录时间：

过程与结果 \ 材料名称	雪花片	积木	雪糕棒	磁铁	石子
猜想					
验证					

注：记录表中的材料可从室内外自由选择，不局限于这几种。记录表中的材料名称可用幼儿的绘画代替。

猜想记录之后，鼓励幼儿验证自己的猜想，耐心细致地观察不同材料在水中的沉浮现象，并将实验结果记录下来。同时，鼓励幼儿大胆选择更多不同的材料进行实验，感受沉浮实验的快乐。

实验结束后，教师可请幼儿整理、收纳实验材料，除此之外组织幼儿谈话、回顾实验的过程和结果，说一说自己选择了哪些材料进行实验，过程中有哪些发现，猜想的结果和实验的结果是否一致，为什么等。

2. 会沉浮的果蔬

师幼共同准备多种蔬菜和水果，鼓励幼儿大胆猜想和实验，观察蔬菜和水果在水中的沉浮现象。

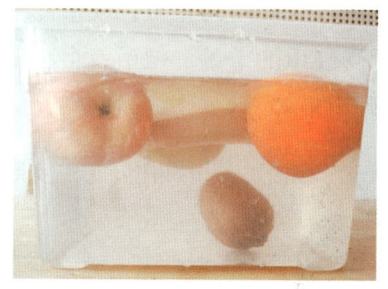

3. 变化中的沉浮实验

不同的物品和材料沉浮状态不同，但即使是同一个物品，改变它的状态，沉浮的结果也会发生变化，因此教师可以鼓励幼儿大胆变化、不断尝试，对比观察并感知沉浮结果的变化（扫描二维码可见视频《变化中的沉浮实验》）。

（1）形状的变化。请幼儿将纸剪成不同的形状或者将轻黏土捏成不同的形状放入水盆中，对比观察沉浮的结果。

（2）面积的变化。鼓励幼儿大胆改变材料的面积，例如，将一片树叶、一个纸杯剪开，或者把一个立体纸盒打开变成一个平面纸板等，对比观察改变面积之后的沉浮结果。

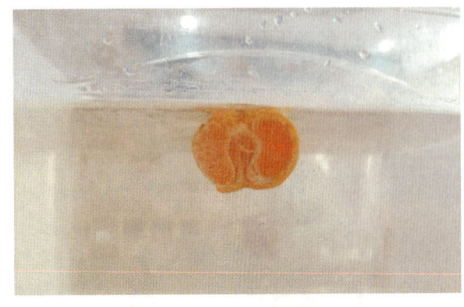

（3）部分与整体的变化。请幼儿对比观察一根香蕉和一段香蕉、一棵卷心菜和一片卷心菜、一支圆珠笔和一根圆珠笔芯的沉浮结果，感受其中的变化。

（4）重量的变化。教师鼓励幼儿改变物品的重量进行实验，例如，分别或者同时将空矿泉水瓶、装满水的矿泉水瓶、装满1/2、3/5水的矿泉水瓶放入水盆中，观察其沉浮状态。

（5）密度的变化。请幼儿尝试将干毛线团和湿毛线团放入水盆中，对比发现沉浮结果的变化。

4. 改变沉浮

在前面实验的基础上，鼓励幼儿尝试将沉入水底的材料浮在水面上，将浮在水面上的材料沉入水底。例如，浮在水面上的塑料瓶盖若放入硬币，并不断增加硬币的数量，塑料瓶盖就会沉入水底；同样是装满硬币的塑料瓶盖，如果平铺连接多个塑料瓶盖，增加瓶盖的面积，瓶盖就会浮在水面上。

同样，若把轻黏土捏成小碗并在其中放硬币，轻黏土无法承受硬币的重量，硬币会打翻小碗沉入水底。如果将轻黏土捏成大船，它就能够承受硬币的重量，硬币就会浮在水面上。还可以请幼儿进行比赛，看看谁的小船承载的硬币最多。

观察指导要点

（1）进行沉浮实验时，班级应有多种不同材质的材料供幼儿选择，以支持幼儿感知材质的特性与沉浮结果的关系。在实验的过程中，教师应提醒幼儿耐心细致地观察，因为有些材料随着时间的增长会改变沉浮结果，例如，纸张、干毛线会浮在水面上，但当其不断吸水后就会沉入水底。可以在"谁沉谁浮"的实验中加入幼儿猜想的环节，教师应尊重幼儿的意见，不过早、过多地进行评论，而是鼓励幼儿在实验中验证自己的猜想。

记录过程中，幼儿可以用"↑""↓"表示沉浮，也可以用自己认为适宜的符号进行记录，还可以放弃表格运用开放式的记录，表征实验的过程和结果。

（2）用果蔬做沉浮实验是一个非常有趣的过程，但教师提供的果蔬应该适量，避免不必要的浪费。进行实验前须将果蔬清洗干净，实验过程中提醒幼儿不要食用。

（3）不同的物体和同一个物体的不同状态，沉浮的结果都会不同，这样的探究性活动会吸引幼儿，因此教师应保证幼儿实验探索的时间，支持幼儿细致地观察和反复地实验。此外，材料状态的改变既包括前面提到的"形状改变""重量改变"等，还有其他的改变，甚至是几种改变融合在一起。因此教师不必用既定的要求约束幼儿，控制幼儿的实验内容，而应鼓励幼儿大胆地改变和尝试，深入感知材料改变对沉浮结果的影响，激发幼儿持续探究的欲望。

（4）改变材料的沉浮结果，不仅需要幼儿熟悉材料的特性，也需要幼儿借助材料的特性，学会组合使用两种或两种以上的材料进行大胆的尝试和改变，有时还需要幼儿灵活使用工具和其他材料，如剪刀、胶棒、胶带等，因此教师应持开放的态度，提供丰富的操作材料，给予幼儿充足的时间，鼓励幼儿大胆操作和持续探究。

拓展与替代

（1）在科学区投放香蕉、葡萄、猕猴桃、苹果、土豆、青椒、藕等果蔬，支持幼儿持续进行沉浮实验，尤其关注果蔬改变后的沉浮状态，进行比较实验，例如，带皮的香蕉和去皮的香蕉、常温下的猕猴桃和冷冻后的猕猴桃、完整的藕和切片后的藕等。

（2）有条件的幼儿园可以为幼儿提供足量的矿泉水瓶、胶带、麻绳、剪刀等材料，鼓励幼儿制作一个"筏子"。制作成功后，将"筏子"放在大水池中，并尝试在"筏子"上放置积木、雪花片、小汽车等玩具，看看"筏子"的承重力。如果幼儿园的水池足够大，天气暖和时，可以建议幼儿做一个大筏子，请幼儿站在筏子上试试，如果挑战失败，再进行不断的改进和反复尝试。没有大水池的幼儿园可以用大水盆、纸杯、矿泉水瓶、硬卡纸等制作纸船进行实验。

（3）做实验"会沉浮的鸡蛋"。准备一个玻璃杯、一个鸡蛋、一袋盐、一把勺子，请幼儿把鸡蛋放到水杯中，观察鸡蛋的沉浮情况，然后在杯子中一勺一勺地加盐，观察鸡蛋的沉浮变化，试着和同伴说一说为什么。

家庭延伸活动

（1）带幼儿到公园的湖水、池塘、小河边，选择更多的自然物，如树枝、树皮、小草、花瓣等，进行沉浮实验，感受其中的不同和戏水的快乐。

（2）允许幼儿选择家中的材料进行沉浮实验，有条件的家庭也可以和幼儿一起在水池、浴盆中进行沉浮实验。

（3）提供不同的液体和幼儿一起进行沉浮实验，例如，喝牛奶时，把不同的饼干、麦片放入牛奶中；尝试在蜂蜜水中加入饼干、干果，观察其沉浮状态；做汤时邀请幼儿一起参与，观察各种蔬菜、鸡蛋花在汤中的沉浮现象；煮水饺时观察其煮熟前后沉浮的变化……

相关经验

- 能够大胆选择生活中的各种果蔬、物品、材料进行沉浮实验，对沉浮现象和结果有强烈的好奇心和探究欲望。
- 愿意了解不同材质物品的沉浮现象，能用较为准确的语言和符号描述、记录沉浮结果。
- 学会对比观察实验的方法和结果，通过比较，发现物体的沉浮状态与其材质、外形和特性之间的关系。
- 能够根据自己的生活经验猜想、推断物品的沉浮状态，提升假设和验证的能力。
- 能够根据材料的特性组合使用两种或两种以上的材料，或者大胆改变物品的重量、面积或形状等改变其沉浮结果。

核心科学概念

- 浮力是指物体在液体中各表面所受液体压力的差，浮力在空气中也存在。
- 当物体被浸在液体中时，如果它所受的浮力大于重力，物体就会上浮；如果它所受的浮力小于所受的重力，物体就会下沉；如果它所受的浮力与所受的重力相等时，物体就会悬浮在液体中，或漂浮在液体表面。

探究过程与方法

（1）猜想与假设是科学家进行科学实验经常用到的方法，它并不是凭空想象的，而是基于已有经验的合理推测。在本主题活动中，幼儿猜想不同物品的沉浮结果，正是基于幼儿对物品的了解以及在日常生活中对重量的感知。猜想沉浮结果一方面能够调动幼儿参与实验的积极性，激发其探究的欲望；另一方面能够帮助幼儿明晰探究的目标，专注于实验探究的过程以及对结果的期盼。支持幼儿像科学家一样经历大胆猜想—提出假设—实验验证的科学探究过程，有助于幼儿养成良好的科学态度，提升科学素养。

（2）幼儿尝试改变沉浮结果的过程是在充分了解各种材料的特性以及沉浮现象的基础上进行的创造性解决问题的过程，这样的过程既聚焦问题，又具有开放性，能够支持幼儿整合利用前期积累的经验，专注于问题的解决，还能提高幼儿动手操作的能力，体验创造的快乐。

> **教师困惑与对策**
>
> **困惑1**：在进行沉浮实验时，影响沉浮现象的因素很多，沉浮的结果也会发生很多变化，我们应该怎样向幼儿解释其中的原理呢？
>
> **对策**：观察物品的沉浮现象是一个非常丰富、有趣的实验过程，影响沉浮现象的因素很多，沉浮的结果也是充满变化的，因此，观察、探究沉浮现象的过程远比了解浮力的原理重要得多。教师首先要做到的是提供不同质地的丰富的材料，鼓励幼儿大胆实验，耐心细致地观察每一种材料的沉浮现象，创造性地利用材料和工具改变沉浮结果。相信在这样的过程中，幼儿能够对沉浮现象有深刻的感知、浓厚的兴趣和探究的欲望，对3—6岁的幼儿来讲，这是最重要的。
>
> **困惑2**：在进行"沉浮玩具—变化中的沉浮实验"时，是否需要要求幼儿严格按照活动步骤一步步地进行探究？
>
> **对策**：在沉浮实验中，提供的材料不同，幼儿已有的经验不同，兴趣点不同，实验的开展过程必定不同，因此不需要严格按照活动步骤开展实验，应该尊重幼儿的探究兴趣和需求持续开展探究活动。除此之外，教师还应该尊重并鼓励幼儿进行各种与水有关的探究活动，不断拓展幼儿的相关经验。

知识小百科

什么是阿基米德原理？

阿基米德原理指出：当浸在液体中的物体受到向上的浮力时，浮力的大小等于物体排开的液体所受的重力。

如何调节浮力的大小？

把牙膏卷成一团，它会沉入水底，如果把牙膏挤出，空的牙膏皮却可以浮在水面上。把大树干挖成空心的就可以做成简易的独木舟,并且能够承载较多的人,因为独木舟自身的重力变小,排开水的体积变大,增大了可利用的浮力,所以独木舟不仅能够漂浮,还能载人,因此把物品变成"空心"的可调节浮力的大小。

轮船那么重为什么能够漂浮在海面上?

虽然轮船是钢铁制造的,很重,但是由于船体被做成空心的,因此它排开水的体积增大,受到的浮力增大,此时船受到的浮力等于自身的重力,所以能浮在水面上。只要船的重力不变,无论船在海里还是河里,它受到的浮力都不会变化,只是海水与河水密度不同,轮船的吃水线会有所不同。

潜水艇是怎样做到在水中自由上浮和下沉的?

浸没在水中的潜水艇排开水的体积,无论下潜多深,始终不变,所以潜水艇所受的浮力始终不变。潜水艇的上浮和下沉是靠压缩空气调节水舱里水的多少来控制自身的重力而实现的。如果需要下沉,可充水;如果需要上浮,可排水。在潜水艇浮出海面的过程中,因为排开水的体积减小,所以浮力逐渐减小,当它在海面上行驶时,受到的浮力大小等于潜水艇的重力。

斜坡上的车

适合班级

中、大班

活动准备

(1)各种大小、重量、轮胎花纹等不同的小汽车若干。

(2)1米左右长的木板或硬纸板,粗糙程度不同的毛巾布、卫生纸、砂纸等材料若干。

(3)木块、胶带、剪刀、多米诺骨牌等辅助工具和材料。

(4)探究小车滑行速度及远近的尺子、木棍、记录表、记录笔等。

活动建议

1. 让小汽车动起来

让幼儿在平面上自由玩小汽车,发现让小汽车动起来的各种方法,如往回拉、往前推、用嘴吹等方法。了解小汽车动起来是因为给了它一个外力。

2. 探究不给外力，让小汽车运动起来的方法

（1）请幼儿观察提供的材料，交流讨论怎样操作，在不给小车外力的情况下也能让小车跑起来。

（2）请幼儿分组实验，运用提供的材料自由搭建坡道，想办法让小车跑起来。

3. 探索坡度大小与汽车滑行距离的关系

（1）探究同样的坡面，相同的小车在坡度大小不同的斜坡上滑行的距离远近。先请幼儿猜想结果，然后进行实验操作验证并记录在表 7.5 中。

（2）观察记录小车在坡度不同的坡道上的滑行状态，知道斜坡下的积木越多，坡度越大。

表 7.5　坡度不同的小车滑行远近记录表

斜坡	积木块数	小车滑行远近猜想	实验后验证结果
	3		
	4		
	5		

小结：坡面材质相同的情况下，斜坡的坡度越小，小车下滑的速度越慢；坡度越大，小车下滑的速度越快。

4. 小车的速度与坡道光滑度的关系

探究同一辆小车在坡度相同、坡面光滑度不同的斜坡上下滑速度的快慢并记录。

（1）请幼儿想办法在木板或者硬纸板上分别粘上毛巾、纸巾和砂纸，猜想：哪种坡面的斜坡上的小车滑行的速度快。

（2）游戏：看谁的小车滑行得远。请幼儿自由探索不同坡面的斜坡上，同一辆小车滑行距离的变化。了解小车速度的快慢，也跟斜面的光滑度有关，表面越光滑，小车下滑的速度越快；相反，表面越粗糙，小车下滑的速度就越慢。

建议幼儿选择尺子、小棍、水彩笔等材料，运用首尾相接和计数的方法测量并记录小车滑行的距离，通过精确的计量比较远近。

5. 小车的速度与小车的自身因素的关系

继续探究相同坡度、材质的坡面上，不同大小（自身重力不同）及轮子花纹不同的小车滑行速度及远近的不同。感受小车越重，轮子上的花纹越粗糙，小车滑行得越慢。

6. 游戏：小车力量大

请幼儿分小组进行比赛，想办法让从斜坡上冲下来的小车推倒多米诺骨牌，看哪组推倒的多米诺骨牌多，以冲倒的多米诺骨牌的数量判断力的大小。

观察指导要点

（1）在斜坡实验中，教师要提醒幼儿注意斜坡末端与起始线一定要对齐，然后同时放手让小车自由滑落，这样比赛过程才公平。

（2）提醒幼儿注意观察小车滑行的方向，在起点放小车时一定要对准坡道中央，以免小车跑偏脱轨，不能从斜坡上滑到规定的跑道上。

（3）在探究不同粗糙程度的坡面实验时，提示幼儿先用手触摸，感受坡面的粗糙程度，同时提醒幼儿将坡面粘贴结实光滑，以免影响小车的滑行速度。

（4）观察小车、轮子或坡道的不同时，教师可以提醒幼儿用看一看、掂一掂、摸一摸等多种方法感知，积累相关经验，为创造性解决问题做好铺垫。

（5）在玩小车力量大游戏时，提供的多米诺骨牌可以材质不同、大小不同、轻重不同，鼓励幼儿设计不同的路线，摆出不同的造型，以此增加游戏的趣味性和挑战性。也可以鼓励幼儿选择瓶子、纸盒、纸杯、积木等其他材料代替多米诺骨牌进行探究性游戏。

（6）幼儿很难测量小车滑行的速度，但滑行的距离是可以运用自然测量的方法得出结果并进行比较的。教师可以指导幼儿选用多种材料当作尺子进行测量，并在记录和比较的过程中发现测量结果与尺子长度之间的关系，即当作测量尺的材料越长，测量的结果越小。在大班下学期，可以在班级投放一些精确的测量工具，如学生用的尺子、软尺等，供幼儿自由选择使用。

拓展与替代

（1）可以用大小、重量或者材质不同的小球代替小车，看球从斜坡上滚动下来的距离。

（2）用矿泉水瓶代替小车，矿泉水瓶里可以装水或者沙子，引导幼儿观察瓶内装的物品不同，装的多少不同，从斜坡上滚下来的距离不同，以此进行更多有趣的探究活动。

（3）斜坡实验可以在生活中随时随处开展，如幼儿园里的滑梯、梯子、楼梯扶手，以及用大型积木搭建的斜坡；还有公园里、家庭中台阶旁的坡道、残疾人通道等。

家庭延伸活动

（1）带幼儿外出时，观察各种玩具和现象，如滑梯的造型、各种车的轮胎外形和花纹，观察和思考雨伞、雨棚等为什么都是有坡度的，帮助幼儿积累更多与斜坡实验有关的经验，感受生活中无处不在的科学。

（2）和幼儿玩斜坡滚球游戏：运用小桌子、木板、纸板制作一个斜坡，家长在高的一端快速放球（雪花片、小汽车等），幼儿在下端用一个小筐子接住，发展幼儿的快速反应能力（扫描二维码可见视频《好玩的斜坡游戏》）。

游戏时注意以下几点：
- 坡度可调节，坡度越大，球的滚动速度越快；
- 家长可根据幼儿的年龄与能力调整坡度和投放球的频率；
- 为增加游戏的趣味性，家长和幼儿可以互换角色。

相关经验

- 探究坡度的大小、坡面的光滑程度、小车重量及轮胎花纹与滑行速度、距离间的关系，体验发现的乐趣。
- 能大胆猜测实验结果，与同伴讨论相对公平的比赛规则，探索比较小汽车下滑速度的更适合的方法。
- 积极参与小组操作活动，学会记录并交流操作过程，逐渐养成不怕困难、勇于尝试的科学精神。
- 学会运用观察、计数、比较、测量等方法，分析、判断力的方向与大小。

核心科学概念

物体本身的重力及斜坡坡度、斜坡表面的摩擦力都会影响从斜坡上滚动下来的物体的速度与距离。在斜坡角度一定的情况下，重力越大，摩擦力越小，物体滑落的速度就越快，滑落的距离就越远。坡面材质相同的情况下，斜坡的坡度越平缓，物体滑落的速度就越慢；坡度越陡，物体滑落的速度就越快。

探究过程与方法

（1）坡度的大小影响小车下滑的速度和距离，本主题活动不是给幼儿提供成品斜坡，而是为幼儿提供同等大小的积木块，通过不断叠加和减少改变坡度的大小，从而让幼儿直观地感受到坡度大小与小车滑行速度、滑行距离的关系。

（2）在斜坡实验一系列的探究性游戏中，无论是坡度还是摩擦力，都会影响和改变小车的滑行速度。采用对比实验的方法，有利于幼儿直观地看到变化带来的结果，并得出自己的结论，在获得经验的同时也能掌握对比实验的方法。

（3）生活中有许多与坡道和运动有关的现象，幼儿在实验中积累的经验，有助于提高幼儿对这种现象的关注度，进一步将实验结果与日常生活中的问题有机结合，不断丰富幼儿理解和解决生活难题的方法。

（4）在探究小车滑行距离的过程中使用测量的方法，一方面可以帮助幼儿直观地呈现实验结果、学习和掌握测量的方法，另一方面可以让幼儿感受测量的作用。测量作为一种方法，在科学探究中有利于幼儿得到更加准确的结果。

教师困惑与对策

困惑： 幼儿在经过几次实验失败后就放弃了怎么办？

对策： 科学实验本身就是一个不断尝试、不断探索的过程，都要经历失败和挫折才能成功。应该从小培养幼儿对待科学的积极态度，特别是中、大班幼儿，引导他们不轻易放弃，通过不断尝试想办法解决问题。同时，提示幼儿，有时可以与同伴交流或寻求成人的支持，获得思考和探索的新方法、新思路，逐渐达成问题解决的目标。在幼儿的操作过程中，教师要细心观察，观察幼儿操作的过程、运用的方法、获得的结果等。

当幼儿在游戏中受到几次失败的打击，将对游戏失去兴趣和耐心时，教师需及时介入，认真倾听他们的发现和问题，通过一些适宜的行动暗示、问题启示、材料支持、伙伴讨论等方法，促使幼儿渐渐发现问题的关键，进行新的尝试。教师也可以给予幼儿一些建设性的意见或示范，支持幼儿的游戏愿望得以实现，保护幼儿对科学的探究兴趣和良好愿望。

知识小百科

为什么汽车轮胎上有各种各样的花纹？

汽车轮胎上各种各样的花纹不是为了好看，而是为了保证车辆行驶的安全。它最重要的三大作用：一是增加摩擦力，使汽车紧紧地"咬"住地面不打滑，有牢固的抓地力；二是降低噪声，轮胎上的花纹一般都是直线锯齿形的，能帮助消除汽车开动时发出的噪声；三是增加排水性，遇到雨天，没有花纹的轮胎很容易打滑，因为在路面和轮胎之间有一层薄薄的水膜，水膜使轮胎和路面的摩擦力减小，而如果轮胎上有花纹，水就会从花纹的沟里排出去，轮胎和地面仍然紧紧地贴在一起，因此不容易打滑。

为什么人们上山总爱走"之"字形路线？

我们知道，从低处向高处攀爬，比在平地上行走吃力，并且坡度大的斜坡比坡度小的斜坡更费力。为了减小坡度，使阻力减小，人们登山一般选择走"之"字形路线，这样可以克服垂直提升重力的困难。这里所依据的就是斜面的机械原理。斜面与平面的倾角越小，斜面较长，越省力；斜面与平面的倾角越大，斜面较短，越费力。盘山公路、物料运输机中的斜面传送带等都是斜面原理的具体应用。

万千教育 学前教育图书目录

书号	书名	著、译者	定价(元)
幼儿园区域活动指导系列			
1935	幼儿园户外环境创设与活动指导（全彩）	董旭花 等著	72.00
9149	小区域，大学问 ——幼儿园区域环境创设与活动指导	董旭花 等著	30.00
9548	幼儿园创造性游戏区域活动指导 （角色区·建构区·表演区）	董旭花 等编著	32.00
9549	幼儿园自主性学习区域活动指导（生活操作区·美工区·益智区·科学区）	董旭花 等编著	35.00
0156	幼儿园区域活动现场指导艺术 ——透视38个区域故事	董旭花 等著	38.00
7937	幼儿园科学区（室） 科学探索活动指导117例	董旭花 主编	28.00
9134	如何有效实施幼儿园主题性区域活动	秦元东 等著	24.00
2645	幼儿园户外创造性游戏与学习（四色）	露丝·威尔逊 著	58.00
2644	幼儿园户外探索与学习（四色）	露丝·威尔逊 著	48.00
2604	儿童视角的幼儿园班级环境创设（四色）	桑德拉·邓肯 等著	62.00
2598	幼儿园艺术区材料设计与评价（四色）	王微丽，霍力岩 主编	60.00
2103	幼儿园社会区材料设计与评价（四色）	王微丽，霍力岩 主编	60.00
1950	幼儿园科学区材料设计与评价（全彩）	王微丽，霍力岩 主编	60.00

1951	幼儿园生活区材料设计与评价（全彩）	王微丽，霍力岩 主编	60.00
1782	幼儿园数学区材料设计与评价（全彩）	王微丽，霍力岩 主编	60.00
1800	幼儿园语言区材料设计与评价（全彩）	王微丽，霍力岩 主编	60.00
9613	幼儿园区域活动 ——环境创设与活动设计方法（全彩）	王微丽 主编	60.00
幼儿园区域活动指导系列合计			**847.00**
幼儿心理与发展指导系列			
9496	透视幼儿心理世界 ——给幼儿教师和家长的心理学建议	冯夏婷 主编	36.00
0783	透视0—3岁婴幼儿心理世界 ——给教师和家长的心理学建议	冯夏婷 主编	38.00
1779	幼儿情绪管理的方法与策略 ——给幼儿教师和家长的教育建议	莫源秋 著	48.00
0183	幼儿常见心理行为问题——诊断与教育	莫源秋 著	38.00
6608	幼儿心理健康教育	刘 文 编著	25.00
幼儿心理与发展指导系列合计			**185.00**
幼儿园一日活动指导系列			
9952	幼儿园一日生活过渡环节的组织策略	吴文艳 主编	28.00
8469	幼儿园一日生活环节的组织策略	宋文霞 等主编	36.00
9531	幼儿园一日活动教育细节69例	王明珠 主编	28.00
0158	幼儿园大型活动组织与策划手册	李春玲 著	35.00

……
欲了解更多图书信息，请登录：www.wqedu.com
联系地址：北京市西城区三里河路6号院2号楼213室　**万千教育**（邮编：100010）
咨询电话：010-65181109，65262933
*本目录定价如有错误或变动，以实际出书为准。